RAINER PÖTZSCH

Stadtentwicklungsplanung und Flächennutzungsmodelle
für Entwicklungsländer

SCHRIFTENREIHE ZUR
INDUSTRIE- UND ENTWICKLUNGSPOLITIK

Herausgegeben von Prof. Dr. Dr. Dr. h. c. Fritz Voigt

Band 9

Stadtentwicklungsplanung und Flächennutzungsmodelle für Entwicklungsländer

Von

Dr. Rainer Pötzsch

DUNCKER & HUMBLOT / BERLIN

Alle Rechte vorbehalten
© 1972 Duncker & Humblot, Berlin 41
Gedruckt 1972 bei Buchdruckerei Bruno Luck, Berlin 65
Printed in Germany
ISBN 3 428 02778 7

Inhaltsverzeichnis

Erstes Kapitel

Einleitung   13

A. Problemstellung 13
B. Gang der Untersuchung 21

Zweites Kapitel

Der Dualismus von marktwirtschaftlichem Preissystem und politischem Entscheidungssystem bei der Allokation der Flächen

A. Optimale Flächenanordnung und marktwirtschaftlicher Steuerungsmechanismus 23
B. Prämissenkritik am Allokationsmechanismus 24
C. Die Bedeutung subsidiärer Steuerungsmaßnahmen 30

Drittes Kapitel

Die Stadt als räumlicher und sektoraler Entwicklungspol unterentwickelter Volkswirtschaften   33

A. Entwicklungspolitische Notwendigkeit einer polaren Wirtschaftsstruktur 33
    I. Die Entwicklungsfunktion ungleichgewichtiger Prozesse 33
    II. Besonderheiten der Entwicklungspole in Entwicklungsländern 39
B. Entwicklungspole im Netzzusammenhang 42
    I. Eigenschaften eines wachsenden Polsystems 42
    II. Entwicklungsachsen 48
C. Die städtische Form des Entwicklungspoles 50

I. Die Entwicklungsfunktion der Stadt 50
II. Die regionale Stadtstruktur 50

Viertes Kapitel

Kriterien einer entwicklungsoptimalen Stadtform und Flächennutzung 55

A. Städtische Flächennutzungsmodelle 55
   I. Grundformen 55
      1. Die gestreute Flächenstadt 56
      2. Die konzentrische Stadt 56
      3. Die lineare Stadt 57
   II. Zwischenformen 59
      1. Die radiale Stadt 61
      2. Die dezentralisierte Stadt 63
      3. Die Bandstadt 64
   III. Prinzipielle Vorteilhaftigkeit der Bandstadtstruktur 66

B. Merkmale der Flächennutzung in Entwicklungsländern 70
   I. Allgemeine Merkmale 70
      1. Das Phänomen der „urbanen Explosion" 72
      2. Ursachen des Verstädterungsprozesses 81
         a) Überlieferte Städtegründungen 81
         b) Land-Stadt-Wanderung 84
         c) Sonstige Ursachen 87
   II. Flächennutzung für Wohnzwecke 88
   III. Flächennutzung für tertiäre Aktivitäten 98
   IV. Flächennutzung für Industrie und Handwerk 100
   V. Freiflächen 100
   VI. Verkehrsnetz 101

C. Geplante Flächenanordnung der Bandstadtstruktur 101
   I. Wohnstätten und Wohnzonen 101
   II. Arbeitsstätten des tertiären Sektors 112
   III. Freiflächen 113
   IV. Arbeitsstätten des sekundären Sektors 113
   V. Verkehrsnetz 114
   VI. Durchführung der Planung 115

Fünftes Kapitel

Simulation der räumlichen Verteilung der Flächennutzungszonen — 117

A. Vorbemerkung 117

B. Diskussion der simulationstheoretischen Voraussetzungen 118
    I. Räumliche Planungseinheit 118
    II. Planungsfläche 119
    III. Zugänglichkeitsmaße 120
        1. Regionaler Gravitationsansatz 120
        2. Sub-regionaler Gravitationsansatz 125

C. Darstellung des Flächennutzungsmodells von Echenique 128

D. Diskussion der Erklärungsrelevanz des Flächennutzungsmodells und Erweiterungsvorschläge 135

Sechstes Kapitel

Zusammenfassung der Untersuchungsergebnisse — 144

Summary 147

Résumé 149

Resumen 151

Literaturverzeichnis 153

Sachwortverzeichnis 171

Verzeichnis der Tabellen

Tab. 1a: Gesamtbevölkerung, Stadtbevölkerung (Orte mit 100 000 Einwohnern und mehr) und Urbanisierungsquote der Welt 1970 nach Regionen 72

Tab. 1b: Gesamtbevölkerung, Stadtbevölkerung (Orte mit 1 Million Einwohnern und mehr) und Urbanisierungsquote der Welt 1970 nach Regionen 73

Tab. 2: Anzahl der Städte und Stadtbevölkerung in Städten mit 100 000 bis 499 999 Einwohnern, in Städten mit 500 000 bis 999 999 Einwohnern, in Städten mit 1 Million Einwohnern und mehr 1950, 1960 und 1970 nach Regionen 75

Tab. 3: Zuwachsraten der Gesamtbevölkerung und der Stadtbevölkerung in Orten mit 100 000 Einwohnern und mehr nach Ländern und Regionen der Welt 1950 - 1960 und 1960 - 1970 76

Tab. 4: Stadtbevölkerung und Urbanisierungsquote der Welt nach Regionen und Jahren 82

Tab. 5: Durchschnittliche Wasserversorgung 1963 in Thailand nach Versorgungsart und Region 89

Tab. 6: Qualitätsstruktur des genutzten städtischen Wohnungsbestandes in ausgewählten Ländern 92

Tab. 7a: Verteilung von Wohneinheiten in Stadt- und Landgebieten nach Hausform und Art des verwendeten Baumaterials 1966 in Thailand 93

Tab. 7b: Verteilung von Wohneinheiten in Stadt- und Landgebieten nach Art des verwendeten Baumaterials 1966 in Iran 94

Tab. 8: Durchschnittliche Haushaltsgröße, Anteil der Mieterhaushalte, Wohnungsgröße und Belegungsdichte des genutzten städtischen Wohnungsbestandes in ausgewählten Ländern 95

Tab. 9: Verteilung von öffentlichen Ausgaben für Bauprojekte unter dem 4. Entwicklungsplan in Iran 96

Tab. 10: Sektorale Verteilung der Ausgaben der Planbehörde im Haushaltsjahr 1347 (1968/69) in Iran 104

Verzeichnis der Abbildungen

Abb. 1:	System wachsender Pole bei begrenzter Speicherkapazität	45
Abb. 2a:	Zentralstadt	51
Abb. 2ba:	Dezentrale Orte (1. Ausprägungsform)	52
Abb. 2bb:	Dezentrale Orte (2. Ausprägungsform)	52
Abb. 2c:	Zentrale Orte	53
Abb. 3:	Gestreute Flächenstadt	57
Abb. 4:	Konzentrische Stadt	58
Abb. 5:	Lineare Stadt	59
Abb. 6:	Kombinationsformen städtischer Flächennutzungszonen	60
Abb. 7:	Radiale Stadt	62
Abb. 8:	Dezentralisierte Stadt	63
Abb. 9:	Bandstadt	65
Abb. 10:	Bandstadteinheit	111
Abb. 11:	Ausgewählte Zugänglichkeitsfunktionen	126
Abb. 12:	Verkehrsverteilungsfunktion	128
Abb. 13:	Theoretische Verteilung der Geschoßfläche	130

Verzeichnis der bibliographischen Abkürzungen

AER	=	The American Economic Review. American Economic Association: Menasha/Wisconsin
Amer. Historical Rev.	=	American Historical Review. American Historical Association: Washington D. C.
Amer. J. Sociol.	=	The American Journal of Sociology: Chicago/Ill.
Amer. Sociol. R.	=	American Sociological Review: New York
A. Amer. Acad. polit. soc. Sci.	=	Annals of the American Academy of Political and Social Science: Philadelphia/Pa.
A. Ass. Amer. Geogr.	=	Annals of the Association of American Geographers. The Association of American Geographers: Washington D. C.
Archiv f. Kommunalwiss.	=	Archiv für Kommunalwissenschaften: Stuttgart, Köln
Bull. Economique Maroc	=	Bulletin Economique et Social du Maroc: Rabat
Civilisations	=	Civilisations: Bruxelles
Demography	=	Demography. Popular Association of America: Washington D. C.
Deutsches Verwaltungsblatt	=	Deutsches Verwaltungsblatt: Köln
Diogène	=	Diogène: Paris
Economica	=	Economica: London
Econ. Develop. and Cult. Change	=	Economic Development and Cultural Change: Chicago/Ill.
EJ	=	The Economic Journal. The Quarterly of the Royal Economic Society: London
Economie Appliquée	=	Economie Appliquée: Paris
Ekistics	=	Ekistics: Athen
Geographical J.	=	The Geographical Journal. The Royal Geographical Society: London
Geogr. Magazine	=	The Geographical Magazine: London
Geogr. Rev.	=	Geographical Review: New York
Geography	=	Geography: London
Hambg. Jb.	=	Hamburger Jahrbuch für Wirtschafts- und Gesellschaftspolitik. Veröffentlichungen der Akademie für Gemeinwirtschaft: Hamburg
Indian Geographer	=	Indian Geographer. Association of Indian geographers: New Delhi
L'Information Géographique	=	L'Information Géographique: Paris

Int. J. Comp. Sociol.	=	International Journal of Comparative Sociology: Leiden
Jb. f. Sozwiss.	=	Jahrbuch für Sozialwissenschaft: Göttingen
JAIP	=	Journal of the American Institute of Planners: Washington/D. C.
JEA	=	Journal of Economic Abstracts: Cambridge/Mass.
J. Marketing	=	Journal of Marketing: Chicago/Ill.
JPE	=	The Journal of Political Economy: Chicago
J. of Regional Science	=	Journal of Regional Science. The Regional Science Research Institute: Philadelphia
J. Soc. Psychol.	=	Journal of Social Psychology: Provincetown/Mass.
J. of Transp. Ec. and Pol.	=	Journal of Transport Economics and Policy. The London School of Economics and Political Science: London
Kyklos	=	Kyklos. International Review for Social Science: Basel
Land Economics	=	Land Economics. A Quarterly Journal Devoted to the Study of Economic and Social Institutions: Madison/Wisc.
Latin Amer. Res. R.	=	Latin American Research Review: Austin/Tex.
The Milbank Memorial Fund Q.	=	Teh Milbank Memorial Fund Quarterly: New York
Off. Archit. Plann.	=	Official Architecture and Planning (Official Architect and Planning Review): London
Operational Res. Q.	=	Operational Research Quarterly. Operational Research Society: London
ORDO	=	ORDO. Jahrbuch für die Ordnung von Wirtschaft und Gesellschaft: Düsseldorf, München
Planning Outlook	=	Planning Outlook: Newcastle-upon-Tyne
Population	=	Population: Paris
Psychol. Bull.	=	Psychological Bulletin: Washington/D. C.
Psychol. Rev.	=	Psychological Review. American Psychological Association: Washington/D. C.
Psychol. u. Praxis	=	Psychologie und Praxis: München
QJE	=	The Quarterly Journal of Economics: Cambridge/Mass.
Raumforschung und Raumordnung	=	Raumforschung und Raumordnung. Institut für Raumforschung und Landesplanung — Hannover: Köln, Berlin
Reg. Sc.	=	The Regional Science Association Papers: Philadelphia
Reg. Stud.	=	Regional Studies. Journal of the Regional Studies Association: Oxford
Rev. of. Ec. Stud.	=	The Review of Economic Studies: Cambridge
Tiers-Monde	=	Revue Tiers-Monde: Paris

Revue Tunisienne de Sciences Sociales	= Revue Tunisienne de Sciences Sociales. Centre d'études et de recherches économiques et sociales: Tunis
Sch. d. V. f. Socpol.	= Schriften des Vereins für Socialpolitik. Gesellschaft für Wirtschafts- und Sozialwissenschaften: Berlin
Scient. Am.	= Scientific American: New York
Social Forces	= Social Forces: Chapel Hill/N. C.
Sociological Review	= The Sociological Review: Keele
Stadtbauwelt	= Bauwelt/Stadtbauwelt: Berlin
Straßenverkehrstechnik	= Straßenverkehrstechnik: Bonn - Bad Godesberg
Straße und Autobahn	= Straße und Autobahn. Zeitschrift für Straßen- und Brückenbau, Straßenplanung und Straßenverwaltung, Organ der Forschungsgesellschaft für das Straßenwesen, Organ der Bundesvereinigung der Straßenbau- und Straßenverkehrsingenieure: Bonn - Bad Godesberg
Tijdschr. v. Econ. en Soc. Geogr.	= Tijdschrift voor economische en sociale Geografie: Rotterdam
Tn. Plann. Rev.	= The Town Planning Review. University of Liverpool, Department of Civic Design: Liverpool
Traffic Engineering and Control	= Traffic Engineering and Control: London
Transp. Res.	= Transportation Research. An International Journal: Oxford, London, Paris, Sydney, Braunschweig, Toronto, Tokyo
Unternehmensforschung	= Unternehmensforschung. Operations Research-Recherche Opérationelle. Organ der Deutschen Gesellschaft für Unternehmensforschung und der Österreichischen Fachgruppe für Unternehmensforschung, unter Mitwirkung der Schweizerischen Vereinigung für Operations Research: Würzburg
Urban Aff. Q.	= Urban Affairs Quarterly: Beverly Hills/Calif.
Urbanistica	= Urbanistica. Rivista trimestrale, organo dell' Instituto nazionale di urbanistica: Turin
Urban Studies	= Urban Studies: Edinburgh
Z. f. ges. St.	= Zeitschrift für die gesamte Staatswissenschaft: Tübingen
ZfN	= Zeitschrift für Nationalökonomie: Wien

Erstes Kapitel

Einleitung

A. Problemstellung

Zur Kennzeichnung des Phänomens einer unterentwickelten Volkswirtschaft werden in den Wirtschaftswissenschaften gewöhnlich Begriffe benutzt, die lediglich sektorale Zusammenhänge ausdrücken oder implizieren. Als wichtigste Eigenschaften, die für Entwicklungsländer generell charakteristisch sind, ohne daß sie für ein bestimmtes Entwicklungsland alle zugleich zutreffen müssen, werden immer wieder genannt[1]: geringes Pro-Kopf-Einkommen, geringe Kapitalausstattung und Kapitalmangel, niedriges technisches Niveau, geringe Arbeitsproduktivität, Mangel an Wissenskapital (Facharbeiter, Techniker, Führungskräfte, Bildungsniveau), starker Bevölkerungszuwachs, geringe Lebenserwartung, hohe (offene und latente) Arbeitslosigkeit und Unterbeschäftigung, geringer Beitrag des industriellen Sektors zum Bruttosozialprodukt, Konzentration des Exports auf Rohstoffe und Agrarprodukte, vorwiegend auf höher entwickelte Länder ausgerichteter Außenhandel; sämtliche Merkmale sind als relative Begriffe — bezogen auf die Industrieländer — zu verstehen. Diesem definitorischen Ansatz entsprechend sieht der größte Teil der entwicklungspolitischen Literatur[2] den Entwicklungsprozeß somit

---

[1] *Bruton*, H. J.: Growth Models and the Underdeveloped Economies, in: JPE 68, 1955, 322 - 336, S. 323.

[2] Es kann an dieser Stelle nur auf eine Auswahl von Werken hingewiesen werden: *Hoselitz*, B. F. (Hrsg.): The Progress of Underdeveloped Areas, Chicago 1952. *Nurkse*, R.: Problems of Capital Formation in Underdeveloped Countries, Oxford 1953. *Galenson*, W., *Leibenstein*, H.: Investment Criteria, Productivity and Economic Development, in: QJE 69, 1955, 343 - 370. *Lewis*, W. A.: The Theory of Economic Growth, Homewood/Ill. 1955. *Eckaus*, R. S.: The factor proportions problem in underdeveloped areas, in: AER 45, 1955, 539 - 565. *Nelson*, R. R.: A Theory of the Low-Level-Equilibrium Trap, in: AER 46, 1956, 894 - 908. *Singer*, H. W.: Probleme der Industrialisierung in unterentwickelten Ländern, in: ZfN 15, 1956, 90 - 102. *Leibenstein*, H.: Economic Backwardness and Economic Growth, New York 1957, 2. Aufl. 1960. *Hirschman*, A. O.: The Strategy of Economic Development, New Haven 1958. *Higgins*, B.: Economic Development — Principles, Problems, and Policies, New York 1959. *Salin*, E.: Unterentwickelte Länder: Begriff und Wirklichkeit, in: Kyklos 12, 1959, 402 - 427. *Zimmerman*, L. J.: Arme en rijke landen, Den Haag 1960. *Lorenz*, D.: Zur Typologie der Entwicklungsländer, in: Jb. f. Sozwiss. 12, 1961, 354 - 380. *Agarwala*, A. N., *Singh*, S. P. (Hrsg.): The Economics of Underdevelopment,

unter dem Blickwinkel makroökonomischer Funktionsvariablen und einer ausschließlich sektoralen Betrachtungsweise. Die räumliche Problematik der Unterentwicklung wird dagegen vernachlässigt, zumindest als integrierter Bestandteil der wirtschaftlichen Zusammenhänge.

Der Raum ist jedoch gleichzeitig Ergebnis wie auch Determinante des wirtschaftlichen Entwicklungsprozesses. Die Standortlehre und die Raumwirtschaftslehre haben gerade hier Abhängigkeiten aufgezeigt, die, wiewohl sie nur am Beispiel der Industrieländer demonstriert wurden, dennoch auch im Falle der Entwicklungsländer auf ihre Existenz und Auswirkungen hin überprüft werden sollten. Die wenigen traditionellen Ansätze, die den Raum als entwicklungstheoretische Determinante berücksichtigen, stehen entweder im wirtschaftsleeren Raum oder bleiben Ausfluß der genannten rein sektoralen Betrachtungsweise. Ist letzteres der Fall, wird zwar eine Disaggregierung von makroökonomischen Daten, Ziel- und Instrumentenvariablen vorgenommen, jedoch geschieht dies im Hinblick auf regionale Wirtschafts*sektoren*[3] und nicht im Hinblick auf bestimmte *räumliche Subsysteme,* wie z. B. Regionen, Siedlungen, Städte unterschiedlichen Zentralitätsgrades usw., die ihrerseits bestimmte wirtschaftliche und gesellschaftliche Funktionen repräsentieren. Die komplexen Beziehungen zwischen wirtschaftlicher Entwicklung und Siedlungsstruktur — nicht in Gestalt der überkommenen Dichotomie Ballungsgebiet/ländliches Gebiet, sondern in Form von unterschiedlich strukturierten Siedlungssystemen, wie Orte verschiedenen Zentralitätsgrades, Städte unterschiedlicher Konfiguration (Bandstadt, punktförmig konzentrierte Stadt, Radialstadt usw.) — werden in diesen Untersuchungen[4] als

---

New York 1963. *Myint,* H.: The Economics of the Developing Countries, London 1964. *Rosenstein-Rodan,* P. N. (Hrsg.): Capital Formation and Economic Development. Studies in the Economic Development of India, Nr. 2, London 1964. *Kruse-Rodenacker,* A. (Hrsg.): Grundfragen der Entwicklungsplanung. Schriften der Deutschen Stiftung für Entwicklungsländer, Band 1, Berlin 1964. *Baer,* W., *Herve,* M. E. A.: Employment and Industrialisation in Developing Countries, in: QJE 80, 1966, 88 - 107. *Bhagwati,* J.: The Economics of Underdeveloped Countries, London 1966. *Behrens,* W. E.: Die Bedeutung staatlicher Entwicklungsplanung für die wirtschaftliche Entwicklung unterentwickelter Länder. Volkswirtschaftliche Schriften, Heft 94, Berlin 1966. *Fritsch,* B. (Hrsg.): Entwicklungsländer, Köln, Berlin 1968. *Myrdal,* G.: Asian Drama, An Inquiry into the Poverty of Nations, 3 Bände, Harmondsworth/Middlesex 1968. *Commission on International Development:* Partners in Development. Report of the Commission on International Development (Pearson Report), New York, Washington, London 1969.

[3] Dieser makroökonomische Aspekt der regionalen Wirtschaftsstruktur zeigt sich besonders bei *Tinbergen,* J.: Modelle zur Wirtschaftsplanung, München 1967, S. 89 ff.

[4] Das gilt auch für solche Untersuchungen, in denen ein Zusammenhang zwischen Siedlungsstruktur und wirtschaftlicher Entwicklung zwar generell anerkannt wird, die Hypothesen jedoch so allgemein formuliert sind, daß von einer Einbeziehung des Siedlungssystems in die allgemeine Entwicklungstheorie und erst recht in die Entwicklungsplanung nicht die Rede sein kann. Dies wird

Forschungsgegenstand ausgeklammert. Im wirtschaftsleeren Raum stehen andererseits solche Darstellungen der Siedlungsstruktur, die von geographischen, soziologischen und architektonischen Bedingungskonstellationen ausgehen. Wenn auch diese Untersuchungen vom gleichen Zweck wie die nationalökonomischen Analysen bestimmt sein mögen, nämlich dem Ziel einer bestmöglichen Entwicklung der Nation, ist ihre Argumentation jedoch auf vorwiegend soziologische Inhalte[5] ausgerichtet. Das Phänomen des Verstädterungsprozesses in Entwicklungsländern wird hier zum Hauptgegenstand der Analyse: die städtische Agglomeration erfülle nicht mehr die Funktionen eines Siedlungssystems[6] und würde somit dem Tatbestand der Urbanisierung als sozialökonomischen Wertbegriffs nicht gerecht. Die Problematik der Städte liegt also auf gesellschaftlicher Ebene:

(1) Die dem Phänomen der Landflucht in den Entwicklungsländern zugrunde liegende Motivation wird hauptsächlich durch die Anziehungskraft des Neuen in den Städten und weniger durch ökonomische Gründe — wie dies ursprünglich in den heutigen Industrieländern der Fall war — bestimmt. Mit der Landflucht verbunden ist eine Über-

---

z. B. deutlich bei C. Clark, der einen empirischen Zusammenhang zwischen der Höhe des regionalen Pro-Kopf-Einkommens und der Größe regionaler Metropolen nachweist (*Clark, C.*: The Economic Functions of a City in Relation to its Size, in: Econometrica 13, 1945, 97 - 113) oder bei regionalpolitischen Untersuchungen allgemeiner Art, die oft nur eine Verschiebung des makroökonomischen Entwicklungsproblems von der nationalen auf die regionale Ebene vornehmen.

[5] Siehe z. B. *Chesneaux, J.*: Notes sur l'évolution récente de l'habitat urbain en Asie, in: L'Information Géographique 13, 1949, 169 - 175 und 14, 1950, 1 - 8. *Guzman, L. E.*: An Annotated Bibliography of Publications on Urban Latin America, Chicago 1952. *United Nations Economic and Social Council* (Hrsg.): Social Implications of Industrialization and Urbanization in Africa South of the Sahara, Paris 1956. *Hauser, P. M.* (Hrsg.): Urbanization in Asia and the Far East. Proceedings of the Joint UN/UNESCO Seminar Bangkok, 8 - 18 August 1956, Calcutta 1956. *Hall, P. K., Reiss, A. J.* (Hrsg.): The revised reader in Urban Sociology, Glencoe/Ill. 1957. *United Nations Bureau of Social Affairs*: Report on the World Social Situation, including Studies of Urbanization in Underdeveloped Areas, New York 1957. *Hauser, P. M.* (Hrsg.): Urbanization in Latin America, Paris 1961. *De Vries, E., Echevarria, J. M.* (Hrsg.): Social Aspects of Economic Development in Latin America, 2 Bände, Paris 1963. *Hoselitz, B. F., Moors, W. E.* (Hrsg.): Industrialization and Society, Paris, Den Haag 1963. *Kuper, H.* (Hrsg.): Urbanization and Migration in West Africa, Berkeley/Calif. 1965. *Buy, J.*: Bidonville et ensemble moderne, in: Bull. Economique Maroc, Sept. 1966, 71 - 122. *Bowen-Jones, H.*: Urbanization and economic development. Paper given at Fourth Annual International Seminar in the Social Sciences, University of Edinburgh, Edinburgh 1968. *Harrison Church, R. J.*: Le développement économique et les problèmes de l'urbanisation massive en Afrique Tropicale, in: Mélanges de Géographie offerts à M. Omer Tulippe, II, Gembloux 1968, 332 - 337.

[6] Salin spricht in diesem Zusammenhang von der „Urbanität" als „Lebensform" (S. 872), gekennzeichnet u. a. durch die „Selbständigkeit der menschlichen Haltung und des politischen Urteils" (S. 873). *Salin, E.*: Von der Urbanität zur „Urbanistik", in: Kyklos 23, 1970, 869 - 881.

tragung traditionsgebundener gesellschaftlicher und individueller Einstellungen und Werte vom Lande in die Stadt. Damit entstehen in der Stadt geschlossene Mitgliedschaftsgruppen[7] je nach Herkunft, Religion, Sprache usw., deren Bezugsgruppe nicht städtischer, sondern ländlicher Prägung ist. Nicht die soziale Integration der Stadt, sondern die Heterogenität des Umlandes bestimmt also das Gesellschaftsbild der urbanen Agglomeration in Entwicklungsländern.

(2) Die Übertragung ländlicher Normen und Werte schließt andererseits nicht aus, daß eine gewisse Gruppenidentifikation insbesondere im Hinblick auf Konsum und städtische Lebensgewohnheiten stattfindet, wodurch allerdings weniger die soziale Integration und das Entstehen von Verhaltensweisen einer industriellen und urbanen Gesellschaft, als vielmehr die Auflösung des traditionalen Familienverbandes betroffen werden.

(3) Neben der Landflucht bestimmter Bevölkerungsgruppen (relativ wenig Alte und Kinder) wird das starke Bevölkerungswachstum der Städte durch die höhere Lebenserwartung, die ein Ergebnis der angebotenen Gesundheitsfürsorge ist, sowie durch die relativ hohe Fruchtbarkeitsrate der Stadtbevölkerung, die wiederum auf die Übertragung ländlicher Einstellungen und Praktiken zurückzuführen ist, determiniert. Zusätzliche Investitionen in die städtische Infrastruktur verstärken diesen Bevölkerungsdruck, der von den bestehenden urbanen Dienstleistungen nicht aufgefangen werden kann. Die deshalb in Slums untergebrachten Massen sind potentielle soziale Krisenherde.

(4) Die Konzentration einer derart strukturierten Bevölkerung in den Städten führt nicht zu wachsender Prosperität und Industrialisierung, sondern zu einer zunehmenden Verarmung der nicht produktivgerecht und vorwiegend in tertiären Bereichen eingesetzten Massen.

(5) Nicht die sozio-ökonomische Entwicklung des Hinterlandes, sondern die politische, religiöse und militärische Bedeutung der Metropole prägen häufig die Stadtstruktur in Entwicklungsländern. Die Stadt ist die Selbstbestätigung der neu gewonnenen politischen Unabhängig-

---

[7] Die Zugehörigkeit des Menschen zu bestimmten Gruppen beeinflußt das soziale Feld. In der Sozialpsychologie wird zwischen folgenden Gruppen unterschieden: 1. der Mitgliedschaftsgruppe; es ist diejenige Gruppe als der angehörig das betrachtete Individuum von anderen anerkannt wird; 2. der Bezugsgruppe als derjenigen Gruppe, mit der das Individuum sich im Entscheidungsfall identifiziert oder mit der eine funktionale Rückkoppelung besteht. Die normierende und komparative Funktion der Bezugsgruppe ist der Grund dafür, daß sich gleichförmige Abneigungen und gleichförmige untergründige Erwartungen bilden können. Die Bezugsgruppe ist auch diejenige Gruppe, die für die Beurteilung des eigenen Status eines Individuums relevant ist. Vgl. hierzu: *Newcomb*, T. M. (unter Mitarbeit von *Charters*, W. W. jr.): Sozialpsychologie, Meisenheim/Glan 1959. *Krech*, D., *Crutchfield*, R. S.: Theory and Problems of Social Psychology, New York, London 1948.

keit. Die Stadt bewirkt eine politische Isolation der ländlichen Regionen. Die Führung, deren politische Basis in den Städten liegt, ist charismatisch ausgerichtet, womit die Kompromißbereitschaft als wesentlicher Urbanisierungsfaktor ausgeschaltet wird. Eine Auseinandersetzung mit Programmen und Ideologien, wie sie die Urbanisierung eigentlich mit sich bringt, ist somit nicht gegeben. Eine solche städtische Gesellschaft ist passiv eingestellt. Funktional ausgerichtete Gruppen zur Selbsthilfe bzw. zur Einflußnahme auf die Umwelt können nicht entstehen. Eigene Interessen werden nicht verfolgt. So ist typisch z. B. für Lateinamerika[8], daß gerade der Mittelstand der Stadt, der den Urbanisierungsprozeß tragen könnte, das Wertsystem der Oberschicht, die durch ein auf Prestige ausgerichtetes soziales Verhalten gekennzeichnet ist, übernimmt und sich somit indirekt den Neuerungen der industriellen Gesellschaft widersetzt.

Zusammenfassend ist also festzuhalten: die in der Begründung wie auch in den Kriterien theoretisch notwendige räumliche Konkretisierung im Sinne einer Verknüpfung von Siedlungssystem und Wirtschaftsentwicklung fehlt paradoxerweise gerade dort, wo — wie in der *Theorie* der Entwicklungsländer — zur Verifizierung oder Bestätigung der Modelle eine Vervollständigung der Prämissen und die Einführung widerspruchsfreier übergeordneter Axiome in besonderem Maße erforderlich wären.

Ebenso realitätsfern hält die Wirtschafts*politik* in den Entwicklungsländern an einem Katalog von Maßnahmen fest, deren sektoraler Nutzen bewiesen ist, deren mögliche Nutzenänderung durch raumwirtschaftliche Einflüsse aber unter die ceteris paribus- oder mutatis mutandis-Klausel fällt. Nationale Indikatoren und nationale Entwicklungspläne bestimmen die traditionelle Planungsdomäne der Entwicklungsländer. Regionale Entwicklungspläne, d. h. raumwirtschaftlich orientierte Investitionspläne, existieren dagegen kaum. Werden sie dennoch aufgestellt, haben sie rein deklamatorischen Chrakter, da die notwendige Verbindung zum Nationalplan entweder von der Konzeption oder auch nur von der entscheidungspolitischen Durchsetzbarkeit her fehlt.

So enthalten die sog. „Regionalpläne" vieler Entwicklungsländer häufig nur multifunktionale Einzelprojekte, nicht jedoch ein gesamtwirtschaftliches und zugleich regionales Programm. Typisch hierfür sind Wasserentwicklungsprojekte[9], für die unabhängige Planungs- und Verwaltungskommissionen mit teilweise weitreichenden, aber dennoch isolierten Be-

---

[8] *Horowitz*, I. L.: Electoral Politics, Urbanization, and Social Development in Latin America, in: *Beyer*, G. H.: (Hrsg.): The Urban Explosion in Latin America. A Continent in Process of Modernization, Ithaca/N. Y. 1967, 215 - 254.

[9] Siehe z. B. *United Nations, Economic Commission for Asia and the Far East:* Multiple-Purpose River Basin Development, Part 1, Manual of River Basin Planning, Flood Control Series Nr. 7, New York 1955.

fugnissen geschaffen wurden. Genannt seien die Volta River Authority in Ghana[10] und die Damodar-Valley-Corporation in Indien, die kraft ihrer Autonomie und damit unabhängig von der Provinzialregierung für den Bau von Staudämmen, Kraftwerken und Kanälen, für den erforderlichen Landerwerb, für die Malariabekämpfung usw. im Rahmen des genannten Projektes — und nur dieses — verantwortlich[11] sind. Solche Projekte bezwecken nicht nur eine bessere Energieversorgung für anzusiedelnde Industriebetriebe, sondern auch eine Mechanisierung der Landwirtschaft und eine Urbanisierung der wegen der Überflutung des Gebietes umzusiedelnden Bevölkerung. Obwohl ein multifunktionales Einzelprojekt also durchaus regionalwirtschaftliche Effekte auslösen kann, bleibt es ein weitgehend isoliertes Projekt, dessen Zielsetzung nicht regionalpolitisch, sondern vorwiegend sektoralpolitisch (Erhöhung der Agrarproduktion, Energieerzeugung usw.) ausgerichtet ist. Typisch sind auch bestimmte Projekte der Schwerindustrie. Genannt sei als Beispiel die Errichtung einer Aluminium- und Stahlindustrie am Orinoco in Venezuela. Zu diesem Zwecke wurde von der Entwicklungsgesellschaft Corporacion Venezolana de Guayana, die direkt dem Präsidenten der Republik unterstellt ist, die Schaffung einer neuen Stadtregion, Ciudad Guayana, geplant[12]. Bestimmend für dieses Stadtentwicklungsprojekt war jedoch nicht die Erschließung und Entwicklung der Guayana-Region, sondern die sektorale Entwicklungsstrategie einer Diversifizierung der Produktion, die in Venezuela bisher ausschließlich auf Erdöl basierte.

Oft auch werden als Regionalpläne solche Zielvorstellungen bezeichnet, die keinen programmatischen Inhalt haben. Hierunter fallen normative Leerformeln zur Entwicklung von Grenzgebieten oder gemeinsamen Randgebieten, wie z. B. des Amazonasbeckens (Brasilien, Peru und Kolumbien), Patagoniens (Argentinien und Chile), der Atacama-Wüste (Chile, Peru und Bolivien), des La Plata-Beckens, des Gebietes entlang der Carretera Marginal de la Selva[13].

---

[10] *Volta River Authority, Faculty of Architecture/University of Kusami:* Volta River Resettlement Symposium Papers, Accra 1965. *Chambers,* R.: The Volta Resettlement Experience, London 1969.

[11] *United Nations, Economic Commission for Asia and the Far East:* A Case Study of the Damodar-Valley-Corporation and its Projects, Bangkok 1960, S. 97. *Sinha,* B. N.: Some aspects of urbanization in the Damodar Valley Region, in: Ekistics 21, 1966, 342 - 349.

[12] *Rodwin,* L.: Ciudad Guayana: A New City, in: Scient. Am. 231, 1965, S. 122. *Penfold,* A.: Ciudad Guayana, Planning a New City in Venezuela, in: Tn. Plann. Rev. 36, 1966. *Jones,* E.: Aspects of urbanization in Venezuela, in: Ekistics 18, 1964, 420 - 425. *Friedman,* J.: The changing pattern of urbanization in Venezuela, in: *Joint Center for Urban Studies* (Hrsg.): Planning urban growth and regional development: the experience of the guayana program of Venezuela, Cambridge/Mass., London 1969, S. 40 - 59.

[13] *Brown,* R.: Transport and Economic Integration of South America, Washington 1966.

A. Problemstellung

Eine der Voraussetzungen für eine effiziente Regionalpolitik ist schließlich die politische Durchsetzbarkeit der Regionalpläne und damit auch die Delegation von Entscheidungsbefugnissen an lokale Instanzen. Diese Problematik wird deutlich am Beispiel Argentiniens, wo vor 1966 tatsächlich Ansätze zur ökonomischen und politischen Dezentralisation vorhanden waren. Ein Bundesinvestitionsrat (CFI, Consejo Federal de Inversiones), der als Organ der 22 autonomen Provinzen Argentiniens fungierte, erstellte die Regionalpläne und vertrat dabei die Interessen der Regionen gegenüber dem nationalen Entwicklungsrat (CONADE, Consejo Nacional de Desarrollo). Obwohl eine Koordination der regionalen Pläne mit dem nationalen Entwicklungsplan wegen unzureichender Kommunikation zwischen den beiden Planungsbehörden nur selten erreicht wurde und die Bundesbehörden wenig Interesse für regionale Probleme zeigten, fanden lokale Aktionen doch eine gewisse Förderung. Als erfolgreich abgeschlossenes Regionalprojekt gilt in diesem Zusammenhang der Ausbau der Stadtregion Cordoba als Standort einer Aluminiumindustrie und eines Großteils der Automobilindustrie Argentiniens. Maßgebend für die Standortwahl waren rein räumlich-regionale Überlegungen, nämlich die Dezentralisation des Ballungsraumes Buenos Aires und die Entwicklung einer Region, für die wegen der relativen Nähe zum Wirtschaftspotential Buenos Aires eine ausreichende nationale und internationale Anziehungskraft geschaffen werden mußte[14]. Mit der Umstrukturierung des föderativen Staatsaufbaus zu einem Einheitsstaat im Juni 1966 wurde den regionalen Entwicklungsbehörden jedoch eine lediglich ausführende und beratende Funktion zugewiesen. Als „regionale und sektorale Entwicklungsbüros" unterstehen sie CONADE, dessen Vorsitzender der Präsident der Republik ist, arbeiten sie gemäß den Beschlüssen von CONADE, und ist ihre Studien- und Planungskompetenz darauf beschränkt, Datenmaterial aufzubereiten und Vorschläge für die Bestimmung von Prioritäten alternativer, im nationalen Entwicklungsplan vorgegebener Investitionsprojekte auszuarbeiten[15]. Damit wurden die Chancen einer weitgehenden Kompetenzdelegierung bei gegebener externer Planabstimmung von vornherein nationalen Prioritäten untergeordnet. Ähnliche Beispiele lassen sich für andere Länder finden, so z. B. der Planungsmechanismus der Calcutta Metropolitan Planning Organisation (CMPO) in West-Bengalen[16].

---

[14] *Hilhorst*, J. G. M.: Regional Planning in North West Argentina. Regional Studies Association Conference on Urbanization and Regional Change, Balliol College Oxford, April 13 - 17, 1970. Vervielf. Manuskript, Oxford 1970, S. 5.

[15] *Hilhorst*, J. G. M.: „Regional Planning", a.a.O., S. 2.

[16] *Rosser*, C.: Urbanization in Eastern India: The Planning Response. Regional Studies Association Conference on Urbanization and Regional Change, Balliol College Oxford, April 13 - 17, 1970. Vervielf. Manuskript, Oxford 1970. *Jakobson*, L., *Prakash*, V.: Urbanization and regional planning in India, in: Urban Affairs Quart. 2, 1967, 36 - 65. *Banerji*, S.: The role of metropolitan planning in Indian urbanization, in: Ekistics 28, 1969, 430 - 434.

Von diesen Tatsachen ausgehend stellt sich somit die Frage, weshalb bei der Erstellung von Entwicklungsstrategien — selbst wenn diese nur als unvollständige[17] Strategien definiert werden — die Zuordnung von generellen Entwicklungsmaßnahmen zu Maßnahmen für Siedlungssysteme bisher nicht Gegenstand systematischer Untersuchungen war. Erst in jüngster Zeit wird vereinzelt gefordert, die ökonomische Relevanz der Siedlungsstruktur in Entwicklungsländern als Forschungsobjekt nicht allein den Soziologen und Geographen zu überlassen und die wirtschaftswissenschaftliche Forschung in diesem Bereiche zu intensivieren, obwohl der Informationsstand „noch denkbar gering sei"[18]. Gegenstand der vorliegenden Arbeit soll deshalb die Analyse unterschiedlicher Siedlungstypen in Entwicklungsländern in ihrer Bedeutung für eine optimale Entwicklungspolitik sowie der Entwurf eines Modells zur quantitativen Erfassung solcher Siedlungssysteme sein. Das setzt eine weitreichende Disaggregation und eine simultane Zuordnung räumlicher und sektoraler Elemente voraus, sollen wirtschaftspolitisch verwertbare und für den Planungsprozeß operable Aussagen getroffen werden können. Der Untersuchungsbereich der Arbeit muß deshalb in räumlicher Hinsicht sowohl die Region als auch die Stadt und das städtische Planquadrat umfassen. Dabei werden alternative Flächen alternativen Funktionskategorien (Flächennutzungsarten und ihre Determinanten) zugeordnet, so daß eine gesamtwirtschaftlich optimale Anordnung von Flächen ermittelt werden kann.

Gleichzeitig soll die Arbeit ein Plädoyer für eine in den nationalen Entwicklungsplan und in die nationale Entwicklungsstrategie integrierte Stadtenwicklungsplanung sein.

---

[17] Jeder Optimierungsprozeß ist unvollständig, da a) nicht alle für die Entscheidungseinheit relevanten Alternativen gleichzeitig erfaßt werden können, b) nicht alle Ereignisse von der Entscheidungseinheit kontrolliert werden, c) die zu maximierende (minimierende) Größe nicht vollständig in eine Zielfunktion gefaßt werden kann. Siehe hierzu: *McKean*, R. N.: Suboptimization Criteria and Operations Research, Santa Monica 1953 und *Tullock*, S. H.: The General Irrelevancy of the General Impossibility Theorem, in: QJE 81, 1967, 256 - 270.

[18] *Ritter*, U. P.: Die siedlungsstrukturellen Grundlagen der Entwicklungsplanung, Drei Thesen, in: *Meimberg*, R. (Hrsg.): Voraussetzungen einer globalen Entwicklungspolitik und Beiträge zur Kosten- und Nutzenanalyse. Sch. d. V. f. SocPol., N. F., Bd. 59, Berlin 1971, 163 - 173, S. 171.
Beachte in diesem Zusammenhang auch folgende *geplante* Forschungsprojekte des Sonderforschungsbereiches der Universitäten Bonn und Köln und des Regionalforschungsprogramms der UNESCO: *o. V.*: Sonderforschungsbereich Lateinamerika der Universitäten Bonn und Köln, Wirtschafts- und Sozialstrukturen Lateinamerikas unter besonderer Berücksichtigung der Stadt-Land-Beziehungen (vervielf. Manuskript), Bonn 1971, S. 2.
Gaudard, G., *Valarché*, J.: Propositions d'un projet de recherche, Le coût de la croissance urbaine. Septième session du Comité Directeur du Conseil International des Sciences Sociales, Vienne, 23 - 24 avril 1971, Document de travail n° 4, Wien 1971.

B. Gang der Untersuchung

Die Fläche im Sinne der Stadtentwicklungsplanung ist kein homogener Raumbegriff, sondern Abbild einer Menge unterschiedlicher Flächennutzungen. Diese wiederum repräsentieren die räumliche Dimension der ökonomischen und gesellschaftlichen Inputfaktoren des Wirtschaftsprozesses. Sie determinieren den Wirtschaftsablauf und werden von diesem determiniert. Sie sind damit ein Problem der optimalen Faktorallokation (Kapitel 2 und Kapitel 3, A.).

Wenn also der Raum konsistenztheoretisch den Wirtschaftsablauf beeinflußt, wäre aus Verifikationsgründen zu fragen, ob diese Einflußnahme auch empirisch nachweisbar ist. Der Industrialisierungsprozeß der heutigen Industrieländer rechtfertigt die Annahme eines positiven Zusammenhanges. Die in Kapitel 3 herauszuarbeitenden raumwirksamen Bestimmungsgründe des Industrialisierungsprozesses — die im wesentlichen bereits in der Literatur abgehandelt wurden — werden deshalb im Hinblick auf ihre Gültigkeit für Entwicklungsländer überprüft. Die Untersuchung zeigt, daß die Voraussetzungen für das Wirksamwerden dieser Determinanten in den Entwicklungsländern anders gelagert sind, daß sich somit auch andere raumwirtschaftliche Effekte ergeben. Demnach muß die Regionalpolitik der Entwicklungsländer anders gestaltet werden als die der Industrieländer, sowohl in der Zielsetzung als auch in der Wahl der Mittel. Als wesentliches Ergebnis ist festzuhalten, daß die Regionalpolitik in Industrieländern die Bildung von Entwicklungsachsen oder -korridoren als primäres Ziel ansteuern sollte, während die Regionalpolitik der Entwicklungsländer als nationale Entwicklungspolitik vorrangig die konzentrierte Entwicklung eines oder weniger Entwicklungspole betreiben sollte. Diese Zusammenhänge werden auf regionaler Ebene spezifiziert. Eine Aussage über die sub-regionale Form der Entwicklungspole wird damit noch nicht getroffen. Insbesondere impliziert dies nicht eine konzentrische Gestaltung des Poles. Hierzu sind weitere Annahmen erforderlich, die an späterer Stelle eingeführt werden.

Der mit wirtschaftstheoretischen und -politischen Argumenten geführte Beweis wird in Kapitel 3, B. durch einen graphentheoretischen Ansatz erweitert. Es soll dabei bewiesen werden, daß unter gegebenen einschränkenden Prämissen, die wegen des Modellcharakters zu machen sind, die räumliche Strukturform einiger weniger, zu einer Achse verbundener Präferenzpole ein größeres Wachstum eines Gesamtsystems von Orten und Verbindungen ermöglicht als die gleichmäßige Raumstruktur einer Vielzahl von Orten. Andernfalls würde bei fortgesetztem Wachstum das Gesamtsystem sich selbst zerstören.

Die in Kapitel 3, A. und B. für den Fall des Entwicklungslandes geforderte regionale Raumstruktur grenzt die zu ermittelnde optimale Konfiguration des Entwicklungspoles in einer ersten Annäherung insofern ein, als mit der Raumstruktur zugleich gewisse Annahmen über die Verteilung der Wirtschaftsaktivitäten und über den Verlauf vorgestellter Entwicklungslinien getroffen werden. Kapitel 3, C. stellt nun in einem weiteren Schritt die fundamentale Bedeutung der Stadt als Entwicklungspol heraus. Um eine optimale sub-regionale Polstruktur definieren zu können, muß jedoch weiter differenziert werden. Ausgehend von den in der Literatur unterschiedenen Grundelementen Linie und Punkt für die Bildung bstimmter Stadtformtypen werden deshalb in Kapitel 4, A. verschiedene mögliche Kombinationen dieser Grundelemente (z. B. Radialform, Band-Radial-Kombination usw.) konzipiert, nach Nutzungskategorien (Wohnen, Einkaufen, Arbeiten, Erholen, Bilden) analysiert und im Hinblick auf ihre Funktionsfähigkeit und ihren Entwicklungsbeitrag diskutiert. Als optimale Stadtform wird die Bandstadtstruktur herausgestellt. Da es sich hierbei um ein Modell handelt, das auch Verhaltensweisen repräsentiert, ist es notwendig, die Merkmale der *gewachsenen* Stadtstruktur in Entwicklungsländern herauszuarbeiten (Kapitel 4, B.). Auch diese Besonderheiten des städtischen Interaktionsschemas in Entwicklungsländern bestätigen die Optimalität des Bandstadtmodells.

Die Funktionszusammenhänge zwischen Flächen und Flächennutzungskategorien (jeweils nach bestimmten Merkmalen untergliedert, wie z. B. wirtschaftlichen Aktivitäten, Einkommensgruppen, Bebauungsdichte usw.) bilden dann die Grundlage für ein Simulationsmodell, das alternative Stadtentwicklungsmöglichkeiten zu simulieren vermag (Kapitel 5). Die Modellvorschläge beruhen in ihrer Ausgangskonzeption auf einem Lowry-Garin-Echenique-Ansatz, werden jedoch im Verlauf der Untersuchung modifiziert und enthalten als Hauptbestandteil Algorithmen, die eine detailliertere numerische Simulation zulassen. Die Algorithmen berücksichtigen insbesondere die ökonomisch-strukturbedingten (objektiven) und die motivationalen (subjektiven) Ursachen räumlich unterschiedlicher Anordnungen von Aktivitäten und Flächen. Damit geht die Fragestellung dieses Teilabschnittes über die der Verkehrserzeugungs- und -verteilungsmodelle hinaus, die von einer konstanten Siedlungsstruktur ausgehen und das daraus resultierende Verkehrsverhalten analysieden (z. B. Verkehrsfreudigkeit, Verkehrserzeugungsraten für jeden Reisezweck, Grad der Versorgung mit Verkehrsgelegenheiten usw.). In der vorliegenden Untersuchung wird das Siedlungssystem seinerseits zur abhängigen Variablen und werden die Aktivitäten zu Funktionen unterschiedlicher Siedlungssysteme. Die Modellelemente werden im Verlauf der Analyse fortgesetzt der tatsächlichen Bedingungskonstellation der Entwicklungsländer gegenübergestellt und im Interesse der Operabilität und Flexibilität des Modells ggf. neu festgesetzt. Damit wird die Instrumentalität des Simulationsmodells für die Stadtentwicklungsplanung in Entwicklungsländern hervorgehoben.

Zweites Kapitel

Der Dualismus von marktwirtschaftlichem Preissystem und politischem Entscheidungssystem bei der Allokation der Flächen

A. Optimale Flächenanordnung und marktwirtschaftlicher Steuerungsmechanismus

Sofern in einer Volkswirtschaft ein marktfähiges Interesse an Boden oder bestimmten Flächen besteht und Angebot an und Nachfrage nach Flächen unter der Bedingungskonstellation der vollkommenen Konkurrenz auf dem Grundstücksmarkt zusammentreffen, allokiert der Marktmechanismus die Flächen entsprechend ihrer produktivsten Verwendung. Die Verwendung der Flächen, die um eine bestimmte Nutzung konkurrieren, ist dann am produktivsten, wenn die höchsten Bodenpreise gezahlt werden. Dabei determiniert die tatsächliche oder erwartete Flächennutzung den Marktpreis, den mögliche Interessenten für den Boden zu zahlen bereit sind. Der Flächenwert ist also abhängig vom Marktpreis der für einen bestimmten Zweck genutzten Fläche und damit abhängig von den herabdiskontierten erwarteten Nettoerträgen aus der Fläche, also z. B. von der Zugänglichkeit der Lage und vom Grad der Substituierbarkeit der Flächen. Die Hauptdeterminanten der Zugänglichkeit sind hierbei die relative Entfernung (in der Regel an der Zeit dimensioniert) zwischen Wohnstätte, Arbeitsstätte, Einkaufsstätte und Freizeitstätte[1] sowie die Attraktionswirkung von Nachbarschaftscharakteristika (z. B. Gemeinbedarfseinrichtungen, Verkehrssystem, Sozialstruktur). Die Substituierbarkeit spielt insofern eine Rolle als zwischen dem Boden als Inputfaktor und anderen Produktionsfaktoren substitutive Beziehungen bestehen können derart, daß bei gegebenen Faktorpreisen jede Änderung der Effizienz, mit der der Boden genutzt wird, eine Änderung der Faktorkombination bewirkt, falls hierdurch ein höherer Output erzielt werden kann. Steigt der Flächenwert, wird der Produktionsfaktor Boden durch andere Faktoren substituiert; fällt er, werden umgekehrt diese Faktoren durch den Faktor Boden substituiert.

Bei vollkommenem Wettbewerb werden die Flächen also entsprechend den Flächennutzungsmöglichkeiten allokiert; der einzelne Flächenwert

---

[1] Diese Zusammenhänge werden im 5. Kapitel eingehend behandelt.

ist maximal, da die Fläche in ihrer produktivsten Verwendung genutzt wird; aber auch der aggregierte Flächenwert ist maximal, da keiner der Flächennutzer mit einer anderen als der von ihm genutzten Fläche einen höheren Nettoertrag hätte erzielen können. Dies impliziert unter der Bedingungskonstellation der vollkommenen Konkurrenz[2], daß auch die räumliche Anordnung der Flächen optimal ist. Die räumlich optimale Allokation der Flächen kann also nicht getrennt werden von den Determinanten der Flächennutzung. Auf diesen Zusammenhang wird noch an späterer Stelle (Kapitel 4) zurückzukommen sein. Im vollkommenen Konkurrenzmodell jedenfalls erfolgen räumliche und sektorale Allokation simultan und in optimaler Weise.

B. Prämissenkritik am Allokationsmechanismus

Erfolgt die Allokation der Flächen prinzipiell nur im Rahmen des Modells der vollkommenen Konkurrenz, so erwachsen aus den Unvollkommenheiten des Marktmechanismus gemischter Wirtschaftssysteme, insbesondere aus den Eigenarten des öffentlichen Sektors in den Entwicklungsländern, eine Reihe von Entscheidungen, die zu einer gesamtwirtschaftlichen Fehlallokation der Flächen führen müssen, wenn nicht den Marktmechanismus ergänzende Entscheidungskriterien gefunden werden.

Die Optimalitätsbedingungen, mit denen die klassische Marginalanalyse arbeitet, sind im Bereich der Flächenallokation und des Grundstücksmarktes aus folgenden Gründen nicht erfüllt:

(1) Bei der Entscheidung, eine bestimmte Fläche zu nutzen, wird das Wirtschaftssubjekt nur die unmittelbaren, einzelwirtschaftlichen Kosten und Erträge dem Rentabilitätskalkül zugrunde legen. Die mittelbaren Kosten und Erträge, die im Zuge der Nutzung zugleich bei anderen Flächennutzern, also bei Dritten (z. B. Nachbarn, Passanten), anfallen (externe Effekte[3]), werden dem Entscheidungsträger nicht

---

[2] Es gilt: jedes vollkommene Konkurrenzgleichgewicht ist allokativ-effizient; jeder Zustand der allokativen Effizienz bedeutet vollkommenes Konkurrenzgleichgewicht. *Arrow*, K. J.: An Extension of the Basic Theorem of Classical Welfare Economics, in: *Neymann*, J. (Hrsg.), Proceedings of the Second Berkeley Symposium on Mathematical Statistics and Probability, Berkeley 1951, S. 507 ff. *Debreu*, G.: Valuation Equilibrium and Pareto-Optimum, in: Proceedings of the National Academy of Sciences, Vol. 40, 1954, No. 7, S. 588 ff.

[3] Die mittelbaren Auswirkungen einer Investition auf die Handlungen Dritter (ohne Kompensationszahlungen) werden auch als „Spillover"-Effekte bezeichnet. McKean unterscheidet zwischen technologischen und pekuniären Spillovers (*McKean*, R. N.: Efficiency in Government through Systems Analysis, with Emphasis on Water Resource Development, New York, London 1958, S. 134 ff.). Pekuniäre Spillovers sind ein Kennzeichen ökonomischer Ungleichgewichtssituationen. Sie verursachen im Input/Output von Dritten Preisände-

über den Marktpreis angelastet, d. h. nicht in private Kosten und Erträge transformiert, obwohl sie indirekt im Flächenwert enthalten sind. So gehen z. B. die Kosten einer Veränderung der wirtschaftlichen, ästhetischen, kulturellen und biologischen Werte der Umwelt nicht in die Rechnung des Hauswirts als Anbieter von Wohnflächen ein. Bestimmte Flächen einer gegebenen Qualität können negative Auswirkungen auf die Gesundheit und Sicherheit anderer Menschen, die nicht Anbieter oder Nachfrager der Fläche sind, haben und damit soziale Zusatzkosten verursachen, wenn nicht anderweitig öffentliche Gesundheits- und Sicherheitseinrichtungen bestehen; oft erschweren Slums die Persönlichkeitsbildung und soziale Anpassungsprozesse, oder sie sind wegen der Überbelegung und unzureichender sanitärer Anlagen für Bewohner und Dritte gesundheitsschädlich[4].

Ein unvollkommenes Verkehrssystem kann die ansonsten gleiche Zugänglichkeit zu Arbeitsstätten derart verändern, daß die Beschäftigten bereit sind, für in der Nähe des Betriebes liegende Grundstücke ceteris paribus einen höheren Preis zu zahlen als für weiter entfernt liegende; bei Bodenknappheit steigt also für bestimmte Wohnflächen der Grundstückspreis, ohne daß sich zunächst die Kosten des Anbieters der Fläche verändert hätten (Enstehen einer Lagerente[5]). Durch diese Lagerente erhält das Angebot einen zusätzlichen monopolistischen Charakter.

Öffentliche Investitionen in der Nachbarschaft (Versorgungseinrichtungen, Schulen, Krankenhäuser usw.) zählen ebenfalls zu den Lagerenten bildenden Faktoren. Sofern die daraus resultierende Attraktionswirkung nicht den einzelnen Wirtschaftssubjekten direkt zurechenbar gemacht wird — und in Wirklichkeit ist dies der Regelfall — fallen externe Effekte bei Dritten an. Werden nämlich die Investitio-

---

rungen, die infolge ihres transferbedingten oder distributiven Charakters in der Effizienzanalyse unberücksichtigt bleiben. Ihre Einbeziehung würde zu Doppelzählungen führen. Deshalb sollten nur die technologischen Effekte in die Effizienzanalyse aufgenommen werden *(McKean,* R. N.: „Efficiency", a.a.O., S. 136). Technische Spillovers sind jene externen Wirkungen, welche die physischen Produktions- und Konsummöglichkeiten anderer Produzenten und Konsumenten verändern und somit die Kosten und Nutzen anderer öffentlicher und privater Investitionen beeinflussen *(Prest,* A. R., *Turvey,* R.: Cost-Benefit-Analysis: A Survey, in: EJ 75, 1965, 683 - 735). Zum Begriff siehe auch: *Buchanan,* J. M., *Stubblebine,* W. C.: Externality, in: Economica 29, 1962, 371 - 384.

[4] *Rothenberg,* J.: Urban renewal programs, in: *Dorfman,* R. (Hrsg.), Measuring benefits of government investments, Washington D. C. 1965, 292 - 341, S. 306.

[5] Zur begrifflichen Einordnung der Lagerenten bildenden Faktoren vgl. z. B. *Rist,* Ch.: Die Theorie der Bodenrente und ihre Anwendungen, in: *Gide,* Ch., *Rist,* Ch.: Geschichte der volkswirtschaftlichen Lehrmeinungen, 3. deutsche Auflage, Jena 1923, S. 598 - 643. *Spiethoff,* A.: Boden und Wohnung. Bonner Staatswissenschaftliche Untersuchungen, Bd. 20, Jena 1934. *Wendt,* P. F.: Theory of urban land values, in: Land Economics 33, 1957, 228 - 240.

nen der öffentlichen Hand aus Steuern finanziert, die z. B. von Mietern erhoben werden, so werden die Mieter relativ benachteiligt, wenn sie für die Attraktivität der Nachbarschaft auch noch eine Lagerente zahlen müssen. Schließlich können positive (z. B. Villengegend) oder negative (z. B. Lärmentwicklung) Effekte auch aufgrund von Investitionen der benachbarten Grundeigentümer entstehen. In letzterem Fall würden beispielsweise die Mieter dem Hauseigentümer einen Zuschlag über jenen Betrag hinaus zahlen, den sie für die Qualität der Wohnungssubstanz gezahlt hätten, ohne daß eine Gegenleistung dafür vom lokalen oder benachbarten Eigentümer selbst erbracht worden wäre[6]. Externe Effekte bewirken also, daß sozialer und privater Nutzen (Kosten) nicht deckungsgleich sind. Unter der Voraussetzung eines ansonsten vollkommenen Marktmechanismus wäre damit die Allokation der Flächen im gesamtwirtschaftlichen Sinne nicht mehr optimal[7].

(2) Vergleichbare Flächen vergleichbarer Nutzung stellen nicht notwendig ein homogenes Gut dar. So kann z. B. das Qualitätsoptimum für Flächensubstanz und Umwelt für die aggregierte Gesamtheit der Haushalte verschieden sein vom Qualitätsoptimum der Summe aller einzelnen Haushalte (z. B. Wohnen im Grünen versus Zersiedlung der Landschaft), obwohl nach den Prämissen der vollkommenen Konkurrenz individuelle und kollektive Qualitätsnorm gleich sein müßten. Wegen dieser Heterogenität und begrenzten Substituierbarkeit entstehen auf den Elementarmärkten für jedes Qualitätsoptimum Abweichungen von den Ergebnissen der vollkommenen Konkurrenz.

(3) Bestimmte Flächen (Kollektivflächen[8]) bleiben aus Gründen der Nutzendiffusion nur der öffentlichen Hand vorbehalten und unter-

---

[6] *Silvers*, A. L., *Sloan*, A. K.: A model framework for comprehensive planning in New York City, in: JAIP 31, 1965, 246 - 251, S. 250 f. *Wullkopf*, U.: Wohnungssanierung als wirtschaftliches Problem. Die industrielle Entwicklung, Band 17, Köln, Opladen 1967, S. 43.

[7] Die Pareto-Optimalität wäre nicht gegeben. Das Pareto-Kriterium impliziert: status quo der Verteilung und Allokation, gesellschaftliche Unabhängigkeit von Gruppen und Individuen, Präferenz für die jeweils größere Gütermenge. *Jochimsen*, R.: Grundlagen, Grenzen und Entwicklungsmöglichkeiten der Welfare Economics, in: *v. Beckerath*, E., *Giersch*, H. (Hrsg.), Probleme der normativen Ökonomik und der wirtschaftspolitischen Beratung. Sch. d. V. f. Socpol., N. F., Bd. 29, Berlin 1963, 129 - 153, S. 136 ff. *Nath*, S. K.: Are Formal Welfare Criteria Required?, in: EJ 74, 1964, 548 - 577.

[8] In Anlehnung an den Begriff „Kollektivgüter" seien Kollektivflächen definiert als solche, deren Nutznießung nicht auf die Wirtschaftssubjekte beschränkt werden kann, die dafür zu zahlen bereit sind (z. B. Erholungsflächen, Verkehrsflächen, Freizeitflächen). Zur Nutzendiffusion bei Kollektivgütern vgl.: *Stohler*, J.: Zur rationalen Planung der Infrastruktur, in: Konjunkturpolitik 11, 1965, 279 - 308, S. 283. *Krutilla*, J. V., *Eckstein*, O.: Multiple Purpose River Development. Studies in Applied Economic Analysis, 3. Aufl., Baltimore 1964, S. 42.

liegen deshalb auch nicht den Marktgesetzen. Für solche Flächen gibt es also auch keine Marktpreise. Ihre Bewertung wäre konsistenztheoretisch jedoch erforderlich.

(4) Unteilbare Investitionen in Grund und Boden stören den Marktmechanismus in folgender Weise: (1) der erforderliche Ressourceneinsatz kann quantitativ so bedeutend sein, daß dadurch das Verhältnis von relativen Erträgen und Preisen in der gesamten Wirtschaft geändert wird oder bestimmte Flächennutzungen aufgrund des begrenzten Flächenvorrats nicht durchgeführt werden können; (2) im Falle von Inputunteilbarkeiten können Auslastungseffekte auftreten derart, daß über den gesamten Outputbereich der Investition hinweg die totalen Durchschnittskosten des Outputs sinken und die Grenzkosten immer kleiner als die Durchschnittskosten sind, so daß der Kapitalwert negativ bleibt und die Durchführung der Investition nicht rentabel ist; (3) im Falle von Outputunteilbarkeiten (z. B. Kollektivflächen) darf jeder Benutzer diese in Anspruch nehmen, ohne dafür unmittelbar zahlen zu müssen.

(5) Das Prinzip der Nutzenmaximierung geht davon aus, daß ein höherer Nutzen oder Output generell das „distributive Potential"[9] erhöht. Einkommensumverteilungseffekte (z. B. Naturalredistribution durch Sanierung, wobei die Begünstigten die Bezieher niedriger Einkommen sind und Wohnungen minderer Qualität bewohnen) werden jedoch nicht explizit berücksicht. Inbesondere die Prämisse der interindividuellen Austauschbarkeit des Nutzens impliziert eine invariante Verteilung von Nutzen und Kosten auf die verschiedenen Wirtschafts- und Gesellschaftsgruppen. Wird jedoch die Voraussetzung der interindividuellen Austauschbarkeit des Nutzens aufgehoben, dann müssen bei Vorhandensein externer Effekte mögliche Kompensationszahlungen explizit im Bewertungskalkül berücksichtigt werden, sofern die Kompensationskosten nicht bereits in private Kosten transformiert wurden. Wenn eine gesamtwirtschaftlich optimale Allokation verwirklicht werden soll, müssen deshalb auch interpersonale Verteilungseffekte in den Bewertungsprozeß eingebaut werden. Das gilt in gleicher Weise für intertemporale Verteilungseffekte, wenn z. B. ein Nachholbedarf an Wohnungen besteht, da die erforderlichen Ressourcen zuerst für Industrialisierungszwecke benötigt wurden; die relativ lange Lebensdauer und Ausreifungszeit von baulichen Maßnahmen führen in der Regel zu einem Planungshorizont von über 20 Jahren, so daß innerhalb dieses Zeitraumes eine konstante Einkommensverteilung nicht ohne weiteres unterstellt werden kann. Schließlich spielen

---

[9] *Stohler*, J.: Zur Methode und Technik der Cost-Benefit-Analyse, in: Kyklos 20, 1967, 218 - 245, S. 226. Siehe auch *Maass*, A.: Benefit-Cost-Analysis: Its Relevance to Public Investment Decisions, in: QJE 80, 1966, 208 - 226.

auch interregionale Verteilungsvorgänge eine wesentliche allokative Rolle[10]; beispielsweise kann eine wachstumsoptimale Faktorallokation zu einem sozial nicht optimalen gesamträumlichen Lohn- und Preisgefälle führen.

(6) Die zum Zwecke einer optimalen Allokation zu maximierenden Größen können nicht vollständig in die gleiche Zielfunktion gefaßt werden. Zielkonflikte ergeben sich nicht erst aus der inneren Widersprüchlichkeit verschiedener Ziele heraus, sondern bereits daraus, daß nicht alle Ereignisse von der Entscheidungseinheit kontrolliert werden können. Die Zielsetzung wird mitgeformt durch Einflüsse von Interessenten[11] (z. B. Landesbausparkassen, Gewerkschaften), durch die politische Entscheidungspraxis[12], durch administrative Rahmenbedingungen[13]; z. B. decken sich die kollektiven Wohlfahrtsziele des Politikers über die Beschaffenheit des Stadtbildes nicht immer mit den privaten Zielen der individuellen Wohlfahrt (Gewinnmaximierung der Grundstückseigentümer). Selbst wenn die Teilziele als Mindest- oder Höchstanforderung formuliert und der Zielfunktion als Nebenbedingung beigegeben werden und damit der Bereich zulässiger Optimallösungen für die Teilziele eingegrenzt wird, ergeben sich wohlfahrtstheoretische Probleme, die den Marginalbedingungen der vollkommenen Konkurrenz nicht mehr entsprechen.

(7) Die Quasi-Monopolstellung des Staates oder bestimmter sozialer Gruppen als Großgrundbesitzer verhindert eine polypolistische Verhaltensweise der Anbieter. Der staatliche Einfluß kann sich indirekt über die Beeinflussung der Standortwahl (z. B. über eine Veränderung der Faktorkombination, neue oder expandierende Städte usw.) auf die allokative Effizienz, mit der eine Fläche genutzt wird, auswirken oder in direkter Weise über die Besteuerung von Grund und Boden, Flächennutzungsvorschriften, Bauaufsicht, Regulierung des Wohnungsbaumarktes usw. Ferner ist die Allokation nicht unabhängig von den staatlichen Finanzierungsmodi. Das gilt insbesondere für öffentliche Investitionen, deren Kapitalmittel nicht im Wettbewerb mit der Kapitalnachfrage für andere Verwendungsarten auf dem Kapitalmarkt aufgenommen werden (z. B. Steuergelder anstelle von

---

[10] *Voigt*, F.: Verkehr und Industrialisierung, in: Z. f. ges. St. 109, 1953, 193 - 239. Siehe auch: *Voigt*, F.: Die volkswirtschaftliche Bedeutung des Verkehrssystems. Verkehrswissenschaftliche Forschungen, Band 1, Berlin 1960.

[11] *Voigt*, F.: Die Formung der staatlichen Wirtschaftspolitik, in: *Specht*, K. G., *Rasch*, H. G., *Hofbauer*, H., studium sociale, Ergebnisse sozialwissenschaftlicher Forschung der Gegenwart, Köln, Opladen 1963, S. 607 - 632.

[12] *Ward*, B.: Majority Voting and Alternative Forms of Public Enterprise, in: *Margolis*, J. (Hrsg.), The Public Economy of Urban Communities, Washington 1965, S. 112 ff.

[13] *Downs*, A.: A Theory of Bureaucracy, in: AER (P & P) 55, 1965, 441 - 443.

Anleihen). Staatliche Wertpapieremissionen können oft zu günstigeren Bedingungen (staatlich verbürgte Papiere) erfolgen als die Emissionen privater Gesellschaften, so daß der Zinssatz öffentlicher Anleihen niedrigere Unsicherheiten reflektiert[14]. Das wiederum würde zu einer Unterbewertung privater Investitionsalternativen führen. Andererseits bietet die wirtschaftspolitische Trägerschaft des Staates die Chance, externe Effekte zu internalisieren, d. h. in direkt zurechenbare Kosten und Erträge umzuwandeln. Dadurch könnten die Marginalbedingungen wiederum teilweise erfüllt werden, obwohl dies im Sinne der Theorie des Zweitbesten[15] abzulehnen wäre.

(8) Unsichere Erwartungen beeinflussen die aktuelle Prioritätsskala alternativer Flächennutzungen. Anbieter und Nachfrager von bestimmten Flächen sind nicht imstande, alle zukünftigen Optima vorauszuschätzen und alle künftigen Nettoerträge zu kennen. Die Entwicklungsaussichten eines Raumes oder die erwartete Expansion des Stadtkerns sind ungewiß. Die relativ lange Ausreifungszeit bebauter Flächen oder mögliche Qualitätsveränderungen der Umwelt können die Ursache von leads und lags sein, die eine sofortige Anpassung auf den Märkten erschweren. Aber auch subjektive Momente, wie Reaktionszeit[16] und Risikoverhalten der Anbieter und Nachfrager, machen oft eindeutige Aussagen über den antizipierten Flächennutzen unmöglich.

(9) Die für die Verwirklichung des Pareto-Optimums erforderliche vollständige Mobilität auch des Faktors Boden ist häufig nicht gegeben.

Die optimale Versorgung der Volkswirtschaft mit Flächen bestimmter Nutzungskategorien kann also ohne den Marktmechanismus ergänzende Maßnahmen nicht erreicht werden, und zwar entweder weil der Wettbewerb nicht die Marginalbedingungen des sozialökonomischen Optimums herzustellen vermag oder weil auch bei teilweiser Erfüllung der Voraussetzungen der vollkommenen Konkurrenz die Versorgung der Bevölkerung nicht optimiert wird (z. B. bestimmte Kollektivbedürfnisse nicht befriedigt werden).

---

[14] *Peters*, G. H.: Cost-Benefit-Analyse, Hamburg 1968, S. 33.
[15] *Lancaster*, K., *Lipsey*, R. G.: The general theory of second best, in: Review of Economic Studies 24, 1956/57, S. 11 ff.
[16] Oft wird z. B. beobachtet, daß der Eigenwohner sich träger verhält als der Mieter: obwohl auch die Lagerente in die Kalkulation des Eigenwohners eingeht, zieht er nicht aus der Wohnung aus, wenn das Environment für ihn weniger attraktiv geworden ist, und andere Mieter bei gleichen Bedingungen ausziehen würden.

C. Die Bedeutung subsidiärer Steuerungsmaßnahmen

Die erforderliche allokative Ergänzungsfunktion, wie sie sich aus (B) ergibt, soll im folgenden der Stadtentwicklungsplanung zugewiesen werden. Die Begründung im einzelnen für die Auswahl gerade der *Stadt*planung wird Inhalt der nächsten Kapitel (3 und 4) sein.

Wegen der Interdependenz des walrasianischen Systems und somit des allgemeinen Allokativproblems muß die Stadtentwicklungsplanung einer wachsenden Komplexität von Entwicklungsaufgaben gerecht werden. Insbesondere darf sie nach diesem Ansatz nicht als isolierte Aufgabe zur Erfüllung bestimmter städtebaulicher Einzelprojekte aufgefaßt werden — wie dies allgemein geschieht[17] —, sondern muß in einen funktionalen Rahmen eingeordnet und an den langfristigen Produktivitätszielen der Gesamtwirtschaft orientiert werden. Nur so kann sichergestellt werden, daß übergeordnete Zusammenhänge und Nebenbedingungen auch in der Einzelplanung berücksichtigt werden.

Die Stadtentwicklungsplanung müßte also in ihrem Erfolgsgrad bei der Allokation der Flächen an der Erreichung bestimmter gesamtwirtschaftlicher Subziele gemessen werden, woraus dann subsidiäre Entscheidungskriterien entwickelt werden könnten. Die Bestimmung des Zielerreichungsgrades unter Berücksichtigung bestimmter Nebenbedingungen ist eine Optimierungsaufgabe. Als Rechenverfahren bietet sich hier die Kosten-Nutzen-Analyse[18] an. Unter der Berücksichtigung ökonomischer Kriterien empfiehlt sie die Durchführung einer Maßnahme, wenn die Vor-

---

[17] Die Stadtentwicklungsplanung sollte also vor die Flächenbezogenheit einen koordinierten und integrierten Gesamtplan für die zukünftige Gestaltung der privaten und öffentlichen Strukturgrößen im weitesten Sinne setzen.

Zur Komplexität des Begriffes „Stadtentwicklungsplanung" siehe z. B.: *Lenort*, N. J.: Entwicklungsplanung in Stadtregionen, Die industrielle Entwicklung, Bd. 15, Köln, Opladen 1961. *Hillebrecht*, R.: Städtebau und Stadtentwicklung, in: Archiv f. Kommunalwiss. 1, 1962, 41 - 64. *Isenberg*, G.: Existenzgrundlagen in der Stadt- und Landesplanung, Tübingen 1965. *Albers*, G.: Stadtentwicklungsplanung, in: Handwörterbuch der Raumforschung und Raumordnung, Bd. 3, 2. Aufl. Hannover 1970, S. 3202. *Wagener*, F.: Von der Raumplanung zur Entwicklungsplanung, in: Deutsches Verwaltungsblatt, 85. Jg., Heft 3, 1970, S. 93 ff. *Niemeier*, H. G.: Landesentwicklung an der Wende. Kleine Schriften des Deutschen Verbandes für Wohnungswesen, Städtebau und Raumplanung, Heft 33, Bonn 1970.

Da im folgenden unter Stadtentwicklungsplanung eine integrierte Gesamtplanung verstanden wird, die Stadterweiterung, Stadterneuerung und Wirtschaftsentwicklung umfaßt, weicht der hier verwendete Begriff der Stadtentwicklung von dem des Städtebauförderungsgesetzes ab; siehe: Bundesrat-Drucksache 1/70 vom 22. 12. 1969, Entwurf eines Gesetzes über städtebauliche Sanierungs- und Entwicklungsmaßnahmen in den Gemeinden, § 1.

[18] Zur Technik der Kosten-Nutzen-Analyse siehe z. B. *Goldman*, T. A. (Hrsg.): Cost-Effectiveness Analysis, New Approaches in Decision-Making, New York, Washington, London 1967.

teile die Kosten dieser Maßnahme überwiegen, oder sie wählt unter alternativen Maßnahmen diejenige aus, die den größten Nettovorteil bringt. Dabei sind so viele Ressourcen für die angestrebten Ziele einzusetzen, bis ein soziales Gleichgewicht erreicht wird. In diesem Zusammenhang tauchen jedoch Probleme in zweifacher Hinsicht auf:

(1) Die Kosten-Nutzen-Analyse ist auf eine vollständige Kenntnis der anwendbaren Maßnahmen angewiesen. Bei isolierten Investitionsprojekten sind diese relativ leicht abschätzbar. Anders allerdings im Falle von komplexen Systemzusammenhängen: hier müßte als Vorstufe zur endgültigen Projektauswahl der Lösungsbereich durch Wirkungsanalysen alternativer Maßnahmen eingeengt werden. Wegen der Vielzahl der Fälle und der Interdependenz der Funktionen eignet sich für ein solches Vorhaben vor allem das Verfahren der Simulation. Dieses kann insbesondere jene Alternativen herauskristallisieren, die in bezug auf eine bestimmte Fragestellung relevant sind, z. B. Maßnahmen, die zu einer wachstumspolitisch nicht erwünschten Verschiebung industrieller Standorte führen, die den Verkehrsanschluß verbessern usw.

(2) In der Kosten-Nutzen-Analyse werden in der Regel nur jene Kosten und Nutzen erfaßt, die sich quantitativ meßbar in einem relativ beschränkten Kreis von Auswirkungen einer Maßnahme zeigen. Wichtige zeitliche, örtliche und inhaltliche Interdependenzen der relevanten Kosten- und Nachfragefunktionen bleiben oft unberücksichtigt. Eine der Hauptaufgaben der Simulation ist deshalb, durch „trial and error" die relevanten Beziehungen und Parameter überhaupt erst selbst zu entwickeln. Durch den umfassenden Systemansatz dieses Verfahrens (indem z. B. alternative Maßnahmen hinsichtlich bestimmter Auswirkungen gegeneinander abgewogen werden) können insbesondere auch die indirekten Kosten und Erträge isoliert werden. Somit kann auch „nicht Bewertbares" im Gegensatz zur traditionellen Kosten-Nutzen-Analyse in das Kalkül einbezogen werden. In den meisten Fäller. dürfte es außerordentlich schwierig sein, ohne Simulation die notwendigen Informationen zu erhalten.

Eine Entscheidungsformel für die optimale Flächenallokation müßte also die gesamten relevanten ökonomischen Grundzusammenhänge (z. B. Attraktionswirkung bestimmter Flächen) simulieren. Relevant heißt im Rahmen der vorliegenden Untersuchung, daß nur solche Maßnahmen zur Erreichung eines sozialökonomischen Optimums betrachtet werden, die die Flächennutzung betreffen. Damit wird unterstellt, daß eine Annäherung an die optimale Allokation der Flächen zugleich auch eine Annäherung an das gesamte sozialökonomische Optimum bedeutet. Alle relevanten Zusammenhänge wären schließlich in Gleichungen zu fassen, die eine kontinuierliche Simulation[19] zulassen: es können z. B. hypothetische alternative Maßnahmen in das Grundmodell eingeführt, mit dem gegebenen Bestand an Flächen und bestimmten Flächennutzungskategorien in Zusammenhang gebracht und diese so lange verändert werden, bis der Flächenbedarf im Rahmen der gesetzten Nebenbedingungen (z. B. budgetäre Restriktionen, Sanierungsziele, Richtung von Attraktionswirkungen usw.) gedeckt ist. Der Datenoutput hängt dabei nach Art und Umfang wesentlich von der Planungsvorstellung des regionalen Entscheidungsträgers ab. Im folgenden sollen deshalb die Grundzusammenhänge eines solchen Simulationsmodells unter Berücksichtigung der regionalen Planungskonzeption unterentwickelter Volkswirtschaften erstellt werden.

---

[19] Zur Technik der Simulation siehe z. B. *Holland*, E. P., *Gillespie*, R. W.: Experiments on a Simulated Underdeveloped Economy: Development Plans and Balance-of-Payments Policies, Cambridge/Mass. 1963. *Guetzkow*, H. (Hrsg.): Simulation in social science: Readings, Englewood Cliffs/N. J. 1963.

Drittes Kapitel

Die Stadt als räumlicher und sektoraler Entwicklungspol unterentwickelter Volkswirtschaften

Die subsidiäre Übernahme allokativer Aufgaben bei der räumlichen Anordnung von Flächen und bei der Flächennutzung speziell durch die Stadtentwicklungsplanung liegt in der entwicklungspolitischen Bedeutung der Stadt als eines nationalen Entwicklungspoles begründet.

A. Entwicklungspolitische Notwendigkeit einer polaren Wirtschaftsstruktur

I. Die Entwicklungsfunktion ungleichgewichtiger Prozesse

Ein kumulativer systemimmanenter Wachstumsprozeß entsteht in der marktwirtschaftlichen Dynamik[1] nur dann, wenn zusätzliche Nettoinvestitionen über den Wirkungsmechanismus der Kapazitäts- und Einkommenseffekte[2] regelmäßig die Real- und Nominaleinkommen derart vergrößern, daß eine allgemeine Unterbeschäftigung bei sinkenden Löhnen und sinkenden sonstigen Einkommen nicht eintritt, sondern vielmehr die Grenzleistungsfähigkeit des Kapitals für weitere Investitionen und die Neigung der Unternehmer, den arbeitssparenden technischen Fortschritt einzuführen, erhöht werden. Nettoinvestitionen sind also die Impulse, die einerseits das Angebot auf den Gütermärkten, zum anderen die kaufkräftige Nachfrage nach den durch die Produktionserweiterung erzeugten Gütern vergrößern. Andererseits werden die Investitionschancen wesentlich bestimmt durch eine hohe Nachfrage und hohe interne Ersparnis-

---

[1] Im Laufe der Untersuchung wird von gemischten Wirtschaftssystemen (mixed economy) ausgegangen, da die wirtschaftlichen Entscheidungen relativ vieler Entwicklungsländer durch ein Zusammenspiel von staatlichen Interventionen und privatem Unternehmertum getragen werden. *Perroux*, F.: Les investissements multinationaux et l'analyse des pôles des développement et des pôles d'intégration, in: Revue Tiers-Monde, Bd. 9, 1968, 239 - 265, S. 258.

[2] Als Kapazitätseffekt einer Investition wird die durch die Investition bewirkte Vergrößerung der volkswirtschaftlichen Produktionsausrüstung bezeichnet. Der Einkommenseffekt stellt dar, wie sich die Summe aller Einkommen in einer Volkswirtschaft durch eine Nettoinvestition ändert; die Höhe des Multiplikators als reziproker Wert der marginalen Sparneigung bestimmt die Höhe des Einkommenszuwachses.

möglichkeiten bei der Produktion. Ist dieser Wachstumsprozeß mit einer strukturellen Differenzierung verbunden, so entstehen im Verlauf des Prozesses zwingend unterschiedliche Investitionschancen. Diese wirken als systemimmanenter Impuls auf die Lebensfähigkeit des Wachstumsprozesses zurück. Im Falle struktureller Veränderungen kann dann der Begriff „Wachstum" durch den Begriff „Entwicklung" ersetzt werden. Unterschiedliche Entwicklungschancen ergeben sich in mehrfacher Hinsicht:

(1) In der Entwicklung bevorzugt werden jene Wirtschaftszweige, die sich auf eine diversifizierte Nachfragestruktur und hohe Einkommenselastizitäten stützen können. Bekanntlich verändert sich mit zunehmendem Einkommen die kaufkräftige Nachfrage des Haushalts entsprechend der für ihn relevanten Engelkurve[3]; bei den meisten Güterarten ist die Nachfrage zu Beginn hochelastisch, um dann mit wachsendem Einkommen immer unelastischer zu werden. Wird die Nachfrage nach einem bestimmten Gut unelastisch, so wird das zusätzliche Einkommen für die noch relativ elastische Nachfrage nach einem anderen Gut verwendet, so daß bei fortgesetztem Einkommenswachstum immer wieder neue Güter in das Nachfrageschema des Haushalts aufgenommen werden. Vom Einkommenswachstum bevorzugt werden also jene Wirtschaftszweige, die auf eine relativ hohe und diversifizierte Nachfragestruktur und hohe Einkommenselastizitäten stoßen. Hier ist die Grenzleistungsfähigkeit des Kapitals aufgrund der jeweils relativ hohen Nachfrage und der Möglichkeit, bei der Produktion interne Ersparnisse zu realisieren, am größten. Damit ist eine wesentliche Voraussetzung für die entwicklungspolitisch bedeutsame Rotation der Wirtschaftszweige gegeben.

(2) Die Eingliederung neuer, von der Konsumgüterproduktion entfernt liegender Produktionsstufen (Zwischenstufen) in den Produktionsprozeß erfolgt nicht gleichmäßig über die gesamte Breite des Produktionsprozesses, sondern vornehmlich dort, wo die Produktionsverhältnisse die Ausnutzung kostendegressiver Produktionsverfahren bei ge-

---

[3] Mit Hilfe der Engelkurven können die Beziehungen zwischen Einkommensveränderung und Nachfrageveränderung graphisch dargestellt werden. Der Verlauf einer Engelkurve beruht auf der Beobachtung, daß bei steigendem (sinkendem) Einkommen der Anteil des Einkommens, der für existenznotwendige Nahrungsmittel verwendet wird, sinkt (steigt). Die Nachfrage nach einem bestimmten Gut nimmt also mit steigendem Einkommen, jedoch mit abnehmenden Grenzverbrauchsausgaben zu, um sich schließlich einer oberen Grenze (Sättigungsgrenze) zu nähern, die nicht überschritten wird. Für unterschiedliche Gütergruppen lassen sich auch unterschiedliche Engelkurven ermitteln. Bei inferioren Gütern dagegen fällt mit steigendem Einkommen der Anteil dieser Güter an den Verbrauchsausgaben. Zur Theorie der Engelkurven siehe insbes. *Klatt*, S.: Zur Theorie der Industrialisierung. Die industrielle Entwicklung, Bd. 1, Köln, Opladen 1959, S. 270 ff. und *Bonus von Schweinitz*, H.: Untersuchungen zur Dynamik des Konsumgüterbesitzes, Berlin 1972.

nügend großer Nachfrage ermöglichen. In den Produktionszweigen dagegen, in denen diese Voraussetzungen nicht gegeben sind, bleibt der Stufenaufbau verhältnismäßig unverändert, und es entstehen komplementäre Aktivitäten[4] in nur begrenztem Ausmaße. Die Investitionschancen wachsen jedoch mit zunehmender Tiefengliederung der Produktion.

(3) Unternehmenskonzentrationen stellen ein strategisches Mittel zur Marktbeeinflussung und Marktbeherrschung dar. Höhere Gewinnchancen erlauben höhere Selbstfinanzierungsquoten, falls die Mittel — quasi in Form eines Zwangssparprozesses — reinvestiert werden. Besitzt ein Unternehmen die Möglichkeit, den Marktzugang ganz oder teilweise zu sperren (z. B. Monopolstellung bei einem einzigen Rohstoff oder bei einem einzigen Halbfabrikat, straffe Kartelle, hohe Kapitalanforderungen), wird es relativ leicht vor- oder nachgelagerte Produktionsstufen angliedern können. Für das angliedernde Unternehmen wird dann der Einsatz von internen Verrechnungspreisen und Mischkalkulation niedrigere Durchschnittskosten erbringen.

Auch die mit der Konzernbildung gegebene Möglichkeit der Einflußnahme auf die Preise sowohl am Beschaffungs- als auch am Absatzmarkt erhöht die Gewinnchancen. Begrenzt wird dieser Verdrängungsprozeß kostenmäßig benachteiligter Unternehmen wiederum durch die Elastizität der Nachfrage in bezug auf Preis und Einkommen. So haben in einigen Volkswirtschaften die Produktionszweige, die wegen starrer Einkommenselastizitäten die Chancen interner Ersparnisse nicht genügend ausnutzen konnten (z. B. einige Zweige der Textil- und Nahrungsmittelindustrie), nur wenige horizontale Konzerne bilden können, während die gleichen Zweige in unterentwickelten Ländern bei hoher Einkommenselastizität und demzufolge der Möglichkeit der Ausnutzung sinkender Stückkosten auffällig starke Konzerne hervorbrachten. Je weniger andererseits aufgrund einer geringen Einkommenselastizität der Nachfrage der Absatz in einem bestimmten Produktionszweig erweiterungsfähig ist, desto weniger wird ein Unternehmen bestrebt sein, die aus einem gegebenen Differentialgewinn verfügbaren eigenen Mittel zur Erweiterung dieser Produktion zu verwenden. Das Unternehmen wird vielmehr die Mittel optimal in Beteiligungen an anderen Unternehmungen investieren, und zwar so, daß sich damit eine Marktstrategie zum Erwerb neuer ausbaufähiger Positionen entwickeln läßt. Relativ hohe Gewinnchancen aufgrund einer bestimmten Wettbewerbskonstellation beeinflus-

---

[4] Zur Ermittlung von Koeffizienten intersektoraler Abhängigkeit siehe: *van Wickeren*, A., *Smit*, H.: The Dynamic Attraction Model. Vervielf. Manuskript, Rotterdam 1970 (Diskussionsarbeit zum Forschungsprojekt PLAN/LOC des Centre Européen de Coordination de Recherche et de Documentation en Sciences Sociales, Wien).

sen jedoch in unterschiedlicher Weise die Investitionschancen und stellen somit ebenfalls einen den Wachstumsprozeß differenzierenden Entwicklungsfaktor dar.

Von entwicklungspolitischer Bedeutung ist schließlich die Frage, ob aufgrund der Gewinnerwartungen, die sich aus dem höheren Marktanteil für den Konzern ergeben, zusätzliche Anreize zum technischen Fortschritt entstehen. Dies könnte der Fall sein, wenn durch eine Prozeßinnovation ein vorhandenes Produkt verbilligt oder in verbesserter Qualität hergestellt wird. Handelt es sich dagegen um die Herstellung eines bisher unbekannten Produktes, so müßte vorerst untersucht werden, ob dieses nur auf Kosten des Marktanteils anderer Güter desselben Unternehmens verkauft werden kann, oder ob es automatisch auch auf den neuen Märkten einen entsprechend hohen Marktanteil erreicht[5]. Nur in letzterem Fall würde das Unternehmen die nötigen Anreize zur Forschungs- und Entwicklungstätigkeit erhalten. Ein hoher Marktanteil des neuen Produktes läßt jedoch nicht nur einen Rückschluß auf den Konzentrationsgrad zu. Er kann ebenso ein Indiz für die Qualität des Marketing sein[6] und würde somit auch auf kleinere Unternehmen zutreffen, die nun ihrerseits darin einen Anreiz zur Einführung des technischen Fortschritts sehen könnten. Letzten Endes ergeben sich aber für die Unternehmensgruppe und das Großunternehmen Vorteile bei der Finanzierung von Forschung und Entwicklung, und zwar sowohl hinsichtlich der Fremdfinanzierung (Großkredit zu günstigeren Konditionen, größere Kreditbereitschaft der Banken) als auch hinsichtlich der Eigenfinanzierung. Will nämlich ein Unternehmen in eigener Verantwortung und mit eigenen Mitteln Forschung und Entwicklung betreiben, so wird das Ausmaß dieser Aktivität im wesentlichen von den Kosten und Risiken der Forschungs- und Entwicklungstätigkeit und den hieran anknüpfenden Gewinnerwartungen des Unternehmens abhängen[7]. Ist der minimal erforderliche Mitteleinsatz so groß, daß ein Mißerfolg der Forschungstätigkeit zum Konkurs des Unternehmens führen könnte, werden kleine und mittlere Unternehmen trotz erwarteter einzelwirtschaftlicher Rentabilität auf das Forschungsprojekt verzichten. Für das Großunternehmen dagegen ist die Forschungs- und Entwicklungstätigkeit weniger risikoreich, da es durch ein umfangreicheres Forschungs- und Entwicklungsprogramm Fehlschläge ausgleichen und wegen seiner Kapitalkraft länger auf die Erträge aus Forschungsinve-

---

[5] *Lenel*, H. O.: Die Bedeutung der großen Unternehmen für den technischen Fortschritt, Tübingen 1968, S. 5.

[6] *Scherer*, F. M.: Marktstruktur, know-how für das Marketing und die technologische Lücke, in: ORDO 19, 1968, 167 - 169.

[7] *Witte*, E.: Forschung, Werbung und Ausbildung als Investitionen, in: Hambg. Jb. 7, 1962, 210 - 213.

stitionen warten kann. Ein Diversifikation betreibender Konzern kann sein Forschungspersonal gleichzeitig in mehreren Forschungsbereichen einsetzen, insbesondere in jenen, die sich durch schnellen technischen Wandel auszeichnen und die höchsten Gewinne versprechen; das erweiterte Produktionsprogramm ermöglicht es, die meisten Forschungs- und Entwicklungsergebnisse selbst zu nutzen. Andererseits sind als Folge des Unternehmenszusammenschlusses auch den technischen Fortschritt hemmende Wirkungen möglich. Oft bauen sich nämlich die führenden Unternehmen eines Konzerns um Patente herum auf[8]. Eine Kumulation der Patente oder der Patent- und Lizenzaustauschverträge in den Händen der Großunternehmen kann zu einem Ausschlußeffekt gegenüber kleineren Unternehmen führen, so daß für diese der Anreiz, die Patente durch eigene Forschung zu umgehen, geschwächt werden kann[9]. Schließlich stellt der Aufkauf kleinerer, Forschung und Entwicklung betreibender Firmen häufig den billigeren Weg für das Großunternehmen dar, um den Anschluß an neue Forschungsbereiche zu gewinnen, wodurch die Notwendigkeit eigener Forschungs- und Entwicklungsanstrengungen für Großunternehmen gemindert wird. Verallgemeinernd gilt jedoch: das Großunternehmen oder die Unternehmensgruppe ist ein Hauptträger des systematischen technischen Fortschritts entweder durch eigenes oder durch aufgekauftes fremdes Wissen.

(4) Aufgrund der marktwirtschaftlichen Dynamik entstehen im Zeitablauf zwangsläufig räumlich[10] unterschiedliche Wirtschaftsstrukturen. Begünstigten Räumen mit ständigem Kaufkraftzufluß und verstärkter Investitionstätigkeit stehen solche ohne Kaufkraftzufluß und mit nur geringen Investitionschancen gegenüber. Die immanenten Kräfte dieser ungleichgewichtigen räumlichen Entwicklung sind wiederum die Investitionsanreize, die von einer hohen elastischen Nachfrage und möglichen Kostenvorteilen aufgrund interner Ersparnisse ausgehen. Für die langfristige Entwicklungsfähigkeit eines bestimmten Standortes ist entscheidend, wie sich beide Determinanten im Zeitablauf an diesem Orte im Vergleich zu anderen Orten zu entwickeln vermögen[11].

---

[8] *Lenel*, H. O.: Die Ursachen der Konzentration, 2. Aufl., Tübingen 1968, S. 140.

[9] *Bundesamt für Gewerbliche Wirtschaft:* Bericht über das Ergebnis einer Untersuchung der Konzentration in der Wirtschaft, Anlageband, Frankfurt 1964, S. 778 ff.

[10] Siehe auch: *Myrdal*, G.: Economic Theory and Underdeveloped Regions, London 1956. *Hirschman*, A. O.: The Strategy of Economic Development, New Haven 1958. *Richardson*, H. W.: Regional Economics, London 1969.

[11] *Voigt*, F.: Verkehr, Die Entwicklung des Verkehrssystems, 2. Bd., 2. Hälfte, Berlin 1965, S. 1170, 1176 Fußnote 86.

Werden die aus einer Nettoinvestition gezahlten zusätzlichen Löhne vorzugsweise am Orte der Beschäftigung, der zugleich Wohnort der Arbeitskräfte ist, ausgegeben, so wird der Einkommenseffekt an diesem Orte wirksam. Da in der nächsten Periode die Investitionstätigkeit wieder dort anknüpft, wo der höchste Gewinn erwartet wird, befinden sich relativ günstige Voraussetzungen hierfür an dem Platz, der durch den Einkommenseffekt der vorangegangenen Periode begünstigt wurde, d. h. an dem Ort, der schon vorher als günstigster Platz erschien. Er wird nun immer wieder neu begünstigt. Hier ist die Grenzleistungsfähigkeit des Kapitals am größten, hier entsteht ein leistungsfähiges Kreditgewerbe[12]. Eine wesentliche Voraussetzung dafür, daß der Einkommenseffekt auch in den Raum hinein streut, ist ein qualitativ hochwertiges Verkehrssystem[13]. Als Funktion des Verkehrssystems entwickelt sich im Verlauf des industriellen Wachstums bei zunehmender Dichte von Bevölkerung und Produktionsstätten eine umfangreiche Pendelwanderung. Damit wird zusätzliches Einkommen auch an solchen Plätzen ausgegeben, die von der Pendelwanderung erfaßt werden. Ähnliches gilt für die Maschinen und Halbwaren, die an anderen Standorten als am Investitionsort vorfabriziert werden. Außer um den Ort der Investitionstätigkeit selbst streut nunmehr in immer stärkerem Ausmaß das zusätzliche Einkommen durch den Bezug von Rohstoffen, Halbwaren und Fertigwaren in jene Räume, in denen diese zusätzlichen Leistungen erbracht werden.

Die Güte des Verkehrssystems bestimmt aber auch wesentlich die räumliche Ausdehnungsfähigkeit des Kapazitätseffektes, d. h. den Ort, an dem die gekauften Produkte erzeugt werden. Ein hochwertiges Verkehrssystem ermöglicht den Einbruch in bisher durch ein minderwertiges Verkehrssystem gesicherte Absatzbereiche räumlich entfernter Unternehmen. Können diese nicht ihrerseits die Chancen interner Ersparnisse und einer hohen elastischen Nachfrage nutzen (weil beispielsweise wie in relativ vielen Entwicklungsländern die Konsumpräferenzen auf ausländische Produkte gerichtet sind), so wird das überlegene Unternehmen entweder die Kapazitäten des unterlegenen übernehmen — wodurch der bereits begünstigte Investitionsort weiterhin begünstigt wird — oder die Kapazitäten bestehen lassen bei gleichzeitigem Aufkauf der unterlegenen Firma.

---

[12] *Voigt*, F.: Verkehr, Die Entwicklung des Verkehrssystems, 2. Bd., 1. Hälfte, Berlin 1965, S. 573 ff. Siehe auch: *Voigt*, F.: Der volkswirtschaftliche Sparprozeß, Berlin 1950, S. 220 ff.

[13] *Voigt*, F.: Die gestaltende Kraft der Verkehrsmittel in wirtschaftlichen Wachstumsprozessen. Untersuchungen der langfristigen Auswirkungen von Eisenbahn und Kraftwagen in einem Wirtschaftsraum ohne besondere Standortvorteile, Bielefeld 1959.

Aus den dargestellten Zusammenhängen ergibt sich folgender Schluß: kennzeichnend für den Entwicklungsprozeß unter annähernd marktwirtschaftlichen Bedingungen ist, daß er prozeßendogene Kräfte entwickelt, die *notwendig* kumulierend und differenzierend (ungleichgewichtig) auf die wirtschaftliche Entwicklung wirken. Wirtschaftsregionen und Wirtschaftszweigen mit verstärkter Investitionstätigkeit stehen solche mit nur geringer oder abnehmender Investitionstätigkeit gegenüber. Dabei werden die Voraussetzungen für die Vornahme der Investitionen durch diese selbst ausgelöst. Der Entwicklungspol, definiert als bevorzugter Ort der Investitionstätigkeit mit den oben genannten Eigenschaften, ist also zugleich eine Voraussetzung für die Auslösung des Entwicklungsprozesses. Daß mit zunehmender Entwicklung die dargestellten Relationen eine Verschiebung erfahren können, wird an späterer Stelle zu zeigen sein (A. II und B. II). Grundsätzlich jedoch sind die Wirkungszusammenhänge des Entwicklungspoles eine bedeutsame Voraussetzung für eine effiziente Entwicklungspolitik[14].

II. Besonderheiten der Entwicklungspole in Entwicklungsländern

Die unter (I) aufgezeigten Determinanten einer kumulativen Entwicklung beeinflussen den Entwicklungsprozeß zwar in gleicher Richtung, jedoch mit unterschiedlicher Intensität, je nachdem ob unterentwickelte Volkswirtschaften oder zurückgebliebene Regionen in Industrieländern betrachtet werden.

Das wirtschaftspolitische Ziel einer möglichst hohen Wachstumsrate des Sozialproduktes setzt im Anfangsstadium der Entwicklung — wie oben

---

[14] Die These, daß ein kumulativer Entwicklungsprozeß nur in Gestalt eines Entwicklungspoles ausgelöst werden könne, wurde 1947 von Perroux aufgestellt. Sie wurde zur Grundlage der französischen Entwicklungspolitik und wird gegenwärtig sogar in der Regionalpolitik der Industrieländer beachtet. Siehe hierzu: *Perroux, F.*: Esquisse d'une théorie de l'économie dominante, in: Economie Appliquée, April/September 1948. *Perroux, F.*: Les espaces économiques, in: Economie Appliquée 7, 1950, 225 - 244. *Perroux, F.*: Note sur la notion de pôle de croissance, in: Economie Appliquée 8, 1951, 307 - 320. *Davin, L.*: Economie régionale et croissance, Paris 1964. *Paelinck, J.*: La théorie du développement régional polarisé, in: Cahiers de l'I.S.E.A., Série L (économies régionales), mars 1965, 5 - 47. *Boudeville, J.-R.*: Problems of Regional Economic Planning, Edinburgh 1966. *Körner, H.*: Industrielle Entwicklungspole als Instrumente der Regionalpolitik in Entwicklungsländern, in: Kyklos 20, 1967, 684 - 708. *Friedman, J.*: A General Theory of Polarized Development. Ford Foundation Urban and Regional Advisory Program in Chile. Vervielf. Manuskript, Santiago 1967. *Boudeville, J.-R.*: L'espace et les pôles de croissance, Paris 1968. *Robinson, E. A. G.* (Hrsg.): Backward Areas in Advanced Countries, London, Melbourne, Toronto 1969. *Darwent, D. F.*: Growth poles and growth centres in regional planning — A review, in: Environment and Planning 1, 1969, 5 - 32. *Lasuén, J. R.*: On growth poles, in: Urban Studies 2, 1969, 137 - 161. *Klaassen, L. H.*: Growth poles in economic theory and policy, in: *United Nations Research Institute for Social Development* (Hrsg.), Concept and Theories of Growth Poles and Growth Centres, Genf 1970. *Kuklinski, A. R.*: Regional Development, Regional Policies and Regional Planning, Problems and Issues, in: Reg. Stud. 4, 1970, 269 - 278, S. 273.

nachgewiesen wurde — Investitionen in Industrien mit relativ hohen internen Ersparnissen voraus und, da solche Industrien in der Regel kapitalintensiv sind, die Verfügbarkeit von zusätzlichem Sach-, Finanz- und Wissenskapital sowie externe Ersparnismöglichkeiten aufgrund eines gegebenen Mindestbestandes an Sozialkapital. Diese Bedingungen verursachen sowohl in räumlicher als auch in sektoraler Hinsicht zentripetale Kräfte (siehe oben). Regionales und nationales Interesse an einer solchen (zentripetalen) Wachstumspolitik sind also nicht deckungsgleich, wenn es sich um andere Regionen als um den von der Konzentration begünstigten Entwicklungspol handelt.

Damit können sich Zielkonflikte ergeben, die in Industrieländern durch eine Verschiebung der Zielprioritäten (ähnlich übergeordneter Axiome) gelöst werden, indem eine sozialpolitische Zielsetzung (gleichgewichtige Entwicklung der Räume, gerechte Einkommensverteilung) die Wirtschaftspolitik motiviert. Zugleich profitiert diese Strategie der Industrieländer von der Notwendigkeit, im Falle einer überoptimalen Konzentration der Entwicklungspole die Routine-Produktion[15] in die zurückgebliebenen Gebiete zu verlegen. Sie profitiert auch von der Möglichkeit, konkurrenzfähige Betriebe mit technologisch fortgeschrittenen Aktivitäten in diesen Gebieten ansiedeln zu können, da solche in der Regel auf einen gewissen Kontakt zu anderen speziellen Aktivitäten, die nur in den Entwicklungspolen gegeben sind, angewiesen sind.

In Enwicklungsländern dagegen führt der Mangel an lokalen und nationalen Ressourcen, insbesondere die relativ hohe Kapitalknappheit und der mangelhafte Ausbau der Infrastruktur, dazu, daß bereits der einzelne Betrieb von nationalem Interesse ist, und damit die Produktionssteigerung, d. h. die Expansion des Entwicklungspoles, zum vorrangigen Ziel der Wirtschaftspolitik wird. Hier besteht also zwischen Entwicklungspol und den restlichen Regionen ein Interessenkonflikt, der durch übergeordnete Ziele nicht überbrückt wird. Mögliche andere Ziele müssen dem Wachstumsziel untergeordnet und können höchstens in Form einer Restriktion beachtet werden. So würde z. B. das Ziel der Vollbeschäftigung eine erhöhte räumliche Mobilität der Produktionsfaktoren Kapital und Arbeit erfordern. Da jedoch aus wachstumspolitischer Sicht das Kapital der knappere Faktor ist, wird der Faktor Arbeit sich nach dem Standort des Faktors Kapital, d. h. nach dem Entwicklungspol, richten müssen. Auch aus Gründen der Preisstabilität kann die Allokation der Ressourcen nur in räumlich konzentrierter Form erfolgen: die Notwen-

---

[15] Hierunter werden Produktionsprozesse verstanden, die weniger stark auf Informationsprozesse angewiesen sind; *Bylund*, E: Regional Development and Urban Structure. European Coordination Centre for Research and Documentation in Social Sciences: Backward Areas in Industrialized Countries. Vervielf. Manuskript, Wien 1970, S. 7.

digkeit, Infrastrukturen mit einem in der Regel hohen Kapitalkoeffizienten an anderen Standorten als am Entwicklungspol überhaupt erst errichten zu müssen, würde zusätzliche Mittel beanspruchen, die besonders inflatorisch[16] wirken. Das Ziel der nationalen Integration im Sinne von wirtschaftlicher Unabhängigkeit (nicht: Autarkie) vom Ausland wirkt in gleicher Richtung, da die Wahrscheinlichkeit, eine diversifizierte Produktionsstruktur erreichen zu können, bei Vorhandensein eines Entwicklungspoles am größten ist. Da Industrien mit steigenden Skalenerträgen in der Regel nicht nur kapitalintensiv sind, sondern auch von fortgeschrittener Technologie, ist ihre Errichtung vom Import geschulter Kader abhängig, was zu höheren Lasten der Wirtschaft führt. Der technische Fortschritt muß ebenfalls importiert werden, ohne daß entsprechende Forschungseinrichtungen mit ihren dynamischen Folgewirkungen geschaffen würden. Die Innovationstätigkeit wird somit zu einem substantiellen Problem: in Entwicklungsländern scheitert der technische Fortschritt an entsprechenden Einrichtungen und Institutionen, in Industrieländern dagegen an der Frage der finanziellen Mittel und der Abschreibung der alten Anlagen. Weiterhin ist aus Gründen des Anreizes eine höhere Entlohnung der einheimischen Kader erforderlich, obwohl durch diese Maßnahme die bestehende Einkommensverteilung noch stärker differenziert wird und — falls entsprechende staatliche Interventionen fehlen — unerwünschte Imitationseffekte bei der restlichen Bevölkerung auftreten können. Weil nämlich die Bezieher höherer Einkommen oft auch einen qualitativ höheren Bedarf haben, der durch die einheimische Produktion nicht gedeckt werden kann, ist die Importneigung dieser Gruppe höher, so daß die Folgeeffekte der einheimischen Investition teilweise im Ausland zum Tragen kommen; andererseits ist die traditionell geringe Sparneigung dieser Einkommensgruppen dennoch in der Regel größer als die der Masse der Bevölkerung. Ferner ist zu berücksichtigen, daß der Wirkungsradius möglicher Einkommenseffekte beschränkt ist: da die Wirtschaft der Entwicklungsländer größtenteils eine Selbstversorgungswirtschaft ist, sind die Wirtschaftstransaktionen insbesondere außerhalb der Entwicklungspole, wo die Geldwirtschaft noch nicht funktionsfähig ist, auf ein Minimum reduziert. Schließlich verrin-

---

[16] Auch wenn Infrastrukturinvestitionen nicht über Steuern sondern über Kredite finanziert werden, kann eine inflationäre Wirkung auf die Preisstabilität nicht prima facie ausgeschlossen werden. Die Frage, ob durch eine Hochzinspolitik die private Investitionsneigung vermindert werden kann, ist nicht mit Sicherheit zu beantworten. Sollte dies jedoch möglich sein, müßten bei knappem Kapitalmarkt die öffentlichen Anleihen (die Emission kurzfristiger und mittelfristiger Titel wird ausgeschlossen, da diese praktisch Zentralbankgeld darstellen und somit die Bankenliquidität erhöhen) wahrscheinlich mit einem relativ hohen Zins ausgestattet werden. Das würde einen Kursverfall der bereits in Umlauf befindlichen Papiere bewirken und eine vermögenspolitisch begründete Kursstützung mit entsprechender inflationärer Folgewirkung auslösen.

gert die oft relativ geringe Aufnahmefähigkeit des einheimischen Marktes die Chancen, eine größere Serienproduktion zu sinkenden Preisen durchzuführen, also Betriebe mit internen Ersparnissen[17] zu errichten.

Für Entwicklungsländer gilt demnach in verstärktem Maße, daß allein der Entwicklungspol imstande ist, die außerordentlich knappen Ressourcen wachstumswirksam zu nutzen und damit einen Entwicklungsprozeß zu induzieren. Nur hier bietet die Existenz einer Geldwirtschaft die Voraussetzung für das Wirksamwerden von Einkommenseffekten, ist die kaufkräftige Nachfrage höher als anderswo, sichern eine Infrastruktur und komplementäre Aktivitäten den Kapazitätseffekt usw. Andererseits sind aufgrund der relativen Unterentwicklung der Aktionsradius und das Ausmaß der genannten Determinanten wesentlich eingeengt, so daß die innere Entwicklungsdynamik des Poles eine absolut geringe Multiplikatorwirkung entfaltet. Nichtsdestoweniger wird wegen der relativen Bedeutung des Entwicklungspoles für die Entwicklung der Volkswirtschaft ein gleich großer Betrieb in Entwicklungsländern einen stärkeren Einfluß auf die Struktur des Entwicklungspoles ausüben als in zurückgebliebenen Regionen in Industrieländern.

B. Entwicklungspole im Netzzusammenhang

I. Eigenschaften eines wachsenden Polsystems

Die Erklärung des Entstehens einer polaren Wirtschafts- und Raumstruktur als Ergebnis des marktwirtschaftlichen Entwicklungsprozesses ließ bereits erkennen, daß der Entwicklungspol keine räumlich isolierte Entwicklungseinheit darstellt, sondern unterschiedlich stark in den Raum ausstrahlt und mit anderen Orten unterschiedlich eng verbunden ist. Die Menge der miteinander verbundenen Orte und der Verbindungslinien bildet nun ein Netzsystem, das eine eigene Entwicklungsdynamik entfaltet und damit neue Prämissen für den Ablauf des Entwicklungsprozesses setzt.

Zur Überprüfung dieser These sei zunächst ein System von Orten und Verbindungslinien mit den folgenden Eigenschaften postuliert:

(1) Orte von begrenzter / unbegrenzter Speicherkapazität. Als Speicherkapazität sei die Anzahl der maximal realisierbaren Verbindungslinien, die einen Ort mit jedem anderen verbinden, definiert.

---

[17] Interne Ersparnisse sind innerhalb des Betriebes aufgrund der Betriebsgröße realisierbare Kosteneinsparungen. Externe Ersparnisse sind dagegen Kosteneinsparungen, die durch die Expansion eines Unternehmens bei mehreren Unternehmen anfallen.

(2) Verbindungslinien, die als zweifach gerichtete Größen verstanden werden, also sowohl die zufließenden als auch die abfließenden Ströme eines Ortes kanalisieren.

(3) Verbindungslinien konstanter Strömungskapazität, d. h., es wird nur die Verbindung zwischen den Orten und nicht die Intensität dieser Verbindung betrachtet.

(4) Geschlossenes Netz, d. h., es bestehen keine Verbindungen zu den außerhalb des definierten Raumes liegenden Orten.

Die Anzahl der Orte werde mit N bezeichnet und die der kombinatorisch möglichen Verbindungslinien mit L_N. Wird unter diesen Voraussetzungen und bei unbegrenzter Speicherkapazität der Orte jeder Ort mit allen anderen Orten verbunden, so beträgt die Anzahl der theoretisch möglichen Verbindungslinien, ausgedrückt als Funktion der Orte: $L_N = N(N-1)$; es gilt die Kombinationsformel für Variationen ohne Wiederholung, also für die Anzahl der Kombinationen zu je $k = 2$ (nämlich empfangender Ort und versendender Ort) von n verschiedenen Elementen mit Berücksichtigung der Anordnung: $n(n-1) \ldots (n-k+1)$. Solange die Grundbedingungen dieses Modells unverändert bleiben, ist demnach die Anzahl der möglichen Linien L_N stets größer als die der Orte N. In komparativ-statischer Betrachtungsweise wächst die Anzahl der möglichen Verbindungslinien sogar schneller als die der Orte[18], z. B.:

N	0	1	2	3	4	5	...	N
L_N	0	0	2	6	12	20	...	$N(N-1)$
$\Delta\ N$		1	1	1	1	1	...	1
$\Delta\ L_N$		0	2	4	6	8	...	$N(N-2)$

Wichtig für die weiteren Schlußfolgerungen ist, daß also ein wachsendes System mit einer proportional zunehmenden Anzahl von Orten eine überproportional zunehmende Anzahl von Verbindungslinien impliziert. Das gilt, wie dargelegt, nur unter der Voraussetzung, daß das Wachstum des Systems vom Wachstum der Orte geprägt wird. Ebenso denkbar wäre nämlich, daß das System aufgrund der Existenz von Verbindungslinien wächst, die Orte also abhängige Größen darstellen. Dieser Fall sei hier als der für unterentwickelte Volkswirtschaften weniger wahrscheinliche[19] zunächst ausgeklammert.

---

[18] Siehe hierzu: *Cowan*, F., *Fine*, D.: On the Number of Links in a System, in: Reg. Stud. 3, 1969, 235 - 242, S. 236. Zur Anwendung der Graphentheorie auf die Regionalanalyse siehe z. B.: *Nystuen*, J. D., *Dacey*, M. F.: A Graph Theory Interpretation of Nodal Regions, in: Reg. Sc. 7, 1961, 29 - 42; *Ponsard*, C., *Claval*, P., *Daloz*, J., *Fayette*, J., *Moran*, P.: Travaux sur l'espace économique, Paris 1966.

[19] Siehe hierzu die für Entwicklungsländer typischen vertikalen Beziehungen im Gegensatz zu den horizontalen Beziehungen (Dezentralisation) der Industrieländer (II. dieses Abschnitts).

Die dargelegten Zusammenhänge ändern sich, wenn die Speicherkapazität der Orte beschränkt wird, so daß jeder Ort nicht mehr beliebig viele Verbindungen herzustellen vermag. Es muß dann zwischen theoretisch möglichen Verbindungslinien (L_N) und tatsächlichen, realisierbaren (l_N) unterschieden werden. Bei unbeschränkter Speicherkapazität der Orte konnte die theoretisch mögliche Anzahl von Linien stets auch verwirklicht werden: das Verhältnis l_N/L_N betrug immer 1. Wird dagegen eine Speicherkapazität, die bei einer Anzahl von M Linien je Ort liegt, unterstellt, so impliziert dieser Schwellenwert, daß eine Zunahme der Orte und damit ein Wachstum des Systems nur noch möglich ist, wenn bestehende Verbindungen annulliert werden[20], um dadurch Freiheitsgrade für die Verbindung mit neu hinzukommenden Orten zu gewinnen (siehe Abb. 1). Die Anzahl der tatsächlichen Linien kann nunmehr nur noch unterproportional zu der der möglichen Linien wachsen: l_N ist kleiner als L_N oder der durchschnittliche Auslastungsgrad l_N/L_N des Systems ist kleiner als 1, wie aus dem nachstehenden Zahlenbeispiel zu ersehen ist.

					M				
N	0	1	2	3	(4)	5	6	7	8
L_N	0	0	2	6	12	20	30	42	56
l_N	0	0	2	6	12	20	24	28	32
l_N/L_N	—	—	1	1	1	1	0,80	0,67	0,57
ΔL_N		0	2	4	6	8	10	12	14
Δl_N		0	2	4	6	8	4	4	4

$M = 4$

Die Wachstumsmöglichkeit des Systems kann hier nur dadurch erhöht werden, daß die Speicherkapazität *bestimmter* Pole erhöht wird, indem z. B. für die Orte 1 ... i ein Schwellenwert von $M = 4$ Verbindungen und für den Ort j ein Schwellenwert von $M + m = 7$ Verbindungen angenommen wird:

					M			$M+m$		
N	0	1	2	3	(4)	5	6	(7)	8	9
L_N	0	0	2	6	12	20	30	42	56	72
l_N	0	0	2	6	12	20	25	30	35	39
l_N/L_N	—	—	1	1	1	1	0,87	0,71	0,63	0,54
ΔL_N		0	2	4	6	8	10	12	14	16
Δl_N		0	2	4	6	8	5	5	5	4

$M = 4$
$M + m = 7$

Die Vorzugsposition eines Ortes mit einer höheren Speicherkapazität (als Entwicklungspol definiert) bewirkt also, daß der Auslastungsgrad des Systems verbessert wird. Durch die größere Speicherkapazität bestimmter Orte kann das System wachsen, ohne daß bestehende Verbindungen aufgehoben und damit Orte isoliert werden müßten. Für das System als

---

[20] *Cowan*, F., *Fine*, D.: „Number of Links", a.a.O., S. 238.

Abb. 1: *System wachsender Pole bei begrenzter Speicherkapazität*

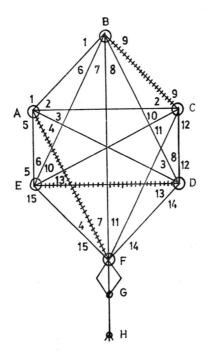

a) 6 Pole: A, B. C, D, E, F.
   Mögliche Verbindungen $L_n = 15 \times 2 = 30$ (siehe Bedingung 2).
   Speicherkapazität bei $M = 4$ je Pol.
b) Die Verbindungen 9., 13. und 4. (z. B.) werden wegen $M = 4$ annulliert.
   Tatsächliche Verbindungen l_n nunmehr $15 - 3 = 12$ bzw. $(15 \times 2) - (3 \times 2) = 24$.
c) Erhöhung der Speicherkapazität des Pols F von $M = 4$ auf $M + m = 7$.
   Tatsächliche Verbindungen erhöhen sich um $3 \times 2 = 6$ auf $24 + 6 = 30$, wodurch Anschluß weiterer Pole G und H (35 Verbindungen) usw. möglich ist.

Ganzes ist es also vorteilhaft, Entwicklungspole (mit erhöhter Speicherkapazität) zu errichten, falls das System den Schwellenwert M bereits erreicht hat.

Für das potentielle Wachstum noch bedeutsamer ist die Tatsache, daß ein System in der Regel nicht nur durch die Anzahl der Orte und Verbindungslinien definierbar ist, sondern auch durch die innere Strukturiertheit des Systems, die bestimmte Verbindungen zwischen bestimmten Orten als notwendig, d. h. gesetzmäßig im Sinne der Polstruktur, erscheinen läßt. In der Regel handelt es sich dabei um ausgewählte Orte (Entwicklungspole), die aufgrund ihrer spezifischen Struktur eine im Vergleich zu den anderen Orten eigene Gesetzmäßigkeit entwickeln. Dieser Zusammenhang drückt sich erfahrungsgemäß in der Weise aus, daß die Anzahl der *erforderlichen* Verbindungen geringer ist als die der theoretisch möglichen. Würden deshalb alle grundsätzlich möglichen Verbindungen betrachtet, wäre das System überdefiniert. Je enger die systemendogenen Zusammenhänge sind, desto geringer ist also die Anzahl der für die Konsistenz des Systems erforderlichen Verbindungen (Satz über die Verbindungsersparnisse). Verbindungsersparnisse haben demnach den gleichen Effekt wie erhöhte Speicherkapazitäten: sie verbessern den Auslastungsgrad des Systems.

Gleichzeitig werden hierdurch Freiheitsgrade geschaffen, die zusätzliche Verbindungen ermöglichen oder bereits bestehende intensivieren[21]. Die Verbindungsersparnisse werden insbesondere dann zur Intensivierung der zwischen Entwicklungspolen bestehenden Verbindung genutzt, wenn diese Pole in ihrer horizontalen Struktur einander ähnlich sind. Auch dieser Ähnlichkeitssatz ist zunächst als Erfahrungssatz sozialer Systeme zu werten. Je ähnlicher zwei Pole in ihrer horizontalen Struktur sind (siehe II), desto intensiver bzw. desto größer die Anzahl der zwischen ihnen bestehenden Verbindungen. Dadurch also, daß strukturelle Ähnlichkeiten die Anzahl der tatsächlichen Verbindungen vergrößern, verbessern sie ebenfalls den Auslastungsgrad des Systems. Dies ist insbesondere dann von Bedeutung, wenn die Anzahl der Orte des Systems beschränkt ist und die Verbindungsersparnisse insgesamt zunehmen.

Ein Maß für die Verbindungsersparnisse könnte in Analogie zur Redundanz[22] und zu sequenziellen Prozessen entwickelt werden.

Zur Ermittlung der Ähnlichkeit zweier Pole x und y kann auf verschiedene Distanzformeln zurückgegriffen werden. Die einfachste ist die der geometrischen Raumlehre:

$$D_{xy} = \sqrt{\sum_{j=1}^{k} d_{xy}^2} \ .$$

Ihr liegen folgende Zusammenhänge zugrunde[23]: wird die Struktur des Poles x durch einen Punkt in einem mehrdimensionalen Raum, dessen

---

[21] Die eingangs aufgestellte Prämisse gleichintensiver Verbindungen muß dann aufgehoben werden.

[22] Eine Anwendung von informationstheoretischen Maßen auf räumliche Zusammenhänge nimmt z. B. vor *Medvedkov*, Yu. V.: An Application of Topology in Central Place Analysis, in: Reg. Sc. 20, 1968, 77 - 84. *Medvedkov*, Yu. A.: Concept of Entropy in Settlement Pattern Analysis, in: Reg. Sc. 18, 1967, 165 - 168. *Friedman*, J.: An information model of urbanization, in: Urban Affairs Quart. 4, 1968, 235 - 244.

[23] *Osgood*, C. E., *Suci*, G. J.: A measure of relation determined by both mean differences and profile information, in: Psychol. Bull. 49, 1952, 251 - 262. Das Maß D_{xy} wurde in der Psychologie als Ähnlichkeitsmaß entwickelt und findet vor allem in der Image-Analyse bei der Messung von Meinungen und Einstel-

Dimensionen gewisse Strukturmerkmale des Poles repräsentieren, dargestellt, und wird in das gleiche Koordinatensystem in gleicher Weise die Struktur des Poles y eingetragen, so mißt die Distanz D_{xy} zwischen diesen beiden Punkten die strukturelle Unähnlichkeit der Pole. Im einzelnen stellen D_{xy} die lineare Distanz zwischen den Punkten der Pole x und y im semantischen Raum dar und d_{xy} die algebraische Differenz zwischen den Koordinaten der beiden Pole auf der Dimension j, wobei über k Dimensionen summiert wird. Die Dimensionalität des semantischen Raumes wird also durch die Anzahl der Strukturmerkmale, d. h. durch die Anzahl der diesen zugeordneten Skalen bestimmt. Ein wichtiges Problem ist deshalb die Auswahl einer repräsentativen Merkmalsstichprobe. Die für die Fragestellung bedeutsameren Merkmale müssen entsprechend häufiger in der Stichprobe vertreten sein. Zu den oben unter A. genannten Determinanten des Entwicklungsprozesses können deshalb je nach ermittelter Häufigkeitsverteilung zusätzliche Entwicklungsmerkmale aufgenommen und skaliert werden. Der zugrundegelegte mehrdimensionale Raum hat einen einzigen Ursprung, den jede Skala geradlinig durchläuft. Von den 4 möglichen Skalentypen auf kardinaler Basis (Nominal-, Ordinal-, Intervall-, Verhältnisskala[24]) genügt es, von einer Intervallskala der Form $x = ax+b$ ($b \neq o$) auszugehen. Diese ist in konstante und somit vergleichbare Meßeinheiten eingeteilt. Sie ist linear transformierbar, da sie einen willkürlichen Skalenursprung und keinen natürlichen wie z. B. die Verhältnisskala ($y = c \cdot x$) hat. Die Meßwerte auf einer Intervallskala (metrische Skala mit gleichen Intensitätsabstufungen) sind daher arithmetischen Operationen nicht zugänglich. Sie eignen sich jedoch für Vergleichszwecke, insbesondere wenn — wie in der vorliegenden Untersuchung (siehe Kapitel 2) — auch nicht direkt meßbare Strukturmerkmale betrachtet werden. Die Intervallskala trägt dann Züge eines verbalisierten Skalentyps (semantisches Differential[25]), der eine Kombination von Skalierung und verbaler Beurteilung darstellt. Die Beurteilung wird dabei auf einem Kontinuum lokalisiert, das durch zwei entgegengesetzte Begriffe definiert ist[26], z. B. schlechtester Wert (= 0) ↔ bester Wert (= 1):

```
 ├─────────────────────┤
 0                     1
```

---

lungen einer Person oder einer Personengruppe gegenüber einem Reiz Anwendung; *Hofstätter*, P. R., *Lübbert*, H.: Bericht über eine neue Methode der Eindrucksanalyse in der Marktforschung, in: Psychol. u. Praxis 2, 1958, 71 - 76.

[24] Zur Skalentheorie siehe z. B. *Gullicksen*, H., *Messik*, S. (Hrsg.): Psychological Scaling, Theory and Applications, New York, London 1960; *Coombs*, C. H., *Raiffa*, H., *Thrall*, R. M.: Some views on mathematical models and measurement theory, in: Psychol. Rev. 61, 1954, 132 - 144.

[25] Zuerst genannt bei *Stagner*, R., *Osgood*, C. E.: Impact of war on a nationalistic frame of reference: Changes in general approval and qualitative patterning of certain stereo-types, in: J. of Soc. Psychol. 24, 1946, 187 - 215.

Auch direkt meßbare Strukturmerkmale wie z. B. Erwerbstätige, Bruttosozialprodukt usw. können in dieses Schema eingeordnet werden. Die Merkmalswerte des größten Poles werden dann mit 1 bewertet, und die Werte aller anderen Pole werden relativ zu diesem „besten" Wert als willkürlichem Skalenursprung transformiert[27]:

absolute Werte

Pol	Erwerbstätige	BSP	usw.
A	45	8	
B	2	0,2	
C	135	6	

relative Werte

Pol	Erwerbstätige	BSP	usw.
A	0,33	1	
B	0,01	0,025	
C	1	0,75	

Es ist also möglich, die Koordinaten der repräsentativen Strukturmerkmale in einem semantischen Raum festzulegen und mit Hilfe der Distanzformel den multidimensionalen Abstand zwischen diesen Punkten zu berechnen. Somit ist auch die Ähnlichkeit zwischen den Polen quantifizierbar.

Das dargestellte Verfahren ist von größerer Aussagekraft als das der Korrelationsrechnung, da numerisch gleiche Abstände auf den Skalen einen Korrelationskoeffizienten von $r = 1$ implizieren würden[28], obwohl die Pole aufgrund ihres Distanzwertes einander unähnlich sind.

II. Entwicklungsachsen

Da ein Entwicklungspol die Anzahl der erforderlichen Verbindungen eines Systems verringert (Verbindungsersparnisse) und die Anzahl der tatsächlichen vergrößert (erhöhte Speicherkapazität), womit der Auslastungsgrad des Systems verbessert wird, ergänzen die dargelegten systemanalytischen Gründe die unter A. genannten ökonomischen Determinanten zur Rechtfertigung einer Entwicklungsstrategie, welche die Entwicklungspole als wichtigstes Raumordnungskonzept wertet. Andererer-

---

[26] *Osgood,* C. E.: The nature and the measurement of meaning, in: Psychol. Bull. 49, 1952, 197 - 237, S. 227.

[27] Einen ähnlichen Ansatz wenden Quandt und Baumol bei der Quantifizierung qualitativer Merkmale von Verkehrsmitteln an; *Quandt,* R. E., *Baumol,* W. J.: The demand for abstract transport modes: theory and measurement, in: J. of Reg. Science 6, 1966, 13 - 26.

[28] *Osgood,* C. E., *Suci,* G. J., *Tannenbaum,* O. H.: The Measurement of Meaning, Urbana/Ill. 1958, S. 89.

seits konnte dargelegt werden, daß in ihrer horizontalen Struktur ähnliche Pole ebenfalls die Anzahl der tatsächlichen Verbindungen des Systems durch verstärkte Beziehungen zwischen einander erhöhen und damit den Auslastungsgrad des Systems in komplementärer Weise zu den Verbindungsersparnissen dieser Pole verbessern. Wird dieser Zusammenhang mit einem ökonomischen Gehalt versehen, so können die intensivierten Beziehungen zwischen den Entwicklungspolen als Entwicklungsachsen[29] definiert werden.

Die Bildung ähnlicher Pole hat in den Industrieländern neben der funktionellen Spezialisierung im Inneren (Verbindungsersparnisse eines Entwicklungspoles) eine funktionelle Spezialisierung *zwischen* den Entwicklungspolen (Entwicklungsachsen) entstehen lassen. Die Problematik der Industrieländer ist eine solche von horizontalen Beziehungen. Im Mittelpunkt dieser steht die räumliche Hierarchisierung nach Entscheidungsfunktionen: wie sollen z. B. die auf einen relativ intensiven Informationsfluß angewiesenen Tätigkeiten im Vergleich zur „Routineproduktion"[30] über den Raum verteilt werden? Eine Auswirkung dieser horizontalen Entwicklung ist es, daß in den Industrieländern während der letzten Jahre zwar die Entwicklungspole das absolut höchste Wachstum aufwiesen, dieses jedoch relativ stärker verteilt auf die kleineren und mittleren Pole[31] der Entwicklungsachsen erfolgte; damit konnte ein verhältnismäßig großer Teil des jeweiligen Landes seine relative Stellung (z. B. Anteil an der Gesamtbevölkerung) bewahren. In Entwicklungsländern dagegen muß erst (siehe A. II) eine innere funktionelle Spezialisierung erfolgen, indem Entwicklungspole geschaffen werden. Die Problematik der Entwicklungsländer ist damit eine solche rein vertikaler Beziehungen. Maßgebend ist hierbei die Hierarchie der Größenordnung, d. h. das Verhältnis der Entwicklungspole zu den anderen Orten des Systems. Das Wachstum erfolgt in der Regel zugunsten einer einzigen Region und zu Lasten der anderen Regionen. Obwohl die Bildung von Entwicklungspolen eine notwendige Wachstumsbedingung für Entwicklungsländer ist, sollte die Konzeption der Entwicklungsachsen als langfristiges Ziel aber auch hier anvisiert werden: letzten Endes ist der spätere Auslastungsgrad des Systems auch von dieser Konzeption abhängig.

---

[29] Synonyme Begriffe sind „Industriebänder" oder „Entwicklungskorridore". Siehe: *Voigt*, F.: „Verkehr", 2. Band, 2. Hälfte, a.a.O., S. 1168 ff. *Whebell*, C. F. J.: Corridors: A Theory of Urban Systems, in: Annals of the American Geographers 59, 1969, 1 - 26.

[30] Bylund in Anlehnung an Hägerstrand; *Bylund*, E.: „Regional Development and Urban Structure", a.a.O., S. 4 und 7. *Kristensson*, F.: The impact of changing economic and organizational structure on urban core development, in: *Sociographical Department, University of Amsterdam* (Hrsg.), Proceedings of the Study Week Inner City and Urban Core, Leiden 1967, S. 8 - 10.

[31] *Bylund*, E.: „Regional Development and Urban Structure", a.a.O., S. 10 f.

4 Pötzsch

C. Die städtische Form des Entwicklungspoles

I. Die Entwicklungsfunktion der Stadt

Konnte die entwicklungspolitische Funktion einer polaren Wirtschafts- und Raumstruktur für unterentwickelte Volkswirtschaften erklärt werden, so bleibt zu fragen, welche spezifische Form des Entwicklungspoles den stärksten Polarisationseffekt[32] auslöst. Es kann davon ausgegangen werden, daß neben dem Industriebetrieb die Stadt die wichtigste strukturelle Neuerung in einem Entwicklungsland darstellt. Nur sie ermöglicht die Umwandlung der traditionalen a-technischen Gesellschaftsstruktur. Nur sie vermischt die Stämme, ersetzt die traditionale Dorfautorität durch die des Unternehmers und der politischen Partei. Die Stadt rückt den Beruf in den Mittelpunkt der sozialen Beziehungen. Sie ist das Medium, das neue Formen des Verbrauchs einführt. Sie spricht die Masse an, sie erfüllt die Voraussetzungen einer Geldwirtschaft, sie verteilt die Güter, sie überzeugt nicht durch Magie, sondern durch tatsächliche Transformationen. Die Stadt, verstanden als städtischer Entwicklungspol und nicht als traditionale Bevölkerungsagglomeration[33], zeitigt damit Polarisationswirkungen, die nicht nur auf die Logik der Produktionstechnik, sondern auch auf den sozialen Demonstrationseffekt zurückzuführen sind. Da damit verhaltenstheoretische und ökonomisch-technische Voraussetzungen für eine Industrialisierung geschaffen werden, wird in Entwicklungsländern in der Regel nur die Stadt einen wirtschaftlichen Entwicklungspol bilden können.

Die Gesamtentwicklung des Systems erfolgt demnach im Ausmaß der Stadtentwicklung.

II. Die regionale Stadtstruktur

Die entwicklungspolitische Konzeption des städtischen Entwicklungspoles entspricht der idealtypischen Siedlungsform der Zentralstadt. Im Zentralstadt-Modell ist der größte Teil der Gesamtbevölkerung einer

---

[32] Diesen Ausdruck verwendet *Perroux*, F.: Note sur la ville considérée comme pôle de développement et comme foyer de progrès, in: Tiers-Monde 8, 1967, 1147 - 1156.

[33] Siehe Kapitel 1, A. Den soziologischen Aspekt der kulturellen Innovation in Städten untersuchen: *Balandier*, G.: Les Brazzavilles noires, Paris 1955. *Balandier*, G.: Sociologie actuelle de l'Afrique noire, Paris 1955. *Forde*, D. (Hrsg.): „Social implications of industrialization and urbanization", a.a.O. *Lerner*, D.: The passing of traditional society: modernizing the Middle East, Glencoe/Ill. 1958. *Balandier*, G. (Hrsg.): Social implications of technological change, Paris 1962. *Lerner*, D.: Comparative analysis of processes of modernisation, in: *Miner*, H. (Hrsg.), The City in Modern Africa, London 1967, 21 - 38, S. 21. *Friedman*, J.: The strategy of deliberate urbanisation, in: JAIP 34, 1968, 364 - 373. *Adam*, A.: Casablanca. Essai sur la transformation de la société marocaine au contact de l'Occident, 2 Bde., Paris 1968.

Region oder Nation in einer einzigen Stadt konzentriert. Die ländlichen Gegenden sind nur relativ dünn besiedelt, und die Landbevölkerung ist bei hoher Mobilität relativ eng mit der Zentralstadt verbunden. Die Konzentration der Bevölkerung in einem Punkt führt zu einer räumlichen Konzentration wirtschaftlicher und kultureller Aktivitäten. Alle Infrastruktureinrichtungen sind hier nur in der Zentralstadt gelegen und stehen damit einem relativ großen Bevölkerungsteil zur Verfügung. Die räumliche Konzentration der Aktivitäten impliziert ein auf die Zentralstadt radial zugeschnittenes Verkehrsnetz, dessen Verkehrsdichte außerhalb des Kerns relativ niedrig ist (Abb. 2 a). Dieses Siedlungsmodell ist — soll es in die entwicklungspolitische Konzeption der Entwicklungspole eingebaut werden — dahingehend zu modifizieren, daß das Merkmal des bevölkerungsleeren Raumes außerhalb der Zentralstadt durch einen wirtschaftsleeren[34] Raum mit relativ geringer Mobilität der ansässigen Bevölkerung ersetzt wird.

Abb. 2 a: Zentralstadt

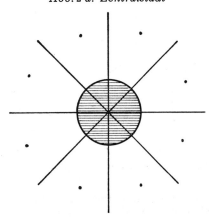

Die durch eine Zentralstadt geprägte Raumstruktur unterscheidet sich wesentlich von der der Modellfälle „dezentrale Orte" und „zentrale Orte". Die erste dieser beiden Alternativformen steht im Gegensatz zum Zentralstadt-Typ. Sie drückt eine gleichmäßige Verteilung der Siedlungskerne über den Raum hinweg aus. Der Industrialisierungsprozeß soll gleichmäßig über diese Siedlungskerne verteilt erfolgen[35]. Ein solches Verteilungsprinzip schließt eine Hierarchiebildung der Orte untereinander aus. Die Infrastruktureinrichtungen[36] werden unter diesen Vor-

---

[34] Gekennzeichnet vor allem durch abfließende Kaufkraftströme.
[35] Räumliche Umschichtungen der Bevölkerung sollen somit vermieden werden: *Kropotkin*, P.: Landwirtschaft, Industrie und Handwerk, Berlin 1904.
[36] Unter Infrastruktur wird die ökonomische (z. B. Versorgung), soziale (z. B. Bildung, Gesundheitswesen, Wohnungen), technische (z. B. Verkehrswege) und

aussetzungen je nach Art ihrer Funktion von gleicher Zentralität und von gleichem Einzugsbereich sein. Obwohl also die Versorgung der Siedlungskerne mit Infrastruktureinrichtungen aus komparativ-statischer Sicht gleichmäßig erfolgt, verläuft sie dynamisch gesehen innerhalb einer Entwicklungsperiode ungleichgewichtig, da technische Mindestgrößen für die Infrastruktureinrichtungen und die Orte existieren[37]. Weil für jeden Ort gleiche Entwicklungschancen gefordert werden, muß das Verkehrssystem den Raum gleichmäßig erschließen. Es läßt sich zeigen, daß dies bei Verkehrsnetzen von sechseckiger oder rechteckiger Maschenform möglich ist[38] (Abb. 2 b).

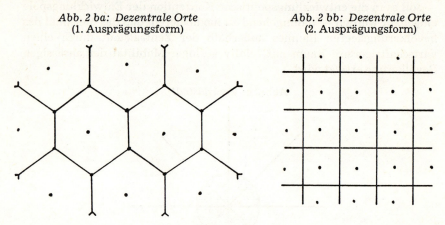

Abb. 2 ba: *Dezentrale Orte* (1. Ausprägungsform)

Abb. 2 bb: *Dezentrale Orte* (2. Ausprägungsform)

Ebenso hebt sich das Zentralstadt-Modell vom zentralen Orte-Modell[39] ab. Die Bevölkerungsverteilung entspricht hier hierarchisch gegliederten

---

institutionelle (z. B. Verwaltung) öffentliche Kapazität verstanden. Als Kapazität (öffentliche und private) wird die Gesamtheit der quantitativen und qualitativen Produktions- und Reproduktionsmöglichkeiten bezeichnet. Siehe: *Niesing*, H.: Zum Begriff der Infrastruktur, in: Stadtbauwelt 19, 1968, 1407 - 1408. *Frey*, R. L.: Infrastruktur, Tübingen, Zürich 1970, S. 70 ff. Unter Gemeinbedarfseinrichtungen werden im folgenden Infrastruktureinrichtungen ohne Berücksichtigung der Verkehrswege verstanden.

[37] *Autorenkollektiv der staatlichen Hochschule für bildende Künste — Berlin:* Modelle zur Veranschaulichung von Stadtwachstumsprozessen, in: *Jochimsen*, R., *Simonis*, U. E. (Hrsg.), Theorie und Praxis der Infrastrukturpolitik. Sch. d. V. f. Socpol., N. F., Band 54, Berlin 1970, 107 - 124, S. 117.

[38] Zu den verschiedenen idealen Ausprägungen von Verkehrsnetzen siehe: *Beckmann*, M., *McGuire*, C. B., *Winsten*, C. B.: Studies in the Economics of Transportation, New Haven 1956; *Beckmann*, M.: Location Theory, New York 1968.

[39] Zentrale Orte sind Zentren, die sowohl ihre eigene Versorgung, als auch die ihrer städtischen und ländlichen Umgebung sicherstellen. Zentrale Orte höherer Ordnung versorgen ein größeres Gebiet als solche niederigerer Ordnung. Maßgebend hierfür ist der Radius der Güter- und Dienstleistungsströme des zentralen Ortes. Als Radius wird die maximale Entfernung definiert, ab

Siedlungskernen. Je nach Einzugsbereich der Bevölkerung erhalten die Orte höherer Zentralität auch die Infrastruktureinrichtungen der Orte niedrigerer Zentralität. Die Infrastruktureinrichtungen werden also im Gegensatz zum dezentralen Stadt-Modell nicht gleichmäßig angeordnet. Damit werden je nach Einzugsbereich der Infrastruktureinrichtungen unterschiedliche Entwicklungschancen geschaffen. Die hierarchische Anordnung der Siedlungskerne impliziert ein sternförmiges Verkehrsnetz (Abb. 2 c).

Abb. 2 c: Zentrale Orte

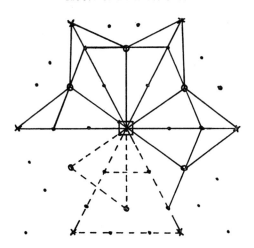

- •   Orte 1. Ordnung
- ○   Orte 2. Ordnung
- ✗   Orte 3. Ordnung
- ▢   Ort 4. Ordnung

---

welcher Güter des Zentrums noch nachgefragt werden. Sie ist abhängig von der Natur des Produktes, dem Produktpreis, dem Einkommen, dem Verkehrssystem, der Bevölkerungsdichte usw. Im Modell von *Christaller* wird unterstellt, daß benachbarte zentrale Orte in gleicher Entfernung voneinander liegen. Das ist nur dann der Fall, wenn die Zentren die Ecken eines gleichschenkeligen Dreiecks darstellen. Die Marktbereiche sind demnach homogene sechseckige Flächen. Der Schwerpunkt eines Dreiecks bildet ein neues Zentrum niedrigerer Ordnung als die 3 gleichentfernten Ausgangszentren (Abb. 2 c, gestrichelte Linien). Bei fortgesetzter Aufteilung der Fläche enthält man eine geometrisch wachsende Zahl von Zentren unterschiedlicher Ordnung. Jedes Zentrum bestimmter Ordnung stellt ein seiner Zentralität entsprechendes typisches Produkt sowie die Produkte aller Zentren niedrigerer Ordnung her. Siehe: *Christaller*, W.: Die zentralen Orte in Süddeutschland, Jena 1933.

Die wirtschaftlichen und gesellschaftlichen Polarisationseffekte, die von einem städtischen Entwicklungspol ausgehen, sind also in reinster Form im Zentralstadt-Modell gegeben. Nur hier ist ein Mindestmaß an Arbeitskräften, wirtschaftlichen Aktivitäten und Entwicklungsimpulsen gegeben derart, daß die städtischen Infrastruktureinrichtungen einerseits auf eine genügend abnahmefähige Nachfrage stoßen und andererseits mit einem Aufwand an Kapitalkosten angeboten werden können, der geringer ist als im Fall der zusätzlichen Entwicklung ranggleicher oder untergeordneter Infrastrukturen in benachbarten Orten. Ist jedoch der Schwellenwert eines sich selbst tragenden Entwicklungsprozesses für die Zentralstadt einmal erreicht, so sind entsprechend den oben aufgestellten Entwicklungslinien alternative Entwicklungspole und sie verbindende Entwicklungsachsen zu errichten. Es wird im nächsten Kapitel zu zeigen sein, daß diese Entwicklungsachsen einige Merkmale des zentralen Orte-Modells aufweisen, jedoch nicht als ein solches gelten können.

Viertes Kapitel

Kriterien einer entwicklungsoptimalen Stadtform und Flächennutzung

Die innere Formgebung der als Entwicklungspol definierten Zentralstadt wird einmal durch die räumliche Anordnung ihrer Flächenelemente, zum anderen durch das Zusammenwirken der Flächennutzungsfunktionen bestimmt. Beide Determinanten lassen Ausprägungen erkennen, die nur auf die spezifischen Eigenschaften der Entwicklungsländer zurückgeführt werden können. Diese Eigenschaften bilden also subjektive Bedingungen der Stadtform. Die objektiven Bedingungen dagegen werden durch die im 3. Kapitel genannten Entwicklungszusammenhänge sowie durch notwendige Funktionszusammenhänge der Flächennutzung[1] dargestellt.

Bevor beide Bedingungskonstellationen einander angenähert werden, soll zunächst eine idealtypische Klassifizierung möglicher räumlicher Anordnungen von Flächenelementen vorgenommen werden.

A. Städtische Flächennutzungsmodelle

I. Grundformen

Bestimmten Flächen können bestimmte Nutzungseigenschaften zugeordnet werden. Grundsätzlich müßten also so viele Flächenelemente unterschieden werden, wie unterscheidbare Nutzungsfunktionen ausgeübt werden. Für die vorliegenden Modellfälle sei vereinfachend von folgenden Flächennutzungszonen ausgegangen[2]:

(1) Flächen für Wohnnutzung,

(2) Flächen für Nutzung durch industrielle Aktivitäten,

(3) Flächen für Nutzung durch tertiäre Aktivitäten einschließlich Gemeinbedarfseinrichtungen,

---

[1] Siehe unter C sowie die in Kapitel 5 aufgestellten Algorithmen.

[2] Die Zonentrennung der Stadtgebiete nach einheitlicher Flächennutzung wurde in der Athener Charta der Architekten im Jahre 1933 gefordert. Sie wird im folgenden nur als theoretische Ausgangsbasis benutzt und an späterer Stelle (Kap. 4, C) modifiziert. Siehe: *Le Corbusier:* An die Studenten — Die ‚Charte d'Athènes', Hamburg 1962.

(4) Verkehrs- und Versorgungsnetze,
(5) Flächen für Erholungszwecke (Freiflächen).

Die räumliche Anordnung dieser Flächentypen kann in Analogie zur Geometrie in Form eines Punktes, einer Linie oder einer Ebene vorgenommen werden. Demnach würde eine mögliche idealtypische Klassifizierung von Flächensystemen folgende Stadtformen ergeben:

(1) die punktförmig geballte, konzentrische Stadt,
(2) die lineare Stadt,
(3) die flächenhaft gestreute Stadt.

Die innere Struktur dieser Stadtformen ist nunmehr darzustellen.

1. Die gestreute Flächenstadt

Dieses Stadtmodell ist gekennzeichnet durch eine lockere Wohnbebauung mit Einsprengseln von Arbeitsstätten, Gemeinbedarfseinrichtungen und Freiflächen. Eine strenge Zuordnung von Flächenfunktionen ist nicht gegeben. In der Regel liegt ein weites gitterförmiges Straßennetz vor (Abb. 3). Wegen der relativ großen Flächenausdehnung und breiten Streuung der Nutzungszonen ist die Errichtung eines öffentlichen Nahverkehrssystems wenig vorteilhaft. Das erforderliche Straßenverkehrsnetz ist andererseits wegen der relativ langen und breit gestreuten Anfahrtswege[3] mit hohen Kapitalkosten verbunden.

2. Die konzentrische Stadt

Der Stadtkern bildet in diesem Modell ein Zentrum zentraler Infrastruktureinrichtungen und wirtschaftlicher Aktivitäten des sekundären und tertiären Sektors. Die Wohnbevölkerung ist in konzentrischen Ringen um diesen Kern verteilt, wobei ihre Dichte mit zunehmender Entfernung vom Zentrum abnimmt. Häufig wird eine mit zunehmender Dichte abnehmende Qualität der Wohnstätten unterstellt[4]. Freiflächen sind ggf. in Form eines Grüngürtels angeordnet[5]. Das Verkehrsnetz ist radial auf den

---

[3] Das typische Beispiel hierfür ist Los Angeles. Die Weitläufigkeit des Stadtgebietes, das Fehlen eines Stadtkerns und die geringe Dichte der Nutzungen pro qm schließen ein effizientes öffentliches Verkehrsmittel aus. Vorortzüge verkehren nicht mehr, der Busbetrieb ist unzureichend. Die Stadtplanung geht dahin, ein zukünftiges Stadtzentrum in Bunker Hill zu errichten. *Gerster*, G.: Die Stadt, die eigentlich keine ist, in: Neue Zürcher Zeitung, Nr. 37 vom 24. 1. 1971, S. 55 - 57.

[4] Diese Hypothese, dargestellt am Beispiel Nord-Amerikas, wird vertreten durch *Burgess*, E. W.: The Growth of a City, in: Proceedings of the American Sociological Society 18, 1923, 85 - 89.

[5] Systematisch angelegte Grüngürtel wurden z. B. 1935 für Moskau und 1944 für Groß-London geplant. Siehe: *Abercrombie*, P.: Greater London Plan 1944, London 1945.

Abb. 3: Gestreute Flächenstadt

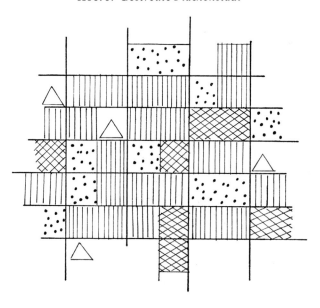

△   tertiäre Aktivitäten und zentrale Infrastruktureinrichtungen (ohne Verkehrswege)

▓   industrielle Arbeitsstätte

▒   lockere Wohnbebauung

∷∷   Freiflächen

—   Straßenverbindungen

Stadtkern zugeschnitten (Abb. 4). Die damit verbundene Konzentration der wirtschaftlichen Aktivitäten kommt den Erfordernissen eines effizienten öffentlichen Nahverkehrssystems weitgehend entgegen (örtlich konzentrierte Nachfrage nach Verkehrsleistungen, leichte Zugänglichkeit und hoher Ausnutzungsgrad des Verkehrsmittels).

3. Die lineare Stadt

Das Linearstadt-Modell ist gekennzeichnet durch eine mittlere Verkehrs- und Versorgungslinie, die die parallel hierzu angeordneten Wohnflächen auf der einen Seite von den Arbeitsstätten der gegenüberliegenden Seite trennt[6]. Eine funktionelle Beziehung zu zentralen Infrastruktur-

---

[6] Siehe vor allem: *Doxiadis*, C. A.: On Linear Cities, in: Tn. Pl. Rev. 38, 1967, 35 - 42.

4. Kap.: Entwicklungsoptimale Stadtform

Abb. 4: Konzentrische Stadt

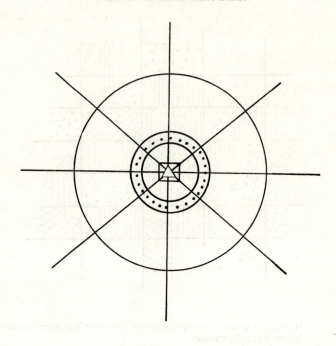

△   tertiäre Aktivitäten und zentrale Infrastruktureinrichtungen (ohne Verkehrswege)
□   industrielle Aktivitäten
○   Wohnstätte
·····   Grüngürtel
—   Verkehrsachsen (öffentlicher und Individualverkehr)

einrichtungen ist nicht gegeben, so daß Zentren höherer Ordnung, wie sie für die konzentrische Stadt charakteristisch sind, mit dem Konzept der linearen Stadt nicht vereinbar sind. Die zentralen Gemeinbedarfseinrichtungen müssen in diesem Modell deshalb unterentwickelt bleiben. Die höchstens in „Nachbarschaftseinheiten"[7] gegliederten Wohnzonen sind lediglich auf bestimmte Schuleinzugsbereiche bezogen und mit entsprechenden Gemeinschaftseinrichtungen versehen[8] (Abb. 5).

---

[7] *Hilberseimer*, L.: The New City, Chicago 1944. *Dahir*, J.: The Neighborhood Unit Plan, New York 1947. *Faludi*, A.: Zur amerikanischen Vorgeschichte der Nachbarschaftsidee, in: Raumforschung und Raumordnung 3, 1969, 110 - 122. *Brandt*, J.: Planungsfibel, München 1966.

[8] *Collins*, G. R.: The Linear City, in: *Lewis*, D. (Hrsg.), The Pedestrian in the City, London 1965.

A. Städtische Flächennutzungsmodelle

Abb. 5: *Lineare Stadt*

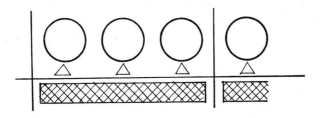

○ Wohnstätte (Nachbarschaftseinheiten)
△ Gemeinbedarfseinrichtungen
▨ Arbeitsstätte
── Verkehrslinien

II. Zwischenformen

Die genannten drei Ausprägungsformen „konzentrisch" (k), „gestreut" (s) und „linear" (l) können im Hinblick auf die einzelnen Flächennutzungsmerkmale in verschiedener Weise miteinander kombiniert werden. So ergibt beispielsweise die Anzahl der Kombinationen 2. Ordnung („Wohnstätte" und „Arbeitsstätte") von 3 verschiedenen (nämlich k, s und l) unbeschränkt oft wiederholbaren Elementen mit Berücksichtigung der Reihenfolge $3^2 = 9$ mögliche Zwischenformen:

		Arbeitsstätte		
		k	s	l
	k	kk	ks	kl
Wohnstätte	s	sk	ss	sl
	l	lk	ls	ll

Die einzelnen Formergebnisse sind in Abb. 6 schematisch dargestellt. In der Hauptdiagonale (Abb. 6a, 6e, 6i) kommen die drei ursprünglichen Grundformen zum Ausdruck. Die kombinierte Anordnung von Fall 6a und Fall 6g ergibt das Radialstadt-Modell, Abb. 6f stellt die dezentralisierte Stadt dar, während die Fälle 6c und 6g jeweils Bandstadt-Modelle sind (siehe unten). Die in den Abb. 6b und 6h dargestellten Formen sind dagegen für die Wirklichkeit nicht repräsentativ.

Die Modelle 6d und 6f können wirklichkeitsnäher gestaltet werden, wenn zusätzliche Informationen über die Zentrenhierarchie eingeführt

4. Kap.: Entwicklungsoptimale Stadtform

werden. Wird also als zusätzliches Merkmal die Flächennutzungskategorie „Gemeinbedarfseinrichtungen" berücksichtigt, so wächst die Anzahl der möglichen Zwischenformen auf 27:

Abb. 6.: Kombinationsformen städtischer Flächennutzungszonen

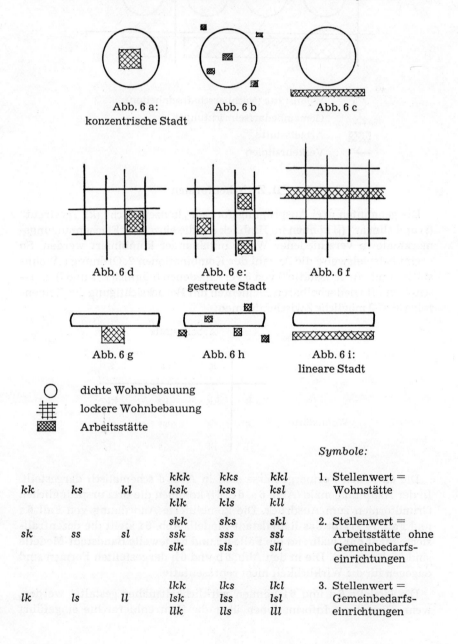

Abb. 6 a:
konzentrische Stadt

Abb. 6 b

Abb. 6 c

Abb. 6 d

Abb. 6 e:
gestreute Stadt

Abb. 6 f

Abb. 6 g

Abb. 6 h

Abb. 6 i:
lineare Stadt

○ dichte Wohnbebauung
⊞ lockere Wohnbebauung
▨ Arbeitsstätte

Symbole:

			kkk	kks	kkl	1. Stellenwert =
kk	ks	kl	ksk	kss	ksl	Wohnstätte
			klk	kls	kll	
			skk	sks	skl	2. Stellenwert =
sk	ss	sl	ssk	sss	ssl	Arbeitsstätte ohne
			slk	sls	sll	Gemeinbedarfs-einrichtungen
			lkk	lks	lkl	3. Stellenwert =
lk	ls	ll	lsk	lss	lsl	Gemeinbedarfs-
			llk	lls	lll	einrichtungen

Das „Randstad"-Modell kann nunmehr dargestellt werden durch die Anordnung (*sls*), die auf Schuleinzugsbereiche bezogenen Nachbarschaftseinheiten des Linearstadt-Modells durch (*lll*), das Beispiel Los Angeles/ Bunker Hill[9] durch (*ssk*).

Es sollen im folgenden einige repräsentative Ausprägungen dieser Zwischenformen näher untersucht werden.

1. Die radiale Stadt

Das Radialstadt-Modell ergibt sich aus einer Kombination von Bandelementen, konzentrischer Form und Zentrenhierarchie (Fälle 6 a und 6 g). Die Flächen sind um radial auf den Stadtkern zulaufende Schnellverkehrslinien verteilt. Konzentrisch verlaufende Verkehrsringe mit Geschwindigkeitsbeschränkung verbinden die Radien untereinander. Der Stadtkern wird durch Flächen des tertiären und sekundären Sektors sowie durch Wohnstätten von geringer Qualität gebildet. Die Stadterweiterung verläuft in Form mehrerer Finger, die in den freien Raum hineinragen. Zum größten Teil handelt es sich hierbei um Wohnflächen, aber auch Arbeitsstätten und Infrastruktureinrichtungen niedrigerer Ordnung werden hier ihren neuen Standort finden[10] (Abb. 7). Gemäß dieser Flächenanordnung werden die Radialverbindungen auch weiterhin relativ stark und die Ringstraßen weniger stark belastet sein. Da jedoch ein Teil der Arbeitsstätten ausgegliedert wurde, ist die Verkehrsdichte geringer als im Falle einer vollständigen Konzentration der Aktivitäten im Hauptzentrum[11]. Damit ermöglicht die Fingerkonzeption eine im Vergleich zum konzentrischen Stadtmodell kostengünstigere Ausnutzung des Verkehrssystems. Ist die Einwohnerdichte der Finger in Nähe der Subzentren genügend hoch, so können die Radialverbindungen zu Schnellstraßen oder S-Bahn-Linien ausgebaut werden. Stellen auch die Ringstraßen Schnellverkehrsverbindungen dar, dann wird hierdurch eine Entlastung auch der innerhalb der Ringe gelegenen Radialstraßen

---

[9] Siehe Fußnote 3 S. 56.

[10] *Davie*, M. R.: The Pattern of Urban Growth, in: *Murdock*, G. P. (Hrsg.), Studies in the Science of Society, New Haven 1937, S. 137 - 161. *Hoyt*, H.: City Growth and Mortgage Risk, in: Insured Mortgage Portfolio 1, 1936/37, 6 - 10. *Hillebrecht*, R.: Städtebau und Stadtentwicklung, in: Archiv f. Kommunalwiss. 1, 1962, 41 - 64. *Meyer*, J., *Kain*, J. F., *Wohl*, M.: The Urban Transportation Problem, Cambridge/Mass. 1965.

[11] Siehe hierzu z. B. folgende Planungsvorhaben: *Copenhagen Regional Planning Office, Egnsplansekretariatet for Storkøbernhavn:* Preliminary Outline Plan for the Copenhagen Metropolitan Region, Kopenhagen 1960. *Astengo*, G.: Hamburg Plan 60, in: Urbanistica 36/7, 1962. *Ministry of Housing and Local Government:* The South-East Study, London 1964. *South-East Regional Economic Planning Council:* A Strategy for the South-East, London 1967. *Department of the Environment:* Strategic Plan for the South East Studies, Vol. 1, Population and Employment, London 1971.

erreicht. Voraussetzung ist allerdings, daß die innere Ringstraße in relativer Nähe des Hauptzentrums liegt. Die äußere Ringstraße sollte dagegen vor allem der Umleitung des Durchgangsverkehrs dienen. Die Schnittpunkte der mittleren Ringe mit den Radialstraßen bilden Punkte von relativ leichter Zugänglichkeit und damit potentielle Standorte für Arbeitsstätten. Obwohl eine gewisse Verkehrsentlastung durch die Ringstraßen erreicht werden kann, bleibt das Hauptproblem auch dieses Modells die Überbelastung der radialen Verkehrsachsen.

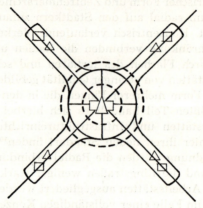

Abb. 7: Radiale Stadt

△ Gemeinbedarfseinrichtungen
☐ Arbeitsstätte
--- Ringstraßen
— radiale Verkehrslinien

Die Vorteile, die eine Ausgliederung städtischer Funktionen[12] aus dem Hauptzentrum entlang der Radialverbindungen mit sich bringt, können dann verloren gehen, wenn ausschließlich Wohnstätten ausgegliedert werden. Solche Satellitenstädte[13] entwickeln sich zu reinen Schlafstädten, so daß wiederum höhere Anforderungen an die Verkehrsinfrastruktur zu stellen sind.

---

[12] Die in den Fingern gelegenen Subzentren bilden zusammen mit dem Hauptzentrum des Stadtkerns eine Hierarchie städtischer Zentren. Diese ist gekennzeichnet durch eine strenge Stufung von Einrichtungen des Gemeinbedarfs nach ihnen jeweils zugeordneten optimalen Einzugsbereichen. *Albers*, G.: Städtebauliche Konzeptionen und Infrastrukturbereitstellung, in: *Jochimsen*, R., *Simonis*, U. E. (Hrsg.), Theorie und Praxis der Infrastrukturpolitik, Sch. d. V. f. Socpol., N. F., Bd. 54, Berlin 1970, S. 255 - 274.
[13] Zur Konzeption der ersten Satellitenstädte siehe bereits: *Howard*, E.: Tomorrow, 1. Aufl., London 1898; als 2. Aufl. erschienen unter dem Titel Garden Cities of Tomorrow, London 1900.

2. Die dezentralisierte Stadt

In diesem Modelltyp sind Elemente der konzentrischen, der gestreuten und der linearen Stadt vereint. Konzentrische und zugleich gestreute Merkmale liegen insofern vor, als eine relativ dichte Wohnbevölkerung um örtlich getrennte Zentren verschiedener Funktionen gruppiert ist. Andererseits sind die funktionellen Zentren nicht gleichmäßig über den Raum verteilt, sondern in Form eines Bandes angeordnet, so daß auch lineare Elemente verwirklicht werden[14] (Abb. 8). Die räumliche Nähe der Zentren ermöglicht die Einführung eines effizienten öffentlichen Verkehrsmittels und bewahrt die Vorteile einer Stadt ohne Funktionsstreuung. Die dichte Wohnbebauung verkürzt den Arbeitsweg und erfordert weniger Infrastrukturinvestitionen als im Falle breit gestreuter Wohnflächen.

Abb. 8: Dezentralisierte Stadt

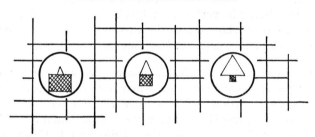

○ dichte Wohnbebauung
⌗ lockere Wohnbebauung
▨ sekundäre Aktivitäten
△ tertiäre Aktivitäten und zentrale Gemeinbedarfseinrichtungen

Die Form einer dezentralisierten Stadt liegt insbesondere dann nicht vor, wenn zwar eine Hierarchie städtischer Zentren mit entsprechenden Gemeinbedarfseinrichtungen errichtet wird und die Wohnstätten sich gleichmäßig über den Raum verteilen, die Arbeitsstätten jedoch weiterhin ausschließlich in Stadtkernnähe lokalisiert sind[15].

---

[14] Als typisches Beispiel hierzu ist die „Randstad Holland" zu nennen. Die funktionelle Dezentralisierung kommt darin zum Ausdruck, daß Hafen, Schwerindustrie und Großhandel in Rotterdam, die Regierung in Den Haag, Finanzen, Handel, Kultur und Touristik in Amsterdam, Leichtindustrie und standortabhängige Dienstleistungen auch in kleineren hierarchisch gegliederten Orten in Bandnähe lokalisiert sind. *Netherlands Government Physical Planning Service:* Second Report on Physical Planning in the Netherlands, Part 1, Main outline of national physical planning policy. Part 2, Future pattern of development, Den Haag 1966.

[15] Siehe hierzu das Beispiel der Stadt Washington. *Washington National Capital Region Planning Commission:* 1965/1985, Proposed Physical Development Policies for Washington D. C., Washington 1965.

3. Die Bandstadt

Die Anordnung der Flächen entspricht in diesem Modell einer Kombination von Bandelementen und Zentrenhierarchie[16]:

(a) Möglich wäre eine Anordnung der Nutzungsflächen derart, daß die Wohngebiete örtlich getrennt zwischen Industrieflächen und — nunmehr im Gegensatz zum Linearmodell — Hauptzentren (zentrale Gemeinbedarfsinfrastruktur und tertiäre Aktivitäten) liegen[17]. Eine leistungsfähige Hauptverkehrsachse in Form einer Schnellbahn und einer Ausfallstraße für mittlere Geschwindigkeiten verbindet die einzelnen Nutzungszonen miteinander. Diese Hauptverkehrsachse trägt den größten Teil des Verkehrsvolumens. Um das Verkehrssystem zu entlasten, werden außerhalb der Nutzungszonen parallel zur Hauptverkehrsachse verlaufende Schnellstraßen für höhere Geschwindigkeiten angelegt. Querstraßen stellen eine Verbindung zwischen diesen Straßen her. Sie verlaufen teilweise außerhalb der Nutzungszonen, teilweise durchqueren sie diese (Abb. 9 a). Ihr Verkehrsvolumen ist im Vergleich zu den anderen Verbindungen geringer.

(b) Wird die Reihenfolge der Nutzungszonen derart intervertiert, daß nunmehr die Industrieflächen zwischen Hauptzentrum und Wohngebiet angeordnet werden, so ist die Belastung der zentralen Verkehrsachse im Verlauf ihrer Gesamtlänge weniger konstant als im Falle (a). Das Transportvolumen ist einseitig auf die Arbeitsstätten ausgerichtet. Darüber hinaus ist die Gesamtlänge aller Arbeitswege länger als unter (a); (Abb. 9 b). Wahrscheinlich werden hier die getrennten Nutzungszonen für sekundäre und tertiäre Aktivitäten zu einer einheitlichen Nutzungszone zusammenwachsen.

(c) Elemente der Radialstruktur werden übernommen, wenn einzelne Nutzungszonen aus der horizontalen Anordnung in eine vertikale überführt werden. Es findet dann eine Erweiterung der Bandbreite statt. So können beispielsweise die Industrieflächen und ein Teil der Wohnflächen bei lockerer Wohnbebauung ausgegliedert werden (Abb. 9 c). Diese Struktur führt zu einer stärkeren Belastung der einzigen, nunmehr mittleren und durch Freiflächen führenden Schnellverkehrsstraße. Auch die Querstraßen müssen in diesem Modell für ein größeres Verkehrsvolumen ausgebaut werden. Gegebenenfalls

---

[16] In Anlehnung an *Jamieson*, G. B., *Mackay*, W. K., *Latchford*, J. C. R.: Transportation and Land Use Structures, in: Urban Studies 4, 1967, 201 - 217, passim.

[17] Typische Beispiele nennt für England: *Field*, D.: New Town and Town Expansion Schemes, Part III, Five new towns planned for populations of 80 000 to 100 000, in: Tn. Plann. Rev. 39, 1968, 196 - 216, S. 202 und S. 215.

A. Städtische Flächennutzungsmodelle 65

Abb. 9: Bandstadt

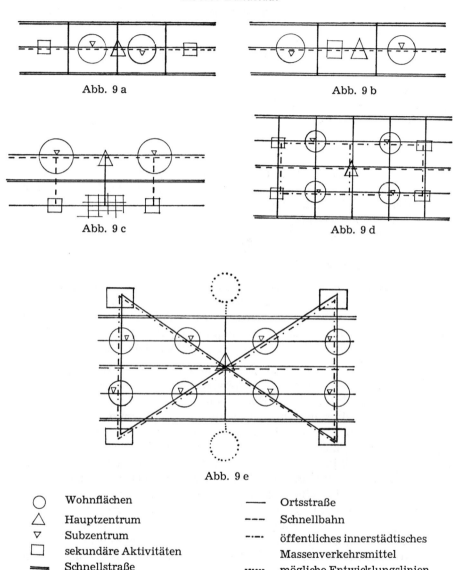

Abb. 9 a

Abb. 9 b

Abb. 9 c

Abb. 9 d

Abb. 9 e

○ Wohnflächen
△ Hauptzentrum
▽ Subzentrum
□ sekundäre Aktivitäten
═ Schnellstraße

— Ortsstraße
--- Schnellbahn
–·– öffentliches innerstädtisches Massenverkehrsmittel
····· mögliche Entwicklungslinien

sind Querverbindungen für ein öffentliches Verkehrsmittel mit eigener Trasse zu errichten. Die durch die Wohnflächen und das Hauptzentrum verlaufende Schnellbahn wird nunmehr nur noch eine überregionale Funktion ausüben.

5 Pötzsch

(d) Die Ausgliederung des Hauptzentrums ist nur dann sinnvoll, wenn mehrere Bänder derart zusammengelegt werden, daß das Zentrum zentral zur Gesamtheit der Wohnflächen liegt. Die mittlere Straßenverbindung ist in diesem Modell relativ stark befahren, so daß sie durch eine flankierende Schnellbahn und äußere Schnellstraßen entlastet werden müßte. Ansätze zur Bildung eines öffentlichen Nahverkehrs*netzes* sind erkennbar, insbesondere wegen der intensiv benutzten Querverbindungen (Abb. 9 d).

(e) Die engste Verknüpfung zwischen radialen und Bandelementen wird erreicht, wenn diagonale Verkehrslinien, die die in der äußeren Nutzungszone gelegenen Industrieflächen mit dem in der Bandmitte gelegenen Hauptzentrum verbinden. Die doppelreihig angeordneten Wohnflächen bilden hier weiterhin die Dominante der Bandstruktur (Abb. 9 e). Die Stauungsprobleme, die im Hauptzentrum auftreten können, sind jedoch geringer als beim Radialmodell, da die industriellen Nutzungszonen vollständig ausgegliedert sind[18].

III. Prinzipielle Vorteilhaftigkeit der Bandstadtstruktur

Die soeben dargestellten Grund- und Zwischenformen möglicher Flächenanordnungen lassen allein aufgrund ihrer inneren Zusammenhänge prima facie eine erste Eingrenzung des Auswahlbereiches bestmöglicher Stadtformen zu. Eine noch engere Eingrenzung ist nur aufgrund der konkreten Situation der Entwicklungsländer möglich (siehe B).

(a) Die Verkehrsinfrastruktur der linear entwickelten Modelltypen ist bereits bei relativ geringen Kapitalkosten funktionsfähig und bleibt im Verlauf der weiteren Entwicklung zu relativ geringen Kapitalkosten erweiterungsfähig. Insbesondere die Form des Bandstadttyps, dessen Schnellverkehrssystem außerhalb der Nutzungszonen durch die Freiflächen führt, ist ohne größere Flächendestruktion erweiterungsfähig. Das gilt sowohl für den öffentlichen als auch für den Individualverkehr. In den Fällen des konzentrierten und des Radialtyps wird die Erweiterungsfähigkeit des Verkehrssystems mit zunehmender Stadtkernnähe beschränkt, da hier die Nutzungsflächen am knappsten sind. Da erfahrungsgemäß soziale Systeme überproportional wachsen, würden mit zunehmender Größe einer konzentrisch entwickelten Stadt auch mehrere Ebenen den Verkehr nur unvollkommen

---

[18] Eine ähnliche Bandstruktur, jedoch ohne strenge Funktionstrennung der Industrieflächen, wird im Stadtentwicklungsplan von Paris angestrebt. Nördlich der Seine verläuft das Band von Meaux über Noisy-le-Grand, Beauchamp, Pontoise-Cergy (75 km) in Richtung Rouen, während es südlich der Seine die Orte Melun, Evry, Trappes und Mantes (90 km) streift. *Premier Ministre, Délégation au District de la Région de Paris:* Schéma Directeur d'Aménagement et d'Urbanisme de la Région de Paris, 2 Bde., Paris 1965. *Ders.:* Projet de Livre Blanc du Bassin Parisien, Paris 1969.

bewältigen. Straßenkreuzungen beanspruchen große Flächen. Die verschlungenen Kleeblätter der Stadtautobahnen und ihrer Zufahrtswege zerstören das Zentrum und verursachen die örtliche Verlagerung von Einkaufszentren, Restaurants, Hotels, Theatern, Museen usw. Straßentunnel und Belüftungsanlagen sind mit relativ hohen Kapitalkosten verbunden. Das gleiche Argument gilt für Untergrundbahnen. Außerdem sind diese im Verhältnis zur Zeitentfernung der Fingerspitzen des Radialtyps zu langsam.

Schnellverkehrsachsen stellen in der Regel ein psychologisches Hindernis für die Raumüberwindung dar, wenn sie quer durch die Nutzungszonen verlaufen. Im Bandstadtmodell können diese Nachteile vermieden werden.

(b) Das Schnellverkehrssystem des Bandstadtmodells bedient in effizienter Weise sowohl den Individualverkehr (im Gegensatz zum Radialmodell) als auch den öffentlichen Nahverkehr (im Gegensatz zum gestreuten Flächenmodell). Ein öffentliches Schnellbahnsystem kostet nicht nur weniger als ein ausgebautes Straßennetz, sondern kann auch in weniger als die Hälfte der Bauzeit eines Straßennetzes errichtet werden[19].

(c) Bei der Flächenanordnung ist darauf zu achten, daß die Stadt nur solange urbane Aufgaben erfüllt, als sie ihre spezifischen Dienste tatsächlich anzubieten vermag, d. h. das Angebot an Wohnen, Arbeiten, Einkaufen, Informationen, sozialen Kontakten, Erholung, externen Ersparnissen innerhalb einer bestimmten Zeitspanne (z. B. Zeitentfernungszone von 50 Minuten) möglich ist. Je unzugänglicher deshalb z. B. das Zentrum wird, desto mehr verliert es an ursprünglicher Bedeutung. In die Vororte verlagerte Einkaufsflächen und Kulturstätten verringern seine Attraktivität. Im Interesse der urbanen Integration ist deshalb eine Hierarchisierung von Gemeinbedarfseinrichtungen notwendig. Eine solche Struktur ist nicht nur beim Radialmodell, sondern auch beim Bandstadtmodell möglich. Zugunsten des letzteren gilt jedoch, daß die Gefahr der Bildung infrastrukturleerer Gebiete wegen der linearen Konzentration weniger groß ist als im Falle des gestreuten oder des Radialtyps: gleichrangige Infrastruktureinrichtungen der Subzentren erreichen schneller den Schwellenwert einer effizienten Nutzung, da sich bei konstanter Transportzeitempfindlichkeit ein relativ größerer Bevölkerungsteil auf nur wenige Subzentren verteilt, während beim Radialtyp das Wachstum auf viele Finger verteilt oder konzentrisch in alle Richtungen erfolgt. Eine gerichtete Standortwahl ist bei der linearen Entwicklung insbesondere dadurch gegeben, daß eine Stadterweiterung nur in Richtung der beiden Enden

---

[19] Erhebungen hierzu sind zu finden bei: *Amos,* F. J. C.: Alternative Plans for Sub-Regional Problems, in: Reg. Stud. 1, 1967, 135 - 146, S. 141.

des Bandes möglich ist, sofern die Bandbreite ausgeschöpft ist. Ferner kann bei noch nicht erreichtem Schwellenwert die Entwicklung von links *und* rechts zur Mitte des Subzentrums hin erfolgen. Diesbezüglich weniger günstige Bedingungen liegen beim Radialtyp vor, dessen Finger die erforderlichen Mindestwerte erst in einem relativ späten Entwicklungsstadium aufweisen dürften. Schließlich verhindern die Leistungsfähigkeit des linearen Verkehrssystems und die lineare Ausgliederung von Nutzungsflächen, daß das Hauptzentrum aus Gründen des Verkehrskollapses entleert oder an Attraktivität verlieren würde.

(d) Das Konzept der Bandstadt ermöglicht eine relativ homogene Funktionstrennung der Flächen bei Erweiterungsprozessen.

(α) Im Laufe der Entwicklung wachsen die jeweils in Nähe der äußeren Stadtringe gelegenen Fingerabschnitte zusammen, so daß Grünflächen zerstört werden. Gleiches gilt für einen vorhandenen Grüngürtel, der erfahrungsgemäß von Siedlungen durchlöchert wird und eher ein locker bebautes Gebiet darstellt[20]. Darüber hinaus ist im Radialmodell die Zugänglichkeit der äußeren Erholungsflächen ungleichmäßiger über die Wohnstätten verteilt als im Falle der Bandstadt. Die Anfahrtswege sind kürzer von den Fingern aus gesehen als vom Stadtkern aus. Der Grünraum des Umlandes ist beim Bandstadtmodell dagegen in einem Winkel von 180° zu beiden Seiten des Bandes erreichbar. Eine gleichermaßen günstige Zugänglichkeit ist auch dann gegeben, wenn das Band nicht linear verläuft, sondern einen Kreis beschreibt[21] und damit einen inneren Grünraum bildet. Allerdings besteht auch hier die Gefahr, daß der Innenraum für andere Nutzungsarten als für Erholungszwecke verwendet wird[22]. Ein Nachteil der gestreuten Stadtform ist schließlich, daß die Grünflächen und ihre relativ leichte Zugänglichkeit zwar ein wesentliches Element der Stadtlandschaft darstellen, oftmals jedoch die für Erholungszwecke notwendige Mindestgröße dieser Flächen nicht gegeben ist.

(β) Die Möglichkeit der freien Auswahl von Arbeitsstätten wird im Radialmodell durch die verminderte Zugänglichkeit der Finger untereinander eingeschränkt. Querverbindungen sind nur über den Umweg des Stadtzentrums oder der innerstädtischen Verkehrs-

---

[20] *Thomas,* D.: London's Green Belt, London 1970.
[21] *Llewelyn-Davies,* R.: Some further thoughts on linear cities, in: Tn. Plann. Rev. 38, 1967, 202 - 203, S. 203.
[22] Einen solchen inneren Grünraum bildet die „Randstad Holland". *Klaassen,* L. H.: Die Rolle des Verkehrs bei der baulichen Planung städtischer Gebiete. *Europäische Konferenz der Verkehrsminister* (Hrsg.): Drittes Internationales Symposium über Theorie und Praxis in der Verkehrswirtschaft, Vervielf. Manuskript CEMT/SYMP (69) 1, Rotterdam 1969, S. 63.

ringe möglich. Damit ist in den Fingern eine relativ starre Zuordnung von Wohn- und Arbeitsstätten gegeben. Auch die Lokalisierung komplementärer Aktivitäten in den Fingern wird durch die mangelhaften interdigitalen Verbindungen verhindert. Dies fällt desto schwerer ins Gewicht, je notwendiger eine Ausgliederung flächenbeanspruchender industrieller Aktivitäten an die Peripherie der Stadt wird. Im Falle des Linearmodells jedoch, insbesondere auch der Bandtypen c - e, wird eine industrielle Schwerpunktbildung begünstigt. Der attraktivste Standort entlang des Bandes ist zugleich für einen größeren Teil der Wohnbevölkerung (mehrere Subzentren) zugänglich. Der Zugang zu den Absatz- und Bezugsmärkten entlang der Bandlinie vergrößert die jeweiligen Einzugsbereiche und bildet damit eine wesentliche Voraussetzung für das Entstehen wirtschaftlicher Entwicklungspole. Gleichzeitig ist ein enger Kontakt zum Hauptzentrum und zu allen Subzentren möglich. Da mit wachsender Reife der Volkswirtschaft Kontakte auf verschiedenen Ebenen simultan erfolgen, der sozio-ökonomische Substitutionsbereich also immer kleiner, der Komplementärbereich dagegen immer größer wird, werden mit der Bandstruktur bereits die Grundlagen für spätere Entwicklungsstufen gelegt. Es ist aber auch ein stärkerer Anreiz zur Ausgliederung und Bildung neuer Industriestandorte gegeben, da die entwicklungspolitisch notwendigen Mindestgrößen schneller erreicht werden können und gleich gute Verkehrsbeziehungen entlang der Linie vorliegen. Beim Radialtyp dagegen ergibt sich eine verstärkte Beharrungstendenz der Aktivitäten im Stadtkerngebiet.

(γ) Die Absatzwege der Agrarerzeugnisse sind im Falle des Bandstadtmodells kürzer als beim Radialtyp.

(e) Aufgrund ihrer inneren Größenordnung bindet die Stadtsanierung im Falle des Radialtyps absolut und relativ[23] mehr Ressourcen als beim Bandtyp.

(f) Die Freiheitsgrade der Entwicklung sind beim Band zumindest ebenso zahlreich wie beim Radialtyp. So enthält z. B. das Band in Abb. 9e radiale Elemente. Eine konzentrische Entwicklung um die Subzentren ist im Bandstadtmodell notwendig, um jeweils einen engen innerstädtischen Verband entstehen zu lassen. Andererseits kann beim Radialtyp eine Dezentralisierung derart vorgenommen werden, daß ein ausgewählter Finger bandartig entwickelt wird. Nachteilig wirkt sich hierbei aus, daß letztere Form der Stadterweiterung in der Regel nicht von Anfang an bei der Stadtentwicklung eingeplant ist, so daß

---

[23] Schwellenwerte existieren auch im negativen Bereich, bei negativen Entwicklungsprozessen.

eine Umstrukturierung der Radialstadt insbesondere zwischen Stadtkern und Bandanschluß erforderlich wird, während beim Bandtyp ein bereits vorgezeichneter Erweiterungsprozeß fortgesetzt wird.

(g) Vollzieht sich die Entwicklung im Radialmodell mehr oder weniger zufällig auf die Finger verteilt, so ist sie im Bandstadtmodell auch regional gerichtet, und zwar in Richtung auf die größeren Entwicklungspole nach dem Prinzip einer Entwicklungsachse.

(h) Obwohl im Falle der Bandstruktur das regionale Verkehrsnetz nicht radial auf einen Punkt zuläuft, sondern senkrecht zur Entwicklungsachse angeordnet ist, sind sowohl beim Radial- als auch beim Bandtyp Querverbindungen zu den Radien oder Senkrechten notwendig, wenn das Hinterland erschlossen werden soll.

Für das Bandstadtmodell zeichnen sich also in mehrfacher Hinsicht prinzipielle, d. h. strukturbedingte Entwicklungsvorteile ab.

B. Merkmale der Flächennutzung in Entwicklungsländern

Die konkrete Ausgestaltung des bandförmigen Stadtentwicklungstyps und seine Verifizierung als Modell für Entwicklungsländer sind abhängig von den spezifischen Ausprägungsformen der Flächennutzungsfunktionen und -zonen in diesen Ländern.

I. Allgemeine Merkmale

1. Das Phänomen der „urbanen Explosion"

Sowohl die absolute als auch die relative Bevölkerungszunahme der Städte ist in den Entwicklungsländern wesentlich größer als in den Industriestaaten. Tabelle 1 veranschaulicht die Größenverhältnisse der Stadtbevölkerung im Vergleich zur Gesamtbevölkerung der einzelnen unterentwickelten und entwickelten Ländergruppen der Welt. Die Angaben von Tabelle 1 a beziehen sich auf Orte mit einer Mindesteinwohnerzahl von 100 000, während Tabelle 1 b von einer Mindestanzahl von 1 Million[24] ausgeht. Da in Kapitel 3 die Stadt als wirtschaftlicher Entwicklungspol definiert wurde, wird von Fall zu Fall zu entscheiden sein, welche Einwohnerschwellenwerte erfahrungsgemäß angesetzt werden müssen, um die Stadt hinreichend definieren zu können. Da in Entwicklungslän-

---

[24] Einwohnerzahlen von 1 Mill. und mehr werden z. B. genannt bei *Bull*, D. A.: „Urban form and structure", a.a.O., S. 166 (1,25 Mill. Einwohner) und bei *Hoyt*, H.: World Urbanization. Expanding Population in a Shrinking World. Urban Land Institute, Technical Bulletin No. 43, Washington 1962, Tab. 15 - 16, S. 48 f.

dern die Stadt als Entwicklungspol und städtische Lebensform erst entwickelt werden muß und eine wesentliche Neuerung darstellt, wird im folgenden ein Schwellenwert von annäherungsweise 1 Million Einwohnern unterstellt. Aus erhebungstechnischen Gründen werden in Tabelle 1 keine weiteren, zur Definition eines Entwicklungspoles eigentlich notwendigen Indikatoren ausgewiesen, wie z. B. örtliche Beziehungen zwischen Produzenten und Konsumenten, Inanspruchnahme kultureller Einrichtungen, Zahl der Beschäftigten nach Wirtschaftszweigen, Betrieben und städtischen Planquadraten, Zahl der Telefongespräche nach Bezirken, Stromverbrauch[25] pro Kopf und andere Strukturfaktoren. Andererseits wird man nicht auf die Angabe einer Mindesteinwohnergröße verzichten können, da ausschließlich Merkmale wie ständiger Markt, Kirche oder Moschee und öffentliches Bad[26] noch weniger für einen Entwicklungspol repräsentativ sind. Willkürliche administrative Legaldefinitionen[27] sind ebensowenig aufschlußreich. Für Industrieländer werden in der Regel Einwohnerschwellenwerte angegeben, deren Kriterium effizient genutzte Infrastruktureinrichtungen sind.

So gelten z. B. als Voraussetzung einer effizienten Nutzung Mindesteinwohnerzahlen von 500 000 für die Polizei, 400 000 für das Erziehungswesen, 300 000 für die Gemeindeverwaltung, 250 000 für die Jugendpflege und 200 000 für das Gesundheitswesen[28]. Teilweise werden auch a priori globale Zahlen in Höhe von 30 000 bis 70 000 genannt[29].

---

[25] So z. B. bei *Schnore*, L. F.: The Statistical Measurement of Urbanization and Economic Development, in: Land Economics 37, 1961, 229 - 245.

[26] Diese Merkmale verwendet *Despois*, J., *Raynal*, R.: Géographie de l'Afrique du Nord-Ouest, Paris 1967, S. 65. Siehe ferner: *Jones*, F. L.: A note on ‚Measures of Urbanization' with further proposal, in: Social Forces 46, 1967, 275 - 279; *Gibbs*, J. P.: Measures of urbanization, in: Social Forces 45, 1966, 170 - 177.

[27] Sie lassen insbesondere keine Ländervergleiche zu. So weist z. B. die amtliche Statistik Marokkos 117 urbane Zentren aus mit Einwohnerzahlen von jeweils 5 000 und sogar weniger. Das angrenzende Algerien legt seinen Entwicklungsplänen 55 Selbstverwaltungszentren mit 10 - 12 000 Einwohnern zugrunde. Die Statistik von Libyen schließlich geht von Verwaltungseinheiten aus, die sowohl städtische als auch ländliche Gebiete sind. *Blake*, G. H.: Urbanisation in North Africa: its nature and consequences. Regional Studies Association, Conference on Urbanisation and Regional Change, Balliol College, Oxford, April 13 - 17, 1970, Oxford 1970, S. 1. *Awad*, H.: Marocco's expanding towns, in: Geographical Journal 130, 1964, 49 - 64. *Noin*, D.: L'urbanisation du Maroc, in: L'Information Géographique 32, 1968, 69 - 81.

[28] *Haggett*, P.: New Regions for old, in: Geogr. Magazine 42, 1969, 210 - 217, S. 215.

[29] *Klaassen*, L. H.: Growth Poles. An Economic View. Vervielf. Manuskript, Rotterdam 1969; *Allen*, K.: Growth Centres and Growth Centre Policy, in: EFTA (Hrsg.), Regional Policy in EFTA, Genf 1968; *Jochimsen*, R., *Treuner*, P.: Zentrale Orte in ländlichen Räumen, Bad Godesberg 1967; diese Autoren stellen den Aspekt der wirtschaftlichen Entwicklungsfunktion eines Ortes in den Vordergrund. *Duncan*, O. D.: Optimum Size of Cities in Cities and Society, in: *Hall*, P. K., *Reiss*, A. J. (Hrsg.): The revised reader in Urban Sociology, Glencoe/Ill. 1957.

4. Kap.: Entwicklungsoptimale Stadtform

Tabelle 1a

Gesamtbevölkerung, Stadtbevölkerung (Orte mit 100 000 Einwohnern und mehr) und Urbanisierungsquote der Welt 1970 nach Regionen

Region[a]	Gesamtbev. in Mill.	Gesamtbev. in v. H. der Weltbev.	Stadtbev. in Mill.	Stadtbev. in v. H. der Stadtbev. der Welt	Stadtbev. in v. H. der Gesamtbev.
Welt	3604,518	100,00	834,667	100,00	23,16
Westafrika	111,890	3,10	8,264	0,99	7,38
Zentral- u. Südafrika	38,297	1,06	2,293	0,27	5,99
Ostafrika	97,242	2,70	4,709	0,56	4,84
Nordafrika	85,095	2,36	17,918	2,15	21,06
Nahost	103,235	2,86	22,422	2,69	21,72
Vorderindien	705,889	19,58	69,264	8,30	9,81
Südostasien	284,951	7,90	34,507	4,13	12,11
Ozeanien	3,913	0,11	—	—	—
Ostasien	817,575	22,68	131,380	15,74	16,07
Karibischer Raum	25,752	0,71	5,315	0,64	20,64
Mittelamerika	67,404	1,87	13,511	1,62	20,04
Südamerika (tropisch)	149,910	4,16	48,162	5,77	32,13
Südamerika (gemäßigt)	38,868	1,08	20,250	2,43	52,10
Nordeuropa	81,114	2,25	47,253	5,66	58,25
Westeuropa	150,219	4,17	67,652	8,10	45,03
Südeuropa	128,366	3,56	38,018	4,55	29,62
Osteuropa	103,788	2,88	25,170	3,01	24,25
UdSSR	244,125	6,77	74,982	8,98	30,71
Südafrik. Union	20,044	0,56	6,350	0,76	31,68
Australien und Neuseeland	15,280	0,42	9,343	1,12	61,14
Nordamerika	228,766	6,35	131,344	15,74	57,41
Japan	102,795	2,68	56,560	6,78	55,02

a) Zur Definition der Regionen siehe Tabelle 3.

Quelle: Zusammengestellt und berechnet nach *Davis*, K.: World Urbanization 1950—1970, Vol. I., Basic Data for Cities, Countries, and Regions, Berkeley/Calif. 1969, S. 57—82 (Tab. A), S. 112—138 (Tab. C).

B. Merkmale der Flächennutzung in Entwicklungsländern

Tabelle 1b
Gesamtbevölkerung, Stadtbevölkerung (Orte mit 1 Million Einwohnern und mehr) und Urbanisierungsquote der Welt 1970 nach Regionen

Region[a]	Gesamt-bev. in Mill.	Gesamt-bev. in v. H. der Welt	Stadtbev. in Mill.	Stadtbev. in v. H. der Stadtbev. der Welt	Stadtbev. in v. H. der Gesamt-bev.
Welt	3604,518	100,00	442,026	100,00	11,69
Westafrika	111,890	3,10	—	—	—
Zentral- u. Südafrika	38,297	1,06	—	—	—
Ostafrika	97,242	2,70	—	—	—
Nordafrika	85,095	2,36	9,123 (3)[b]	2,06	10,7
Nahost	103,235	2,86	8,350 (4)	1,89	8,1
Vorderindien	705,889	19,58	31,503 (12)	7,13	4,5
Südostasien	284,951	7,90	20,063 (9)	4,54	7,0
Ozeanien	3,913	0,11	—	—	—
Ostasien	817,575	22,68	89,033 (35)	20,14	10,9
Karibischer Raum	25,752	0,71	1,700 (1)	0,38	6,6
Mittelamerika	67,404	1,87	5,914 (3)	1,34	8,8
Südamerika (tropisch)	149,910	4,16	30,251 (10)	6,84	20,2
Südamerika (gemäßigt)	38,868	1,08	13,530 (3)	3,06	34,8
Nordeuropa	81,114	2,25	26,865 (9)	6,08	33,1
Westeuropa	150,219	4,17	38,343 (17)	8,67	25,5
Südeuropa	128,366	3,56	18,253 (10)	4,13	14,2
Osteuropa	103,788	2,88	12,029 (7)	2,72	11,6
UdSSR	244,125	6,77	20,560 (10)	4,65	8,4
Südafrik. Union	20,044	0,56	2,500 (2)	0,56	12,5
Australien und Neuseeland	15,280	0,42	4,920 (2)	1,11	32,2
Nordamerika	228,766	6,35	82,671 (28)	18,70	36,1
Japan	102,795	2,85	26,418 (9)	5,98	25,7

a) Zur Definition der Regionen siehe Tabelle 3.
b) Die in Klammern gesetzten Zahlen dieser Spalte geben die Anzahl der Millionenstädte wieder.
Quelle: Zusammengestellt und berechnet nach *Davis,* K.: World Urbanization 1950—1970, Vol. I., Basic Data for Cities, Countries, and Regions, Berkeley/Calif. 1969, S. 57—82 (Tab. A), S. 85—111 (Tab. B), S. 113—138 (Tab. C).

4. Kap.: Entwicklungsoptimale Stadtform

Die in Tabelle 1 a - 1 b vorgenommene Untergliederung der Stadtbevölkerung nicht nur in v. H. der Welt-Stadtbevölkerung, sondern auch in v. H. der Regionalbevölkerung wurde deshalb durchgeführt, da zwar ein bestimmtes Land einen relativ hohen Anteil an der Welt-Stadtbevölkerung erreichen kann, dieser Anteil jedoch als Merkmal der Verstädterung bei ansonsten relativ niedriger Urbanisierungsquote des Landes wenig ins Gewicht fällt.

Von entwicklungspolitischem Interesse, insbesondere im Hinblick auf die Bildung von Entwicklungsachsen, ist schließlich die Anzahl der Städte, auf die sich die Stadtbevölkerung verteilt (Tab. 2). Typisch für kleinere Flächenstaaten ist der dominierende Einfluß, der von der einzigen Großstadt des Landes ausgeht[30], obwohl auch ethnische und historische Momente (z. B. Kolonialzeit) für die Existenz einer dominierenden Stadt von Bedeutung sind. So ist beispielsweise mehr als die Hälfte der Stadtbevölkerung südlich der Sahara (ohne Südafrika) auf nur eine Großstadt verteilt, während in Nordafrika und Vorderasien diese Verteilung weniger einseitig[31] und der Verstädterungsgrad vergleichsweise höher ist[32].

Tabelle 3 verdeutlicht die urbane Explosion in den Zuwachsraten der Stadtbevölkerung und in ihrer Gegenüberstellung zum Wachstum der Gesamtbevölkerung. In fast allen Ländern wächst die Stadtbevölkerung schneller als die Gesamtbevölkerung. Während beispielsweise für Westeuropa das Verhältnis der Zuwachsraten 1960 - 1970 2,1 : 1,1 beträgt, ergibt sich für Ostafrika ein Verhältnis von 8,3 : 2,5, für Südostasien von 5,0 : 2,7 und für Südamerika (tropische Zone) von 6,0 : 2,8.

---

[30] Im Weltdurchschnitt sind 55 % der Städte „primate cities": *Berry*, B. J. L.: City Size Distribution and Economic Development, in: Economic Development and Cultural Change 9, 1961, 573 - 588.

[31] *United Nations Economic and Social Council, Economic Commission for Africa:* Spatial re-distribution of Population in Africa, Colonization, Resettlement and Urbanization. E/CN 14/POP/45, 10. 11. 1971. *Clarke*, J. I.: Urban Population growth in the Middle East and North Africa. Institute of British Geographers. Population Study Group Symposium, Keele Sept. 1969 (unveröffentl. Manuskript). *Clarke*, J. I.: Population Geography and Developing Countries, Oxford 1970. *Stambouli*, F.: Urbanisme et développement en Tunisie, in: Revue Tunisienne de Sciences Sociales 9, 1967, 78 - 107. *Adams*, J.: A population map of West Africa. London School of Economics, Graduate School of Geography, Discussion Papers, No. 26, July - October 1968. *Adams*, J.: Urbanization in Ghana and Nigeria: some problems of definition and measurement. London School of Economics, Graduate School of Geography. Discussion Papers, No. 27, Juli - Oktober 1968.

[32] *Blake*, G. H.: „Urbanisation in North Africa", a.a.O., S. 2. Anders z. B. in Indien: Hier lebten 1961 nur 18 % der Gesamtbevölkerung in 11 städtischen Zentren, 12 % allein in Calcutta. Für Indien siehe auch: *Rosser*, C.: Urbanization in Eastern India: The Planning Response. Regional Studies Association Conference on Urbanisation and Regional Change, Balliol College Oxford, April 13 - 17, 1970, Oxford 1970. *Lefeber*, L., *Datta-Chaudhuri*, M.: Regional Development: Experiences and Prospects, Vol. 1, South and Southeast Asia, Part One and Part Two. United Nations Research Institute for Social Development, Report Nos. 70.2/1 - 70.2/2, Genf 1970.

B. Merkmale der Flächennutzung in Entwicklungsländern

Tabelle 2: Anzahl ( ) der Städte und Stadtbevölkerung in Städten mit 100 000 bis 499 999 Einwohnern (Spalte 1), in Städten mit 500 000 bis 999 999 Einwohnern (Spalte 2), in Städten mit 1 Million Einwohnern und mehr (Spalte 3) 1950, 1960 und 1970 nach Regionen

Region	1950			1960			1970		
	1	2	3	1	2	3	1	2	3
Westafrika	1,664 (9)	—	—	3,519 (19)	568 (1)	—	5,354 (27)	2,910 (4)	—
Zentral- u. Südafrika	454 (3)	—	—	1,407 (7)	—	—	1,713 (9)	580 (1)	—
Ostafrika	812 (4)	—	—	2,114 (10)	—	—	3,578 (14)	1,131 (2)	—
Nordafrika	2,351 (15)	1,793 (3)	3,539 (2)	4,289 (24)	2,497 (3)	5,263 (2)	6,557 (31)	2,238 (3)	9,123 (3)
Nahost	3,888 (21)	1,523 (2)	1,073 (1)	6,875 (36)	1,995 (3)	3,306 (2)	9,462 (47)	4,610 (7)	8,350 (4)
Vorderindien	14,674 (81)	4,648 (6)	14,085 (6)	21,336 (105)	4,465 (6)	21,376 (9)	26,829 (125)	10,932 (17)	31,503 (12)
Südostasien	4,306 (22)	3,627 (5)	4,255 (3)	7,835 (36)	2,482 (3)	10,872 (6)	8,469 (44)	5,975 (9)	20,063 (9)
Ozeanien	—	—	—	—	—	—	—	—	—
Ostasien	17,086 (92)	11,723 (18)	19,478 (10)	21,906 (110)	15,431 (21)	48,163 (22)	29,872 (129)	12,475 (17)	89,033 (35)
Karib. Raum	1,256 (6)	—	1,081 (1)	1,423 (6)	542 (1)	1,549 (1)	1,586 (8)	2,029 (3)	1,700 (1)
Mittelam.	2,496 (14)	—	2,234 (1)	3,945 (20)	1,334 (2)	2,832 (1)	6,295 (25)	1,302 (2)	5,914 (3)
Südam. (trop.)	5,374 (25)	2,941 (4)	5,501 (2)	9,192 (44)	3,425 (5)	14,384 (6)	10,351 (47)	7,560 (11)	30,251 (10)
Südam. (gemäß.)	2,561 (12)	1,169 (2)	6,488 (2)	3,459 (16)	2,223 (3)	8,907 (2)	3,861 (17)	2,859 (4)	13,530 (3)
Nordeuropa	11,230 (52)	6,285 (10)	23,261 (8)	11,235 (50)	6,802 (11)	25,450 (9)	11,788 (53)	8,600 (13)	26,865 (9)
Westeuropa	13,865 (67)	9,245 (13)	22,309 (10)	17,096 (83)	11,104 (15)	26,990 (11)	20,418 (86)	8,891 (13)	38,343 (17)
Südeuropa	8,692 (49)	4,613 (7)	8,262 (6)	11,503 (62)	5,184 (7)	11,636 (7)	16,267 (82)	3,498 (5)	18,253 (10)
Osteuropa	5,610 (28)	2,837 (4)	6,875 (5)	8,606 (42)	3,162 (4)	8,081 (5)	9,338 (45)	3,803 (6)	12,029 (7)
UdSSR	19,918 (98)	9,134 (14)	8,478 (2)	26,600 (26)	15,056 (21)	11,655 (4)	35,776 (166)	18,646 (25)	20,560 (10)
Südafr. Union	1,522 (8)	1,423 (2)	—	1,601 (8)	1,488 (2)	1,153 (1)	2,150 (12)	1,700 (2)	2,500 (2)
Australien u. Neuseeland	1,979 (7)	—	3,040 (2)	1,652 (7)	1,174 (2)	3,984 (2)	1,508 (9)	2,915 (4)	4,920 (2)
Nordam.	21,486 (104)	9,820 (15)	40,354 (14)	27,330 (128)	16,131 (23)	55,505 (18)	30,623 (141)	18,050 (27)	82,671 (28)
Japan	10,136 (58)	1,716 (2)	10,366 (4)	19,313 (104)	1,804 (3)	18,063 (6)	26,881 (119)	3,261 (5)	26,418 (9)

Quelle: Zusammengestellt nach Davis, K.: World Urbanization 1950—1970, Vol. I., Basic Data for Cities, Countries, and Regions, Berkeley/Calif. 1969, S. 85—111 (Tab. B).

Tabelle 3
Zuwachsraten der Gesamtbevölkerung (1) und der Stadtbevölkerung in Orten mit 100 000 Einwohnern und mehr (2) nach Ländern und Regionen der Welt 1950—1960 und 1960—1970

Region, Land (in Klammern Jahr der Unabhängigkeit)	1950—1960		1960—1970	
	(1)	(2)	(1)	(2)
Westafrika	3,4	9,4	3,1	7,3
Dahome (1960)	2,7	—	2,9	—
Elfenbeinküste (1960)	2,2	—	2,9	8,5
Gambia	1,3	—	2,0	—
Ghana (1957)	3,3	15,5	2,7	8,0
Guinea (1958)	3,2	—	2,7	7,0
Kapverdische Inseln	3,1	—	2,1	—
Liberia (1847)	1,4	—	1,7	—
Mali (1960)	1,9	—	1,9	5,6
Mauretanien (1960)	3,1	—	1,8	—
Niger (1960)	3,2	—	2,9	—
Nigeria (1960)	4,2	6,6	3,7	6,5
Obervolta (1960)	1,7	—	2,2	—
Port. Guinea	0,2	—	0,2	—
Senegal (1960)	4,0	6,8	2,4	5,3
Sierra Leone (1961)	1,1	—	1,4	5,1
Togo (1960)	2,7	—	2,5	—
Zentral- und Südafrika	1,8	12,0	2,0	5,0
Angola	1,5	4,7	1,3	4,1
Botswana (Betschuanaland) (1966)	2,7	—	3,0	—
Gabun (1960)	0,5	—	1,0	—
Kamerun (1960)	1,1	—	2,2	8,4
Lesotho (Basutoland)	2,1	—	2,9	—
Rep. Kongo (Brazzaville) (1960)	1,4	—	1,5	4,1
Sao Tomé	0,7	—	0,4	—
Span. Guinea	2,1	—	1,7	—
Südwestafrika	2,3	—	1.7	—
Swasiland (1968)	2,4	—	4,8	—
Tschad (1960)	1,8	—	1,5	—
Zaire (Kongo Kinshasa) (1960)	2,2	11,2	2,1	3,3
Zentralafrik. Rep. (1960)	1,4	—	2,6	—
Ostafrika	2,5	10,0	2,5	8,3
Äthiopien	2,6	3,5	1,8	3,6
Burundi (1962)	4,6	—	2,0	—
Franz. Somaliland	3,6	—	3,6	—
Kenia (1963)	3,0	12,4	3,0	6,0
Komoren In.	1,5	—	4,1	—
Madagaskar (1960)	2,4	3,5	2,4	5,6
Malawi (1964)	2,4	—	2,4	—
Mauritius (1968)	3,3	—	2,6	—
Mocambique	1,4	—	1,1	6,2
Réunion (1966)	3,3	—	3,1	—

B. Merkmale der Flächennutzung in Entwicklungsländern

Tabelle 3 (Fortsetzung)

Region, Land (in Klammern Jahr der Unabhängigkeit)	1950—1960		1960—1970	
	(1)	(2)	(1)	(2)
Rhodesien	3,2	14,5	3,2	5,2
Ruanda (1962)	2,7	—	3,1	—
Sambia (1964)	2,8	—	3,0	—
Somalia (1960)	0,6	—	3,9	—
Sansibar (1963)	1,3	—	1,9	—
Tanganjika (1961)	1,8	—	3,4	9,0
Uganda (1962)	2,5	—	2,5	9,2
Nordafrika	2,4	4,6	2,6	4,0
Algerien (1962)	1,9	5,2	2,4	0,5
Ifni	2,7	—	0,8	—
Libyen (1951)	3,0	9,7	3,2	5,3
Marokko (1956)	2,7	4,5	2,9	5,4
Span. Nordafrika	0,7	—	0,8	—
Span. Westafrika	1,8	—	7,3	—
Sudan (1955/56)	2,8	3,4	2,9	3,5
Tunesien (1956)	1,6	0,5	1,6	5,3
V.A.R. (Ägypten) (1922)	2,5	4,9	2,5	4,2
Nahost	2,7	6,5	2,5	6,3
Arab. Vertragsstaaten	2,3	—	4,7	—
Bahrain In. (1971)	3,2	—	3,7	—
Gaza	3,0	—	3,1	—
Iran	2,8	5,0	3,0	5,9
Irak	2,8	6,5	2,9	6,8
Israel	5,3	8,2	3,2	6,8
Jemen	2,3	—	—	—
Jordanien (1957)	2,8	—	3,6	7,8
Katar (1971)	8,4	—	7,8	—
Kuwait (1961)	5,0	—	7,1	8,3
Libanon (1944)	1,8	5,8	2,1	4,2
Mascat u. Oman	0,3	—	...	—
Rep. Südjemen (1967)	1,0	5,4	2,6	4,3
Saudi Arabien	1,7	16,9	1,7	7,7
Syrien (1944)	2,9	4,5	3,0	4,6
Türkei	2,8	6,9	2,5	6,8
Zypern (1960)	1,5	—	1,0	—
Vorderindien	1,9	3,5	2,3	3,9
Afghanistan	1,8	6,1	1,5	6,5
Bhutan	2,4	—	2,0	—
Ceylon (1948)	2,6	2,8	2,5	3,6
Indien (1947)	1,9	3,1	2,4	3,5
Kashmir und Jammu (1947)	0,9	5,0	1,4	2,4
Nepal (1951)	1,4	5,4	2,0	7,9
Pakistan (1947)	2,1	6,1	2,1	5,9
Sikkim	1,6	—	1,9	—

4. Kap.: Entwicklungsoptimale Stadtform

Tabelle 3 (Fortsetzung)

Region, Land (in Klammern Jahr der Unabhängigkeit)	1950—1960		1960—1970	
	(1)	(2)	(1)	(2)
Südostasien	2,5	5,7	2,7	5,0
Brunei	6,2	—	3,5	—
Burma (1948)	1,8	2,0	2,1	4,6
Indonesien (1945—49)	2,1	7,0	2,4	4,7
Kambodscha (1953)	2,9	8,3	2,3	7,6
Laos (1953)	5,8	—	2,5	6,3
Malaysia (1957)	2,9	6,6	3,1	7,5
Malediven In.	1,2	—	1,7	—
Nordvietnam (1954)	3,0	8,5	3,2	8,7
Philippinen (1946)	2,9	4,3	3,5	4,7
Port. Timor	1,6	—	1,4	—
Sabah (1963)	3,2	—	3,8	—
Sarawak (1963)	2,5	—	2,8	—
Singapur (1963)	4,8	4,8	2,6	2,6
Südvietnam (1954)	3,0	5,7	2,7	4,9
Thailand	2,9	3,9	3,2	5,2
Ozeanien (Pazif. Inseln)	2,7	—	2,5	—
Ostasien	1,8	5,9	1,3	4,4
Hongkong	4,7	7,0	2,9	2,9
Macao	—1,1	—1,1	5,2	5,2
Mongolische Volksrep.	2,7	—	3,0	7,9
Nat. Rep. China	3,4	5,7	3,1	5,5
Nordkorea	0,9	5,1	2,6	3,5
Ryukyu In.	2,5	—	1,1	2,7
Südkorea	2,0	6,2	2,6	6,2
Volksrep. China	1,8	5,8	1,1	4,3
Karibischer Raum	2,2	4,2	2,4	4,2
Bahamas (1964)	4,1	—	2,8	—
Barbados (1966)	1,0	—	0,9	—
Cayman In.	0,8	—	1,7	—
Dominik. Rep. (1865)	3,6	7,3	3,6	7,6
Guadeloupe	2,9	—	2,2	—
Haiti (1801/04)	2,6	6,0	2,0	5,2
Jamaika (1962)	1,8	3,8	2,2	4,0
Jungfern In.	1,9	—	8,3	—
Kuba (1902)	2,2	3,5	2,4	3,5
Leeward In.	1,2	—	0,5	—
Martinique	2,5	—	2,1	—
Niederl. Antillen	1,6	—	1,5	—
Puerto Rico	0,6	4,3	2,0	3,8
Trinidad und Tobago (1962)	2,7	—	2,9	—
Turks u. Caicos In.	0,5	—	0,5	—
Winward In.	1,8	—	1,8	—

B. Merkmale der Flächennutzung in Entwicklungsländern

Tabelle 3 (Fortsetzung)

Region, Land (in Klammern Jahr der Unabhängigkeit)	1950—1960		1960—1970	
	(1)	(2)	(1)	(2)
Mittelamerika	3,1	5,5	3,7	5,2
Brit. Honduras	3,0	—	3,2	—
El Salvador (1821/39/41)	2,8	4,0	3,6	7,1
Guatemala (1821/39)	3,2	4,9	3,1	5,0
Honduras (1821/38)	3,0	—	3,4	5,9
Kanalzone	2,2	—	3,8	—
Kostarika (1821/38)	3,8	6,3	4,2	5,4
Mexiko (1824)	3,1	5,3	3,8	5,2
Nikaragua (1821/38)	2,9	6,1	3,5	5,9
Panama (1903)	2,9	7,9	3,1	4,9
Südamerika (tropisch)	3,1	6,9	2,8	6,0
Bolivien (1825)	1,4	2,9	1,4	4,1
Brasilien (1822)	3,2	7,2	2,8	5,7
Ekuador (1822/30)	3,1	5,0	3,4	5,5
Franz. Guayana	2,8	—	2,2	—
Guayana (1968)	2,8	—	2,8	3,1
Kolumbien (1819/31)	3,1	6,6	3,2	7,2
Peru (1821)	2,9	5,7	2,1	6,1
Surinam	2,7	—	4,0	—
Venezuela (1811/30)	3,7	7,6	3,5	5,9
Südamerika (gemäßigt)	1,9	3,6	1,9	3,3
Argentinien (1825)	1,6	3,4	1,9	3,1
Chile (1810/18)	2,5	4,3	2,0	3,7
Paraguay (1810/11)	2,7	3,6	3,1	3,6
Uruguay (1828)	1,5	4,7	1,3	4,7
Nordeuropa	0,4	0,6	0,7	0,8
Dänemark	0,7	0,9	0,8	1,9
Fär Öer	0,9	—	1,3	—
Finnland	1,0	3,1	0,7	2,6
Großbritannien	0,4	0,5	0,6	0,5
Irland	— 0,5	0,4	0,4	1,5
Island	2,1	—	1,9	—
Kanal In.	0,6	—	0,8	—
Man In.	— 1,4	—	0,8	—
Norwegen	0,9	1,2	0,8	3,1
Schweden	0,6	2,3	0,8	3,5
Westeuropa	0,9	2,0	1,1	2,1
Belgien	0,6	0,5	0,7	0,6
BRD	0,9	1,5	1,1	1,6
Frankreich	0,9	3,5	1,2	3,0
Liechtenstein	2,0	—	2,6	—
Luxemburg	0,6	—	0,9	—

Tabelle 3 (Fortsetzung)

Region, Land (in Klammern Jahr der Unabhängigkeit)	1950—1960		1960—1970	
	(1)	(2)	(1)	(2)
Monaco	0,4	—	1,2	—
Niederlande	1,3	1,7	1,4	3,1
Österreich	0,2	0,2	0,6	0,2
Schweiz	1,4	3,1	1,5	2,9
Südeuropa	0,8	2,8	0,9	3,0
Albanien	2,9	—	2,8	4,9
Andorra	3,6	—	7,2	—
Gibraltar	0,4	—	0,8	—
Griechenland	1,0	3,4	0,6	2,8
Italien	0,6	2,4	0,8	2,8
Jugoslawien	1,2	5,7	1,2	5,6
Malta	0,5	—	—0,5	—
Portugal	0,5	1,4	0,9	1,2
San Marino	1,4	—	2,4	—
Spanien	0,8	2,3	0,8	2,5
Osteuropa	0,9	2,6	0,7	2,4
Bulgarien	0,8	5,3	0,7	4,9
DDR	—0,6	—0,1	—0,1	0,4
Polen	1,8	3,2	1,0	2,5
Rumänien	1,2	6,2	0,7	4,0
Tschechoslowakei	1,0	1,4	0,7	1,4
Ungarn	0,6	1,8	1,1	2,1
UdSSR	1,8	3,6	1,3	3,5
Südafrik. Union	2,5	3,7	2,3	4,1
Australien	2,3	3,2	1,8	2,9
Neuseeland	2,2	2,5	1,9	5,1
Nordamerika	1,8	3,3	1,4	2,9
Bermuda In.	1,3	—	2,4	—
Grönland	3,7	—	4,0	—
Kanada	2,7	4,3	1,9	3,3
U.S.A.	1,8	3,2	1,4	2,8
Japan	1,1	5,8	1,0	3,7

Quelle: Davis, K.: World Urbanization 1950—1970, Vol. 1, Basic Data for Cities, Countries, and Regions, Berkeley/Calif. 1969, S. 141—160 (Tab. D).

B. Merkmale der Flächennutzung in Entwicklungsländern

Die Bevölkerungsexplosion der Entwicklungsländer im nationalen Durchschnitt wird also bei weitem durch die „urbane Explosion" übertroffen. Die Ursachen dieses Phänomens bestimmen wesentlich die Nutzungseigenschaften der städtischen Flächennutzungszonen.

2. Ursachen des Verstädterungsprozesses

a) Überlieferte Städtegründungen

Obwohl die relativ hohen Zuwachsraten der Stadtbevölkerung in den Entwicklungsländern erst während der letzten Jahrzehnte einsetzten (Tabelle 4), ist die Existenz der Stadt für die meisten Entwicklungsländer keine neue Erscheinung, sofern die „Stadt" nicht als sozio-ökonomischer Entwicklungspol definiert wird, sondern als Bevölkerungsagglomeration machtpolitischer Natur.

Zur vorkolonialen Zeit war die Stadt häufig Sitz des religiösen und politischen Machtträgers eines Landes. Bei den Azteken und Inkas war die Stadt der Ort, von dem aus die traditionale Gewalt ausgeübt und Kultur und Religion bestimmt wurden[33]. Einen urbanen Charakter im sozio-ökonomischen Sinne besaßen diese Städte nicht. Sie waren deshalb stark ländlich ausgerichtet und konnten als landwirtschaftliche Zentren gelten. Zu nennen sind in diesem Zusammenhang Tenochtitlán, Cuzco, Chich'en-Itzá, Cajmarka, Huamanga, Oaxaca usw. Vorkoloniale Städte, deren Bedeutung vor allem auf politischem, militärischem und religiösem Gebiet lag, waren z. B. auch Kairo, Bagdad, Lahor, Delhi, Kanton, Nanking, Peking, Hangtschou, Quito[34]. Die spanischen Besitzungen in Südamerika[35], aber auch Städte wie Madras, Bombay, Kalkutta, Karatschi, Schanghai, Tientsin und Hongkong erlangten ihre politische und administrative Bedeutung während der vorindustriellen Kolonialzeit[36]. Vor Beginn des

---

[33] *Morse*, R. M.: Recent Research on Latin American Urbanization: A Selective Survey with Commentary, in: Latin American Research Review 1, 1965, 35 - 74. *Morse*, R. M.: Some Characteristics of Latin American Urban History, in: American Historical Review 67, 1962, Heft 2. *Barrenechea*, R. P.: Cartas del Peru, Lima 1959. *Varallamos*, J.: Historia de Huánuco: estudio de vida social, Buenos Aires 1959. *Hanke*, L.: The Imperial City of Potosí, Den Haag 1956.

[34] *Hamdan*, G.: The pattern of medieval urbanism in the Arab world, in: Geography, April 1962, 121 - 134. *Chesneaux*, J.: Notes sur l'évolution récente de l'habitat urbain en Asie, in: L'Information Géographique 13, 1949, 169 - 175 und 14, 1950, 1 - 8. *Wheatley*, P.: The pivot of the four quarters. A preliminary enquiry into the origins of the Chinese city, Edinburgh, Chicago 1970. Siehe auch: *Davis*, K.: The Origin and Growth of Urbanization in the World, in: The American Journal of Sociology 60, 1955, S. 431. *Russel*, J. C.: Late Ancient and Medieval Population, Philadelphia 1958.

[35] 16 der 20 größten Städte Lateinamerikas wurden im 16. Jahrhundert gegründet.

[36] *Kubler*, G. A.: Cities and Culture in the Colonial Period in Latin America, in: Diogène 47, 1964, 53 - 62. *Sjoberg*, G.: The Preindustrial City, Past and Present, Glencoe/Ill. 1960. *Spencer*, J. E.: Changing Asiatic Cities, in: Geographical Review 41, 1951, 336 - 337.

Tabelle 4
Stadtbevölkerung[a] und Urbanisierungsquote der Welt nach Regionen und Jahren

Region	1800		1850		1900	
	in Mill.	in v. H. der Regionalbev.	in Mill.	in v. H. der Regionalbev.	in Mill.	in v. H. der Regionalbev.
Welt	15,6	1,7	27,5	2,3	88,6	5,5
Asien	9,8	1,6	12,2	1,7	19,4	2,1
Europa[b]	5,4	2,9	13,2	4,9	48,0	11,9
Afrika	0,3	0,3	0,25	0,2	1,4	1,1
Amerika	0,13	0,4	1,8	3,0	18,6	12,8
Ozeanien (mit Australien)	—	—	—	—	1,3	21,7

Region	1950		1960		1970	
	in Mill.	in v. H. der Regionalbev.	in Mill.	in v. H. der Regionalbev.	in Mill.	in v. H. der Regionalbev.
Welt	313,7	13,1	590,0	19,9	834,667	23,16
Asien	105,6	7,5	203,6	12,3	314,133	15,59
Europa[b]	118,2	19,9	189,0	29,6	253,075	35,76
Afrika	10,2	5,2	20,4	8,1	39,534	11,21
Amerika	74,6	22,6	169,9	42,0	218,582	42,8
Ozeanien (mit Australien)	5,1	39,2	7,0	43,3	9,343	48,68

a) Orte mit 100 000 Einwohnern und mehr.
b) einschl. UdSSR.

Quelle: United Nations, Bureau of Social Affairs: Report on the World Social Situation, including Studies of Urbanization in Underdeveloped Areas. Prepared in cooperation with the International Labor Office, Food and Agriculture Organization, World Health Organization, and the United Nations Educational, Scientific, and Cultural Organization, New York 1957, S. 114, Tab. 3; *Hoyt, H.:* World Urbanization: Expanding Population in a Shrinking World, Washington D. C. 1962, S. 31, Tab. 3. Die Daten für 1970 sind aus Tab. 1a, S. 72 entnommen.

Industrialisierungsprozesses entstanden auch die Städte Teheran, Bangkok, Mukden, Charbin, Jokohama, Tokio, Osaka, Kobe, Nagoja, Tschungking[37]. Merkantile und administrative Gründe waren schließlich

---

[37] *Breese, G.:* Urbanization in Newly Developing Countries, Englewood Cliffs/N. J. 1966, S. 24.

B. Merkmale der Flächennutzung in Entwicklungsländern 83

maßgebend für die Gründung der vor allem entlang der Küste gelegenen Kolonialstädte Westafrikas[38]. Auch die wenigen vorkolonialen Städte Schwarzafrikas, insbesondere die Yoruba-Städte, können nicht als Städte im Sinne der oben genannten Definition gelten. Hier entscheidet eine soziale und politische Institution auf der Grundlage von Verwandtschaftsbeziehungen über die Mitgliedschaft zur städtischen Gemeinschaft[39].

Dieser ursprüngliche politische Charakter der ersten Städte prägt bis in die Gegenwart hinein den Verstädterungsprozeß der Entwicklungsländer.

(a) Die Stadt ist der Brückenkopf zum Ausland. Nicht die sozio-ökonomische Entwicklung auch des Umlandes, sondern die Losgelöstheit vom übrigen Staatsgebiet, die handelspolitische Ausrichtung zum Ausland und damit der internationale Einfluß auf die städtische Wirtschaft sind typisch für die Stadt. Der ausschließliche Export von Rohstoffen oder die günstige allgemeine Lage am Handelsweg brachten ein einseitig ausgerichtetes Transportnetz mit sich, das die Abbau- und Anbaustätten des Hinterlandes mit den Hafenstädten anstatt mit den Produktionsstätten im Inneren des Landes verband. Die regionale Isolation der Stadt und ihre Ausrichtung nach Übersee sind besonders ausgeprägt im Falle von Lateinamerika[40] und Afrika.

(b) Die Stadt repräsentiert die Nation auf internationaler Ebene. Die bereits vorhandene Überbetonung des staatspolitischen Charakters

---

[38] *Kuper*, H. (Hrsg.): Urbanization and Migration in West Africa, Berkeley/Calif. 1965. *Little*, K. L. (Hrsg.): On Urbanism in West Africa, in: Sociological Review 7, 1959, 3 - 122. *Comhaire*, J. L.: Urban Conditions in Africa: Select Reading List on Urban Problems in Africa, London 1950. *Simms*, R. P.: Urbanization in West Africa: A Review of Current Literature, Evanston/Ill. 1965. *Gugler*, J.: Verstädterung in Ostafrika, in: *Wirtschafts- und Sozialgeographisches Institut der Friedrich-Alexander-Universität Nürnberg* (Hrsg.), Ostafrikanische Studien, Nürnberg 1968, S. 20 - 40.

[39] Nicht die Mauer begrenze die Yoruba-Stadt, vielmehr gehöre auch das von den Städten bewirtschaftete Hinterland zur Stadt: *Krapf-Askari*, E.: Yoruba Towns and Cities: An Enquiry into the Nature of Urban Social Phenomena, Oxford 1969, S .25.
Vergleiche mit der vorspanischen Zeit in Mittelamerika und der Shang-Zeit in China stellt an: *Wheatley*, P.: The significance of traditional Yoruba urbanism. Comparative Studies in Society and History, Vol. 12, Edinburgh 1970, S. 4.

[40] So wurde z. B. das argentinische Verkehrsnetz radial auf *Buenos Aires* zugeschnitten, um durch die Erschließung des Hinterlandes Exportmöglichkeiten für Weizen, Fleisch und Wolle zu schaffen. England als Hauptabnehmer der Rohstoffe finanzierte deshalb weitgehend die argentinischen Eisenbahnen. Diese Orientierung nach außen verstärkte die Entvölkerung ehemaliger städtischer Zentren wie *Corrientes, Tucuman, Santiago del Estero, Salta, Cordoba* und *Mendoza* derart, daß gegenwärtig, trotz der Errichtung einer Entwicklungsachse *Buenos Aires - Santa Fé*, immer noch 66 % der argentinischen Gesamtbevölkerung in Groß-*Buenos-Aires* lebt und 80 % des Bruttosozialprodukts erstellt. *Hilhorst*, J. G. M.: „Regional Planning in North West Argentina", a.a.O., S. 3 f.

der Stadt wurde durch die Unabhängigkeitserklärungen der ehemaligen Kolonien noch verstärkt. Die Stadt ist der Sitz der Zentralregierung und verkörpert somit indirekt die Selbstbestätigung der neuen Nation[41].

(c) Die Isolation der Städte vom Landesinneren begünstigt die Entstehung geschlossener Gesellschaftsschichten und festigt traditionale Herrschaftsformen. Da z. B. in Lateinamerika die Stadt über längere Zeit hinweg sich nicht zu einem Produktionszentrum entwickelte, war sie finanziell auf das flache Land, d. h. auf die Großgrundbesitzer angewiesen[42]. Letztere wiederum lieferten der Stadt nur dann Rohstoffe und Güter, wenn die städtische Herrschaftsschicht strukturelle Transformationen und Landreformen unterband. In der Einleitung wurde bereits erwähnt, daß eine solche Gesellschaftsstruktur von charismatischer Führung in den Städten und Autoritarismus auf dem Lande im Widerspruch zu den Verhaltensweisen einer urbanen Gesellschaft stehen.

Nicht Investitionschancen und erwartete Output-Steigerung, sondern staats-, handels- und gesellschaftspolitische Gründe bestimmen also wesentlich den Verstädterungsprozeß in Entwicklungsländern.

b) Land-Stadt-Wanderung

Die während der beiden letzten Jahrzehnte beobachteten relativ hohen Zuwachsraten der Stadtbevölkerung sind in erster Linie auf eine Land-Stadt-Wanderung zurückzuführen. Der Wanderungsgewinn der städtischen Verdichtungsgebiete ist nicht nur vorübergehend, sondern endgültig, irreversibel und nur relativ schwer zu beeinflussen.

Von der Bevölkerungswanderung betroffen sind nicht nur Städte mittlerer Größe, sondern vor allem die größten Städte[43]. Wanderungsbewe-

---

[41] *Shannon*, L. W.: Demographic Characteristics of Non-Self-Governing Areas, in: Planning Outlook 5, 1961, S. 44.

[42] Siehe auch: *Hoyt*, H.: The Residential and Retail Patterns of Leading Latin American Cities, in: Land Economics 39, 1963, 449 - 454. *Davis*, K.: Colonial Expansion and Urban Diffusion in the Americas, in: International Journal of Comparative Sociology 1, 1960, 43 - 66. *Browning*, H. L.: Recent Trends in Latin American Urbanization, in: Annals of the American Academy of Political and Social Science 316, 1958, 111 - 120. *Hauser*, Ph. M. (Hrsg.): Urbanization in Latin America, New York 1961.

[43] Besonders auffällig z. B. in Ekuador, wo die Land-Stadt-Wanderung sich ausschließlich auf Guayaquil und Quito verteilt und in Peru, wo auf die Achse Lima - Callao im Zeitraum 1940 - 1961 96,5 % des Wanderungsverlustes aller übrigen Regionen und 70 % der gesamten Land-Stadt-Wanderung entfielen. *Linnemann*, H.: Regiones económicas del Ecuador, su integración y desarrollo, Quito 1965, S. 33 und 42. *Ritter*, U. P.: Siedlungsstruktur in Peru. Arbeitsberichte des Ibero-Amerika-Instituts für Wirtschaftsforschung, Regional-

gungen, die in kleineren Zentren ihren Ausgang nehmen und sodann Schritt für Schritt über die mittelgroßen die größten Agglomerationen erreichen, sind relativ selten[44], obwohl Ausnahmen gerade in Bergbau- und Plantagengebieten möglich sind[45]. Allgemein kann unterstellt werden, daß sich die Land-Stadt-Wanderung in Entwicklungsländern auf Gebiete mit einer bereits hohen Bevölkerungsdichte konzentriert, während weite Teile des Staatsgebietes von diesem Prozeß ausgeschlossen bleiben. Kinder und Alte machen einen nur geringen Teil der Wanderungsbevölkerung aus; sie bleiben in der Regel in den Dörfern zurück. Am stärksten vertreten sind deshalb in der Stadt die Altersgruppen zwischen 15 und 40 Jahre[46]. In den Ländern, wo zwischen Stadt und Land nur noch geringe familiäre Bindungen bestehen, werden ganze Familien geschlossen in die Stadt abwandern (z. B. Nord-Afrika im Gegensatz zu Tropisch-Afrika)[47]. Für andere Länder ist ein relativ hoher Anteil der männlichen Wanderungsbevölkerung charakteristisch. Damit ändert sich auch die Zusammensetzung der Stadtbevölkerung. In Kalkutta z. B.[48] verhält sich

---

analyse und Regionalpolitik im Ibero-Amerikanischen Raum, Heft 9, Göttingen 1970, S. 20. *Dollfus,* O.: Remarques sur quelques aspects de l'urbanisation péruvienne, in: Civilisations 16, 1966, 338 - 353.

[44] *Blake,* G. H.: „Urbanisation in North Africa", a.a.O., S. 6. Die Zugewanderten sind in diesem Fall nicht in der Region geboren, aus der sie abgewandert sind.

[45] *El Aouani,* M.: Les populations rurales de la région de Tunis, in: Revue Tunisienne de Sciences Sociales, 7. Jg., Nr. 23, 1970, 39 - 90, S. 84. *Damette-Groupe 8:* Les migrations dans la région minière du sud, in: Revue Tunisienne de Sciences Sociales, 7. Jg., Nr. 23, 1970, 175 - 207, S. 195.

[46] *Breese,* G.: „Urbanization in Newly Developing Countries", a.a.O., S. 76.

[47] *Blake,* G. H.: „Urbanisation in North Africa", a.a.O., S. 6. *Bchir,* M.: Croissance démographique du gouvernorat de Tunis 1956 - 1966, in: Revue Tunisienne de Sciences Sociales, 7. Jg., Nr. 23, 1970, 15 - 38. Die Wanderungsgewinne afrikanischer Städte werden untersucht bei: *Hance,* W.: Population Migration and Urbanization in Africa, London 1970. *United Nations Economic and Social Council, Economic Commission for Africa:* Notes sur la situation démographique en Afrique. E/CN. 14/POP. 6, 17. 4. 1964, Addis Abeba 1967. *United Nations Economic and Social Council, Economic Commission for Africa:* The demographic situation in Africa, Session I & II. E/CN. 14/POP. 44, 10. 11. 1971. *Deshmukh,* M. B.: A Study of Floating Migration, in: *Forde,* D. (Hrsg.), Social Implications of Industrialization and Urbanization in Africa South of the Sahara, 1956, S. 143 ff. *Mitchell,* J. C.: Urbanization, Detribalization, and Stabilization in Southern Africa: A Problem of Definition and Measurement, in: *Forde,* D. (Hrsg.), „Africa South of Sahara", a.a.O., 693 - 711, S. 703.

[48] *Rosser,* C.: Urbanization in Eastern India", a.a.O., S. 9. Zur Bevölkerungswanderung in Asien siehe: *Hauser,* Ph. M. (Hrsg.): Urbanization in Asia and the Far East. Proceedings of the joint UN/UNESCO seminar, in cooperation with the International Labor Office, „Urbanization in the ECAFE Region, Bangkok, August 8 - 18, 1956", Calcutta 1957. *Lefeber,* F., *Datta-Chaudhuri,* M.: „Regional Development", a.a.O. *Chandrasekhar,* S.: India's Population, Fact and Policy. Indian Institute for Population Studies, Annamalai University, Chidambaram 1950. Für den Südamerikanischen Raum sind vor allem zu nennen: *Hauser,* Ph. M. (Hrsg.): „Urbanization in Latin America", a.a.O. *United Nations Economic and Social Council, Economic Commission for Latin America:* Preliminary

die männliche Bevölkerung zur weiblichen wie 65 : 35. Obwohl vorübergehende Besuche der Abgewanderten in ihrem Heimatdorf oder Stammesgebiet nicht ausgeschlossen sind, ist jedoch eine endgültige Rückwanderung aus der Stadt relativ selten.

Die motivationalen Determinanten dieser Wanderungsbewegungen sind vor allem der natürliche Bevölkerungsdruck der ländlichen Regionen (Knappheit an kultivierbarem Boden[49], saisonale Beschäftigungsschwankungen in der Landwirtschaft[50], geringe Beschäftigungsmöglichkeiten in Verwaltung und Industrie, allgemeine Unterbeschäftigung, Unterernährung), die erwartete Befriedigung von Bedürfnissen, die über Informationsmedien oder durch Kontakte mit der Stadtbevölkerung entstanden sind (z. B. höheres Einkommen, Ausbildungsmöglichkeiten[51], Konsumwünsche, soziale Freiheiten, soziales Prestige[52]) und persönliche Erlebnisse (Militärdienstzeit, zivile Unruhen[53]). Die Landflucht wird auch dadurch erleichtert, daß die Institution der Großfamilie[54] enge Beziehungen zwischen den Verwandten auch dann unterhält, wenn einzelne Familienangehörige in die Stadt gezogen sind. Für den Dorfbewohner besteht nunmehr ein stärkerer Anreiz, ebenfalls in die Stadt zu ziehen, wo ansässige Verwandte zur Hilfeleistung verpflichtet sind; wahrscheinlich überwiegen jedoch die oben genannten Faktoren, da das System der Großfamilie schon immer bestanden hat, eine Landflucht in größerem Ausmaße aber erst seit 1930 vorliegt[55].

Study of the Demographic Situation in Latin America. E/CN. 12/604, New York 1961. *Miró*, C. A.: The Population of Latin America, in: Demography 1, 1964, 21 - 24. *Ducoff*, L. J.: The Role of Migration in the Demographic Development of Latin America, in: The Milbank Memorial Fund Quarterly 43, 1965, Heft 4, Teil 2. *Rycroft*, S.: A study of urbanization in Latin America, New York 1964. *Schirmer*, P., *Teismann*, R.: Aspekte des Verstädterungsprozesses in Entwicklungsländern, Göttingen 1968.

[49] Niedriger Koeffizient Kulturfläche zu Bevölkerung. *Hauser*, Ph. M. (Hrsg.): „Urbanization in Asia and the Far East", a.a.O., S. 34.

[50] Häufig ist der Prozentsatz der Saisonarbeiter höher als der der Dauerbeschäftigten im landwirtschaftlichen Sektor. *El Aouani*, M.: „Les populations rurales", a.a.O., S. 54.

[51] Eine Katalysatorfunktion übt hier die auf dem Lande bereits erhaltene Schulbildung aus. *Attia*, H.: Croissance et migrations des populations saheliennes, in: Revue Tunisiene de Sciences Sociales, 7. Jg., Nr. 23, 1970, 91 - 118. Siehe auch: *Moreira*, J. R.: Education and Development in Latin America, in: *De Vries*, E., *Echevarría*, J. M. (Hrsg.): Social Aspects of Economic Development in Latin America, Bd. 1, Paris 1963, 308 - 344.

[52] Siehe z. B. die soziale Bedeutung der Ausdrücke „vecinos" und „campesinos". *Preston*, D. A.: Life without landlords on the Altiplano, in: Geogr. Magazine 41, 1969, 819 - 827, S. 823.

[53] z. B. in Indonesien nach dem Sturz Sukarnos die Flucht der chinesischen Händler in die Städte.

[54] Die Großfamilie bietet noch eine größere soziale Sicherheit als andere Institutionen der Sozialversicherung. *Whyte*, W. F., *Holmberg*, A. R.: Human Problems of U.S. Enterprise in Latin America, Ithaca/N. Y. 1957, S. 5.

[55] *Breese*, G.: „Urbanization in Newly Developing Countries", a.a.O., S. 82.

B. Merkmale der Flächennutzung in Entwicklungsländern

Die Land-Stadt-Wanderung erfolgt also nicht aus ökonomisch-rationalen Gründen. Zwar versucht der Migrant, sich dem Existenzdruck der Unterbeschäftigung und Unterernährung auf dem Lande zu entziehen, andererseits ist er sich durchaus der geringen Aussicht auf Beschäftigung und Anpassung in der Stadt bewußt. Freiheitsgrade der Entwicklung des landwirtschaftlichen Sektors werden zudem nicht genutzt. Deshalb ist anzunehmen, daß der irrationale Demonstrationseffekt „*der* Stadt" das auslösende Moment der Binnenwanderung ist[56].

c) Sonstige Ursachen

In der Vergangenheit spielte die Einwanderung vom Ausland eine entwicklungspolitisch bedeutsame Rolle. Häufig stellten die Einwanderer eine ausgewählte Bevölkerungsgruppe mit höherem Wissenskapital dar[57] als es dem einheimischen Bildungsniveau entsprach. Der größte Teil dieser Einwanderungsgruppe ließ sich in den Großstädten nieder[58]. Eine Besiedlung ländlicher Regionen bildet die Ausnahme[59].

Im Gegensatz zu den Industrieländern des 19. Jahrhunderts ist in den heutigen Entwicklungsländern das Ventil der Auswanderung nicht gegeben.

Nicht nur zivile Unruhen, sondern auch internationale Konflikte können einen Flüchtlingsstrom in die Städte auslösen[60]. Im Gegensatz zu vielen Flüchtlingsbewegungen in der europäischen Geschichte[61] handelt es sich

---

[56] Im Gegensatz hierzu: *Myrdal*, G.: „Asian Drama", a.a.O., S. 2139. In den Industrieländern dagegen konnte selbst eine bereits hochentwickelte Landwirtschaft den ländlichen Bevölkerungsdruck nicht mehr auffangen.

[57] *Browning*, H. L.: Urbanization and Modernization in Latin America. The Demographic Perspective, in: *Beyer*, G. H. (Hrsg.), „The Urban Explosion in Latin America", a.a.O., 71 - 116, S. 88.

[58] So z. B. die italienischen und spanischen Einwanderer in Buenos Aires. *Hilhorst*, J. G. M.: „Regional Planning in North West Argentina", a.a.O., S. 4.

[59] Wie z. B. im Falle der europäischen Siedler in Kenia und Südafrika. *Forde*, D.: Social Aspects of Urbanization and Industrialization in Africa: A General Review, in: *Forde*, D. (Hrsg.), „Africa South of Sahara", a.a.O., S. 48 f.

[60] Von den 3,2 Mill. pakistanischen Flüchtlingen im indischen Pandschab verblieb nahezu die Hälfte in Städten, so daß die Urbanisierungsquote dieser Region von 18,6 % im Jahre 1941 auf 25 % im Jahre 1951 anstieg. *Chawla*, I. N.: Urbanization of the Punjab Plains, in: Indian Geographer, Dec. 1958, 30 - 38. *Singh Gosal*, G.: Urbanization in Punjab (India) 1921 - 1961, in: Tijdschr. v. Econ. en Soc. Geogr. 57, 1966, 104 - 112. Für Uganda, Burundi und den Kongo (alle 1964) werden Flüchtlingszahlen jeweils in Höhe von 100 000, 80 000 und 40 000 genannt. Ein Teil des Flüchtlingsstromes konnte auch hier nur in den Städten unterkommen. Das gleiche gilt gegenwärtig für die Konurbation Kalkuttas, die schätzungsweise 9 Mill. ostpakistanische Flüchtlinge auffangen muß. *Döhnhoff*, M.: Droht ein Krieg in Asien?, in: Die Zeit, 26. Jg., 1971, Nr. 46 vom 12. 11. 1971, S. 1.

[61] Die Hugenotten erhielten vor allem in Berlin und im Ruhrgebiet Asyl. 10 % aller Industrieunternehmen Londons wurden von Flüchtlingen aus dem

in den Entwicklungsländern vorwiegend um die ärmsten Bevölkerungsschichten, die fliehen und keine speziellen Fertigkeiten und Kenntnisse mitbringen.

Die natürliche Wachstumsrate der Stadtbevölkerung ist keine autonome Größe, sondern wird ihrerseits wesentlich durch die Binnenwanderung beeinflußt. Einerseits kann die Land-Stadt-Wanderung einen starken Überhang der männlichen Stadtbevölkerung und damit eine geringere Wachstumsrate als auf dem Lande bewirken[62], andererseits kann sie die in den Industrieländern beobachtete Abnahme der Fruchtbarkeit aufgrund des Verstädterungsprozesses durch das Fertilitätsverhalten der zugewanderten, nicht angepaßten Landbevölkerung mit relativ hohen Fertilitätsraten überkompensieren[63, 64]. Eine Senkung der Fertilitätsrate der Stadtbevölkerung durch Geburtenkontrolle konnte bisher noch nicht mit ausreichender Sicherheit nachgewiesen werden, obwohl manche Autoren es unterstellen[65].

Diese explosionsartige Entwicklung der städtischen Einwohnerzahlen kann nicht ohne Einfluß auf die Nutzung der einzelnen Flächentypen bleiben.

II. Flächennutzung für Wohnzwecke

Die insbesondere auf die größeren Städte gerichtete Binnenwanderung führt hier zu einer relativ hohen Bebauungs- und Belegungsdichte und ist die Ursache für ein chronisches Wohnraumdefizit.

1. Typisch für viele Wohnflächen ist die große Anzahl strukturlos angeordneter, oft illegaler, „provisorischer" Dauerunterkünfte oder Be-

---

nationalsozialistischen und kommunistischen Machtbereich gegründet. *Keeble, D.*: The proper place for industry, in: Geogr. Magazine 41, 1969, 844 - 855, S. 852.

[62] So z. B. in vielen Teilen Südasiens. *Hauser*, Ph. M. (Hrsg.): „Urbanization in Asia and the Far East", a.a.O., S. 107 ff.

[63] *United Nations Department of Economic and Social Affairs:* 1963 Report on the World Social Situation, New York 1963, S. 17. *Tabah, L.*: Plan de recherche de 7 enquêtes comparatives sur le fécondité en Amérique Latine, in: Revue Population No. 1, 1964, 95 - 126.

[64] Die Fertilitätsraten sind sogar örtlich nach Stadtteilen genau unterscheidbar. *Bchir, M.*: La fécondité légitime à Tunis, in: La fécondité des ménages à Tunis. Cahiers du C.E.R.E.S., Série démographique, No. 3, Tunis 1969, 67 - 83, S. 72.

[65] So z. B. *Browning*, H. L.: „Urbanization and Modernization", a.a.O., S. 88. Siehe auch: *Tabah, L.*: La contraception dans le tiers monde, in: Revue Population, No. 6, 1967. Zur Problematik der statistischen Erhebung und Schätzverfahren siehe: *United Nations:* Methods of Estimating Basic Demographic Measures from Incomplete Data. Manual IV, ST/SOA/Series A/42 (Sales No. 67. XIII. 2), New York 1967. Familienplanungsprogramme werden untersucht bei: *Baade, F., Kartsaklis, R.*: Die Bevölkerungsexplosion in den Entwicklungsländern. Forschungsinstitut für Wirtschaftsfragen der Entwicklungsländer e. V., Bonn 1969.

Tabelle 5

**Durchschnittliche Wasserversorgung 1963
in Thailand nach Versorgungsart und Region**

Versorgungsart, Region	v. H. der Haushalte je Region
Haushalte mit Wasserleitung[a]	
in Bangkok/Thonburi	69,5
in den übrigen Städten	21,5
auf den Dörfern	0,4
Haushalte, die Wasser kaufen	
in Bangkok/Thonburi	16,3
in den übrigen Städten	8,8
auf den Dörfern	1,0
Haushalte, die Wasser den Gewässern entnehmen	
in Bangkok/Thonburi	8,7
in den übrigen Städten	67,3
auf den Dörfern	97,1
Haushalte, die sich Wasser auf andere Art und Weise beschaffen[b]	
in Bangkok/Thonburi	5,5
in den übrigen Städten	2,4
auf den Dörfern	1,5

a) Die Anzahl aller Haushalte in Thailand beträgt 5 528 000, darunter 232 336 mit Wasserleitung.

b) Wasserversorgung z. B. durch Auffangen und Bevorraten von Niederschlägen in großen, 100 und mehr Liter fassenden Keramikbehältern.

Quelle: Weber, K. E. und Storz, H.-U.: Entwicklung und Entwicklungspolitik in Thailand, Teil 1, Südasien — Institut der Universität Heidelberg, Heidelberg 1969, II. D. 8. e. 1; (aus: *National Statistical Office:* Statistical Yearbook Thailand 1966, Bangkok 1968, Tab. 12 u. Tab. 227).

helfsbauten (Slums)[66]. Die Komplementarität dieser Flächen zu anderen Nutzungszonen ist enger als es bei anderen Wohnflächen mit geregelten Wohnverhältnissen der Fall ist. Die Gründe hierfür liegen vor allem in einer Verkürzung der Arbeitswege bei der täglichen Arbeitssuche und in der Erwartung, in Zentrumsnähe einen Wohnungsersatz für den Slum

---

[66] In Lima leben z. B. 1/4, in Brasilien 2/3 und in Calcutta 1/4 der Einwohner in Slums; in Delhi waren es 1959 noch 12,5 % und in Mexico City 1952 noch 59 %, die in Notunterkünften wohnten. *Sánchez,* L. A.: Urban Growth and the Latin American Heritage, in: *Beyer,* G. H. (Hrsg.), „Urban Explosion", a.a.O., 1 - 16, S. 8. *Austin,* A. G., *Lewis,* S.: Urban Government for Metropolitan Lima, London, New York 1970. *Crease,* D.: Brasilia becomes a capital city, in: Geogr.

finden zu können. Deshalb bilden diese Wohnstätten nicht immer eine einheitlich kompakte Nutzungszone, sondern sind oft inselförmig inmitten anderer Nutzungszonen lokalisiert[67], und zwar meistens in unmittelbarer Nähe gewerbemäßig genutzter Flächen auf unbebauten Grundstücken, auf Bahnhöfen, in öffentlichen Parks, auf Bauplätzen, auf steilen Anhöhen, entlang der wichtigsten Verkehrsadern[68]. In der Regel handelt es sich um Einraumunterkünfte mit hoher Belegungsdichte, niedrigem Wohnstandard, unzureichenden oder überhaupt keinen sanitären Einrichtungen, ohne Anschluß an das öffentliche Versorgungsnetz (Tabelle 5, insbes. Anmerkung a). Bewohnt werden die Slum-Siedlungen vorwiegend von der zugewanderten Landbevölkerung, die weder in die städtische noch in die ländliche Gesellschaft integriert ist. Die Integration scheitert gewöhnlich daran, daß keine oder keine gleichmäßigen Verdienstmöglichkeiten für diese Bevölkerungsgruppe gegeben sind. Die Slums werden damit zur Schlafstätte degradiert. Tagsüber geht die männliche Bevölkerung auf Arbeitssuche, während die Kinder auf der unbefestigten Straße spielen und die Frauen zum Einkaufen und zum Wasserholen gehen. Oft müssen dabei relativ lange Wege zurückgelegt werden, da in den Slumgebieten weder Einkaufsläden noch Wasserstellen vorhanden sind, und der Verkauf an der Tür vielfach durch Handelsverbote untersagt wurde. Folgende Slum-Typen können unterschieden werden:

(1) Callampa-Typ, oft auch bezeichnet als favela, villa miseria, rancho, barriada, jacales, busti[69]. Diese aus heterogenem Baumaterial (z. B. Matten, Wellblech, Bretter, Zementblocksteine) errichteten Blechkanisterstädte sind Einraumkonstruktionen ohne sanitäre Anlagen. Sie liegen an der Stadtperipherie oder sind als illegale Landbesetzung über das Stadtgebiet verstreut. Ein Mietzins ist für sie nicht zu entrichten.

Magazine 41, 1969, 419 - 428, S. 428 (hier allerdings von den übrigen städtischen Nutzungszonen getrennte Slums, die nunmehr als Subzentrum ausgebaut werden, z. B. Taguatinga und Núcleo Bandeirante). *Calcutta Metropolitan Planning Organisation:* Basic Development Plan for Metropolitan Calcutta, Calcutta 1966. *Delhi Development Authority:* Draft Master Plan for Delhi, Bd. 1, a.a.O., S. 115. *Ahmad,* Q.: Indian Cities: Characteristics and Correlates. University of Chicago, Department of Geography Research Paper No. 102, Chicago 1965. *Murphey,* Rhoads: Urbanization in Asia, in: Ekistics 21, 1966 (122), 8 - 17. *Morse,* R. M.: „Recent Research", a.a.O., S. 50 f. *Davies,* R. L. et al.: Cities. A Scientific American Book, London 1967.

[67] Man kann also nicht einfach unterstellen, wie Alonso dies tut, daß die Slums in Entwicklungsländern an der Peripherie der Städte liegen (während sie in den USA zentral im Stadtkern liegen). *Alonso,* W.: The Form of Cities in Developing Countries, in: Reg. Sc. 13, 1964, 165 - 173, S. 166.

[68] Teilweise bestehen auch substitutive Flächenbeziehungen; beachte z. B. die auf den Straßen nächtigende Bevölkerung ohne Wohnraum.

(2) Conventillo-Typ, auch vecindad, cortico, callejon genannt[69]. Hierbei handelt es sich um Mietshäuser mit Einraumwohnungen für jede Familie und sanitären Einrichtungen pro Haus, die gemeinschaftlich benutzt werden. Die meisten dieser Renditeobjekte liegen in den älteren Stadtteilen.

(3) Hüttensiedlungen aus Lehm und Stroh oder Wellblech sind fast ausnahmslos als Slums zu bezeichnen. Die Einraum- oder Mehrraumhütten werden von Untergruppen derselben Großfamilie oder auch von verschiedenen Familien bewohnt. Häufig ist vor der Hütte ein Kochplatz mit Feuerstelle angelegt. Da hier Brot gebacken werden kann, ist die unmittelbare Versorgungslage weniger knapp als im Falle des Callampa-Typs.

2. Die Wohnzonen, die trotz ihrer minderwertigen Qualität[70] nicht als Slums bezeichnet werden können und in der Regel an das öffentliche Versorgungsnetz angeschlossen sind (Tabelle 6), zeigen eine gemischte Flächennutzung (Kleinstbetriebe, Verkaufsflächen), eine heterogene Flächenaufteilung und eine heterogene Bebauung (Tabelle 7 a - b). Die Gebäude sind höchstens 1 bis 2 Stockwerke hoch und die Grundstücksparzellen unterschiedlich groß, so daß sich diese Wohnzone trotz hoher Belegungsdichte (Tabelle 8) über eine relativ weite Fläche erstreckt. Wegen der Materialeinsparungen beim Bau und der unregelmäßigen Instandsetzung fällt der Wohnungsstandard jedoch relativ schnell[71], so daß ein großer Teil des gesamten Wohnungsbaus dieser Viertel aus Ersatzinvestitionen besteht.

---

[69] *Browning*, H. L.: „Urbanization and Modernization", a.a.O., S. 102. *Crease*, D.: Dynamic city that nobody loves, in: Geogr. Magazine 41, 1969, 615 - 623, S. 619.

[70] Die minderwertige Qualität dieser Bauten wird nicht als solche von ihren Bewohnern empfunden. Es besteht deshalb wenig Neigung, bei nur geringem Mehrverdienst Ausbesserungen vorzunehmen oder in qualitativ bessere Wohnungen umzuziehen. *Alonso*, W.: „The Form of Cities in Developing Countries", a.a.O., S. 168 und 170.

[71] *Morse*, R. M.: „Recent Research", a.a.O., S. 52 f. *Turner*, J. C.: A New View of the Housing Deficit", in: *Frankenhoff*, Ch. A. (Hrsg.), Housing Policy for a Developing Latin Economy, Rio Piedras/Puerto Rico 1966. *Dietz*, A. G. H., *Koth*, M. N., *Silvo*, J. A.: Housing in Latin America, Cambridge/Mass. 1965. *Buy*, J.: Bidonville et ensemble moderne, in: Bulletin Economique et Social du Maroc, Sept. 1966, 71 - 122. Interregional Seminar on Development Policies and Planning in Relation to Urbanization, Uncontrolled Urban Settlement: Problems and Policies, Working Paper No. 11, University of Pittsburgh, Oct. 24 to Nov. 7, 1966 (prepared for the *United Nations Centre for Housing, Building and Planning*), o. J. Anbauten, Umbauten und Bauunterbrechungen sind häufig anzutreffen: *Kassab*, A.: Trois types de quartiers populaires à Béjà, in: Revue Tunisienne de Sciences Sociales, 8. Jg., Nr. 24, 1971, 99 - 120, S. 115. *Trabelsi*, M.: La dynamique urbaine: exemple de la ville de Maharès, in: Revue Tunisienne de Sciences Sociales, 8. Jg., Nr. 24, 1971, 121 - 161.

Tabelle 6
Qualitätsstruktur des genutzten städtischen[a]) Wohnungsbestandes[b]) in ausgewählten Ländern

Land und Jahr der Volkszählung (bzw. Mikrozensus)	Anteil der Wohnungen (in v. H.) mit					
	fließend Wasser		Toilette		ein- gebaute Bade- wanne oder Dusche	elektr. Licht
	inner- halb od. außer- halb d. Wohng.	inner- halb d. Wohng.	mit od. ohne Wasser- spülung	mit Wasser- spülung		
Algerien 1954	99,7	67,4	...	96,3	18,1	83,9
Marokko 1960	58,7	...	92,5	...	21,5	85,4
Nigeria 1961	...	...	95,0	7,0	...	81,3
Sudan 1964/65	95,8	78,8	94,1	...	49,4	55,2
Guatemala 1964	70,1	29,9	70,6	25,7	31,0	56,0
Mexiko 1960	...	...	78,6	...	...	...
Argentinien 1960	60,3	...	94,3	76,6	...	86,6
Brasilien 1969	63,9	54,0	81,3	58,7	58,1	78,7
Chile 1960	78,9	...	...	...	80,7	86,3
Kolumbien 1964	89,0	75,6	91,9	80,3	33,3	88,0
Peru 1961	43,7	30,2	55,3	45,3	...	50,7
Iran 1966	57,4	37,8	...	...	...	68,6
Syrien 1961/62	76,7	...	97,6	...	...	87,7
Türkei 1965	50,9	...	...	89,2	47,4	68,6
Frankreich 1968	97,5	96,5	66,5	63,4	57,4	99,4
BRD 1960	...	99,5	...	96,3	70,2	100,0
England und Wales 1961	93,5	99,5	...	95,8	79,1	...
Nordirland 1966	...	98,2	...	98,7	59,0	...
USA 1960	99,4	98,9	...	98,1	96,3	...

a) Je nach Land unterschiedliche Definition der Stadt; siehe: *United Nations, Demographic Yearbook 1963*, Tab. 5 und *United Nations: Demographic Yearbook 1964*, Tab. 27.

b) Ausnahmslos dauerhafte Wohnungen konventionellen Typs.

Quelle: Zusammengestellt nach *Statistical Office of the United Nations, Department of Economic and Social Affairs: Statistical Yearbook 1970*, New York 1971, S. 718—737.

B. Merkmale der Flächennutzung in Entwicklungsländern

Tabelle 7a: **Verteilung von Wohneinheiten in Stadt- und Landgebieten nach Hausform und Art des verwendeten Baumaterials 1966 in Thailand (in v.H.)**

Haustyp und Baumaterial	Stadtgebiete[a]							Landgebiete					
	Bangkok/ Thonburi	Nord- Region	Ost- Region	Nordost- Region	Zentral- Region	Süd- Region	Thai- land	Nord- Region	Ost- Region	Nordost- Region	Zentral- Region	Süd- Region	Thai- land
Haustyp													
Einzelhaus	54,0	73,9	53,5	59,2	57,7	37,3	57,9	97,4	92,8	96,6	89,9	92,5	94,7
Reihenhaus	35,5	10,4	22,6	28,9	21,2	44,3	24,7	0,6	3,0	1,1	3,3	2,8	1,8
Geschäftsh.	9,0	13,5	22,5	9,7	17,7	17,5	15,2	1,7	4,2	0,5	4,5	4,3	2,3
andere	1,5	2,2	1,4	2,2	3,4	3,4	2,2	0,3	—	1,8	2,3	0,4	1,2
Baumaterial Rohbau													
Stein & Beton	28,0	4,9	3,8	5,3	1,3	6,1	4,2	0,5	0,6	—	—	1,1	0,3
Teak		28,9	3,1	4,7	2,6	3,1	9,5	35,6	1,6	0,7	6,8	1,5	10,1
and. Holz	69,6	55,4	90,8	85,5	86,6	79,3	77,9	39,9	78,6	67,0	53,1	60,7	57,8
Bambus		7,4	0,6	—	3,7	3,5	3,4	21,8	8,2	16,6	21,2	20,1	18,7
anderes	2,4	3,4	1,7	4,5	5,8	8,0	5,0	2,2	11,0	15,7	18,9	16,6	13,1
Hausdach													
Ziegel	95,0	35,3	29,1	6,4	23,2	60,7	29,5	14,5	22,0	0,8	8,5	37,9	11,6
Blech	—	35,3	56,0	71,1	59,7	20,0	49,1	24,2	33,2	38,2	39,2	11,8	31,5
Stroh	—	1,1	14,2	1,7	15,8	17,9	9,3	5,4	20,8	3,4	40,9	48,9	18,3
anderes	5,0	28,3	0,7	20,8	1,3	0,5	12,1	55,9	24,0	57,6	11,3	1,4	38,6
Latrinen													
Becken	94,0	54,2	65,8	61,0	76,9	37,7	59,8	9,2	9,8	2,0	15,4	5,8	7,3
Kübel	—	1,5	0,7	2,5	0,7	9,7	2,9	0,1	0,2	—	2,6	0,2	0,6
Erdloch	—	38,4	23,9	23,4	15,2	25,7	25,3	57,3	64,5	8,0	51,3	17,8	32,7
andere	6,0	5,9	9,6	13,1	7,2	26,9	12,0	33,4	25,5	90,0	30,7	76,2	59,4

a) Unter die als „Städte" klassifizierten Gemeinden fallen auch größere Marktorte mit Verwaltungssitz.

Quelle: Weber, K. E. und Storz, H.-U.: Entwicklung und Entwicklungspolitik in Thailand, Teil 1, Südasien — Institut der Universität Heidelberg, vervielf. Manuskript, Heidelberg 1969, II. D. 8. j.—3—.

Tabelle 7 b
**Verteilung von Wohneinheiten in Stadt- und Landgebieten
nach Art des verwendeten Baumaterials 1966 in Iran**

Materialkombination	Stadtgebiete	Landgebiete	Iran
1. Stahlbeton, Stein und Eisen, ofengetrocknete Ziegel und Eisen	33,0	1,1	11,7
2. Eisen und Holz	23,4	1,6	8,9
3. Stein und Holz, luftgetr. Ziegel und Holz, luftgetr. Ziegel und Lehm, Holz, Stroh, etc.	43,6	97,3	79,4
Insgesamt	100,0	100,0	100,0

Quelle: Deutsche Orient-Stiftung: Entwicklung und Entwicklungspolitik in Iran. Vervielf. Manuskript, Hamburg 1970, S. 110, Tab. 80 (aus: National Census of Population and Housing, Iranian Statistical Centre, November 1966, Vol. No. CLXVIII, Teheran 1968).

3. Die hochwertigen Wohnflächen liegen entweder in den städtischen Außenbezirken oder in Stadtkernnähe[72]. Sie sind systematisch und weiträumig angelegt. Kennzeichnend sind breite Straßenzüge, mehrgeschossige Gebäude, Einfamilienwohnungen, Grünflächen, Bungalows in den Außenbezirken, eine relativ geringe Einwohnerdichte, aber auch das

---

[72] Sofern es sich nicht um neue, in jüngster Zeit angelegte Siedlungszonen in den Außenbezirken handelt, sind es die alten europäischen Wohnviertel der Kolonialzeit. Letztere wurden an der Peripherie der Eingeborenenstädte errichtet, sofern ältere Stadtkerne schon vorhanden waren (z. B. in Indien oder Ägypten), oder liegen im heutigen Stadtzentrum, sofern einheimische Städte nicht existierten (z. B. in Latein-Amerika und in Teilen Afrikas). Erwähnenswert sind in diesem Zusammenhang die unter Karl V. und Philipp II. in den Königlichen Generalinstruktionen vom Jahre 1521, im Real Cedula vom Jahre 1576 und in den Leyes de Indias niedergelegten Siedlungsprinzipien. Demnach wurde bei den Städtegründungen der Conquista nach hellenischer Grundrißbildung verfahren (Agora und rechtwinkeliges Schachbrettsystem von Hippodamos von Milet im 5. vorchristlichen Jahrhundert) und zuerst der Standort eines rechteckigen Hauptplatzes (plaza) festgelegt, um den herum in funktioneller Anordnung das Rathaus, das Regierungsgebäude, die Kathedrale, das Gericht, die Schule, das Kloster und die Häuser der angesehenen Familien und Händler lagen. Der große Freiraum des Platzes hatte zugleich architektonische und urbane Aufgaben zu erfüllen (z. B. Betonung der Platzfronten und der Stadtachsen, zentrale Orientierung, systematische Stadtplanung). Das angrenzende Gebiet wurde in quadratische Baublöcke von 10 000 m² (manzanas, quadros) gegliedert, die ihrerseits in 4 Teile zerfielen. Jeder Block wurde von breiten geradlinigen Parallelstraßen begrenzt, die ihrerseits möglichst unter Berücksichtigung des Sonneneinfalls und der Windrichtung angelegt wurden. Vereinzelte Ausfallstraßen führten ins Landesinnere oder ggf. zum Meer (z. B. Lima-Callao). Der besondere Vorteil dieses Blocksystems war, daß es durch Aneinanderfügen neuer Blöcke strukturgerecht erweitert werden konnte. Heute ist diese Struktur nach vielfachen Umbauten (z. B. Radialform in Buenos Aires) nur noch in Ansätzen erkennbar. Siehe hierzu: *Egli*, E.: Geschichte des Städtebaus, Zürich, Stuttgart 1962.

B. Merkmale der Flächennutzung in Entwicklungsländern 95

Tabelle 8: **Durchschnittliche Haushaltsgröße, Anteil der Mieterhaushalte, Wohnungsgröße und Belegungsdichte des genutzten städtischen[a]) Wohnungsbestandes[b]) in ausgewählten Ländern**

Land und Jahr der Volkszählung (bzw. Mikrozensus)	Durchschnittl. Haushaltsgröße (Personen je Haushalt)	Mietverhältnisse in v. H.		Durchschnittl. Anzahl d. Räume je Wohng.	Wohnungsgröße — Anteil d. Wohnungen (in v. H.) mit ... Räumen				Durchschnittl. Belegungsdichte	Belegungsdichte — Anteil d. Wohnungen (in v. H. mit ... Personen je Wohnraum)			
		Eigenwohnerhaushalte	Mieterhaushalte		1—2	3—4	5—6	7 u. mehr		unter 1,5	1,5 u. m.	2,0 u. m.	3,0 u. m.
Algerien 1954	4,3	32,6	...	2,3	60,8	**33,7**	4,3	1,2	...	28,1	71,9	...	...
Marokko 1960	...	8,0	58,8	2,6	57,1	33,5	9,4	—	2,1	16,1	83,9	57,9	31,1
Nigeria 1961	3,9	...	80,9	1,4	92,8	...	7,2	—	3,0	...	...	61,2	41,3
Tanzania 1958	5,5	...	...	2,1	66,9	29,2	3,1	0,8	1,8	...	...	...	...
Sudan 1964/65	...	42,3	46,6	2,2	...	...	...	...	2,5	...	...	...	...
Guatemala 1964	5,2	69,3	12,5	2,7	61,9	21,7	9,3	7,2	1,9	34,6	...	65,4	43,1
Mexiko 1960	5,3	43,9	51,9	2,2	**70,8**	19,8	6,0	3,5	2,6	24,7	75,3	67,6	47,4
Argentinien 1960	3,5	61,7	31,6	3,2	36,5	46,3	17,2	—	1,3	56,0	44,0	29,0	12,0
Brasilien 1969	4,8	56,3	34,3	4,7	10,9	38,6	34,8	15,7	1,0	77,8	22,2	11,8	2,8
Chile 1960	5,2	38,4	49,4	3,3	37,9	36,9	25,1	—	1,6	44,8	55,2	40,2	19,4
Kolumbien 1964	...	54,1	38,8	3,4	36,3	...	...	63,7	...	...	...	...	...
Peru 1961	4,8	39,4	44,7	2,7	58,8	27,1	9,3	4,8	**2,0**	34,3	65,7	55,3	33,7
Indien 1960	5,2	46,2	53,7	1,9	78,4	15,8	5,8	—	2,6	...	...	...	...
Indonesien 1961	4,9	...	...	1,7	81,9	15,3	2,8	—	...	...	...	...	...
Iran 1966	4,9	54,9	33,4	3,5	36,3	39,4	16,5	7,8	2,2	23,5	76,5	67,4	42,8
Pakistan 1960	5,5	48,8	34,2	1,8	81,2	14,1	3,1	1,5	3,1	14,6	85,4	80,4	59,0
Syrien 1961/62	6,0	...	...	2,9	45,3	40,1	13,3	1,4	2,1	24,0	76,0	62,0	36,4
Türkei 1965	5,3	49,3	47,6	2,5	58,2	35,8	4,9	1,0	2,0	29,3	70,7	56,9	29,2
Frankreich 1968	3,0	37,5	50,8	3,2	31,8	51,7	13,7	2,7	0,9	80,4	19,6	10,3	2,7
England und Wales 1961	3,0	42,8	52,4	4,7	4,6	37,6	51,0	6,9	0,7	97,0	3,0	...	...
Nordirland 1966	3,5	32,6	66,1	4,7	2,0	45,3	45,1	7,7	0,8	...	...	...	...
USA 1960	3,2	58,3	41,7	4,8	7,2	33,3	45,3	14,2	0,6	...	...	...	...

a) Je nach Land unterschiedliche Definition der Stadt; siehe: *United Nations*, Demographic Yearbook 1963, Tab. 5. — b) Ausnahmslos dauerhafte Wohnungen konventionellen Typs.

Quelle: Zusammengestellt nach *Statistical Office of the United Nations, Department of Economic and Social Affairs*: Statistical Yearbook 1970, New York 1971, S. 718—737. Ders.: Demographic Yearbook 1964, Tab. 27.

Fehlen eines Subzentrums, da Nachfolgeeinrichtungen des ökonomischen und kulturellen Bedarfs ausgegliedert sind. Bewohnt wird diese Zone von einem nur geringen Bevölkerungsteil, insbesondere von Inländern und Ausländern der höheren Einkommensklassen.

4. Durch öffentliche Sonderbauprogramme werden oft geschlossene Siedlungen für Regierungsangestellte errichtet (Tabelle 9). Diese Wohnstätten liegen abseits vom Verwaltungszentrum, sind losgelöst von den vorhandenen Versorgungseinrichtungen und nicht in die angrenzenden Bezirke integriert[73]. Die Einweisung in die bereitgestellten Wohnungen erfolgt nach Dienstgrad und Einkommensgruppe. Gemischte Nutzungszonen bilden dagegen die inmitten des Wohnsektors gelegenen Kasernen mit eigenem Versorgungszentrum und Truppenübungsplätzen.

Tabelle 9

Verteilung von öffentlichen Ausgaben für Bauprojekte unter dem 4. Entwicklungsplan in Iran (in Mill. Rial)

Bereich	Bereitstellung im Planbudget	realisierte Ausgaben 1968/69
a) Regierungsbauten	16 107	3 072
davon Überträge aus dem 3. Plan	(2 310)	
Armeegebäude	(11 000)	
öffentl. Neubauten	(2 797)	
b) Wohnungsbau	3 993	253
davon 5022 Einheiten für Polizeibehörden	(1 798)	
2302 Einheiten für sonst. Behörden	(1 562)	
770 Einheiten sozialer Wohnungsbau	(133)	
für Slumbeseitigung	(500)	
c) Kredite der Bank Rahnî Iran an die Privatwirtschaft	2 900	185
Insgesamt	23 000	3 510

Quelle: Deutsche Orient-Stiftung: Entwicklung und Entwicklungspolitik in Iran. Vervielf. Manuskript, Hamburg 1970, S. 111, Tab. 81 (aus: Bank Markazi Iran, Annual Report and Balance Sheet as at March 20, 1969).

5. Eine eigenständige differenzierte Nutzungszone liegt im Falle einer Altstadt vor, wie sie noch gegenwärtig für den islamischen Kulturbereich und für Südasien typisch ist. Hier gehen Wohnkomplexe und Nachfolgeeinrichtungen des ökonomischen und kulturellen Bedarfs eine enge Ver-

---

[73] *Breese*, G.: „Urbanization in Newly Developing Countries", a.a.O., S. 66 f.

bindung ein. Die gemischte Flächennutzung liegt vielfach in vertikaler Anordnung vor: im Erdgeschoß sind Verkaufsräume, Werkstätten oder industrielle Kleinstbetriebe, im 1. Stockwerk Büro- oder Lagerräume, im letzten Stockwerk Wohnungen angeordnet[74]. Die Einwohnerdichte ist überall relativ hoch (kleine Parzellen, hohe Belegungsdichte pro Haus).

In den islamischen Städten kann die Altstadt noch in Viertel mit einem völligen Eigenleben unterteilt werden. Diese geschlossenen Viertel sind nur durch wenige Straßen miteinander verbunden, bestehen aber selber aus einem Gewirr von Sackgassen, Häusern, Basaren, Moscheen und Kasbahs, das kein bestimmtes Anordnungsschema erkennen läßt. Die Plätze bilden keine selbständigen Raumformen, sondern sind Vorplätze für größere Bauwerke (z. B. Palast, Festung) oder Innenhöfe von Moscheen[75]. Ähnliche Merkmale gelten für die Altstadt der Städte im Norden Indiens (mit Ausnahme der Radschputenresidenz Dschaipur), die in der Mogulperiode islamischen Einflüssen ausgesetzt waren.

Planprinzipien sind dagegen in den südindischen Tempelstädten erkennbar[76]. Die brahmanischen im Manasara niedergelegten Städtebaulehren enthalten Anweisungen für ein genau orientiertes Achsenkreuz der Hauptwege, ergänzt durch schmale Parallelstraßen. Die Wohnflächen sind diesem Rasterschema angepaßt und nach der Kastenfolge angeordnet, wobei mit zunehmender Entfernung von der Stadtmitte der soziale Rang der Kaste abnimmt. Ein zentraler Palastbezirk wie z. B. im fernöstlichen Städtebau ist nicht vorgesehen. In reiner Form wurden diese Prinzipien jedoch nie verwirklicht, obwohl einzelne Elemente wie z. B. der Schachbrettgrundriß und der nach Kasten getrennte Standort der Heiligtümer erkennbar sind.

6. Die genannten fünf Wohngebietstypen können oftmals in sich weiter untergliedert werden[77], und zwar nach soziologischen Gesichtspunkten in Quartiere einer bestimmten Kaste, Rasse, Sippe[76], Kultur, Sprache, Einkommensklasse[78]. Dabei kann sich die soziale Gliederung in den Bauformen widerspiegeln, muß es aber nicht immer.

---

[74] *Breese*, G.: „Urbanization in Newly Developing Countries", a.a.O., S. 116.

[75] *Rothstein*, F.: Schöne Plätze. Formenreichtum und Formenwandel einer städtebaulichen Aufgabe, Leipzig 1967, S. 11 f.

[76] Besonders stark entwickelt ist das Sippenbewußtsein in West-Afrika. *Harrison Church*, R. J.: Le développement économique et les problèmes de l'urbanisation massive en Afrique Tropicale, in: Mélanges de Géographie offerts à M. Omer Tulippe, Bd. 2, Gembloux 1968, 332 - 337.

[77] So existieren z. B. Slums mit und ohne Stammesorganisation. Insbesondere die verstreuten Randslums kennen kein inneres soziales Gefüge.

[78] Siehe auch: *Stren*, R. E.: Urbanization and Development in East Africa: A Case Study of Mombasa. Diss. University of California 1967. *Miner*, H.: The City in modern Africa, New York, Washington, London 1967. *Schafer*, R.: Slum Formation, Race, and an Income Strategy, in: JAIP 37, Mai 1971.

Die Wohngebiete in Entwicklungsländern sind also von einer sehr heterogenen Struktur. Sie sind heterogen in ihrer äußeren Form (Flächenaufteilung, Bauweise, Aufschließung), aber auch heterogen in ihrer Nutzungsfunktion (gemischte Flächennutzung in der Altstadt, teilweise gemischte Nutzungszonen in bestimmten Wohngebieten). Die Bebauungs- und Belegungsdichte ist überall relativ hoch.

III. Flächennutzung für tertiäre[79] Aktivitäten

Ein Einkaufszentrum als Teil des Hauptgeschäftsviertels existiert als einheitliche Flächennutzungszone häufig in Nähe des alten kolonialen Wohnviertels oder des Bahnhofs, ist jedoch weniger kompakt und von geringeren Ausmaßen als in Industrieländern. Darüber hinaus, aber auch in allen mittleren und kleineren Städten, bestehen Einkaufsstätten entweder als eigenes dichtes Einkaufsviertel mit gemischter Flächennutzung (insbesondere Wohnflächen) vor allem in den älteren Stadtbezirken oder als isolierte Läden proportional zur Einwohnerdichte über die Wohnviertel[80] verstreut. Stets jedoch handelt es sich um relativ kleine Verkaufseinheiten sowohl hinsichtlich Verkaufsfläche[81] als auch hinsichtlich Umsatz und Warensortiment: bei geringer Flächenbeanspruchung ist eine nur geringe Miete zu entrichten; die geringen Absatzmengen von nur einer angebotenen Warensorte oder einer beschränkten Auswahl von Gemischtwaren können teilweise durch das Verhalten des Durchschnittsverbrauchers erklärt werden, der täglich nur geringe Mengen der notwendigsten Güter kauft, weil er ein nur geringes und häufig unregelmäßiges Einkommen bezieht, verderbliche Ware zu Hause nicht kühl gelagert werden kann und das Einzelhandelsgeschäft zu Fuß erreichbar sein muß, d. h. einen stark beschränkten Absatzradius hat. Diese Standortstruktur des Einzelhandels[82] impliziert eine größere Ladendichte (Läden pro Flächeneinheit) als in Industrieländern. Da wegen der relativ geringen Absatzmengen pro Verkaufsstätte eine zentrale Lagerhaltung des Großhandels für den Einzelhandel mit Kostennachteilen verbunden wäre, sind den Läden häufig unmittelbar (unter einem Dach) Warenlager angeschlossen. Im Falle der Einkaufsviertel liegt eine punktuelle Massierung der Geschäfte dennoch nicht vor, da die Straßen und Wege in der Regel nicht konzentrisch auf das Einkaufszentrum hin angelegt sind.

---

[79] Nach der Sektorenklassifikation von C. Clark die Produktion „unsichtbarer Güter", also ohne Handwerk: *Klatt*, S.: Zur Theorie der Industrialisierung, Köln, Opladen 1959, S. 27.

[80] Mit Ausnahme der Slums.

[81] Nicht in allen Ländern sind ambulante Händler ohne festen Standort zugelassen.

[82] Siehe hierzu: *Breese*, G.: „Urbanization in Newly Developing Countries", a.a.O., S. 58 ff. und S. 117.

B. Merkmale der Flächennutzung in Entwicklungsländern

Eine Ausnahme hierzu bildet die zu spezialisierten Warenzentren zusammengefaßte Menge kleiner Läden mit einheitlichem Warenangebot. Solche Warenstraßen sind oft überdacht (z. B. arabische Souks) und üben eine gewisse Anziehungskraft auch auf andere Aktivitäten (insbesondere Handwerk) aus, so daß hierdurch in Stadtkernnähe gelegene städtische Sub-Zentren entstehen können.

Märkte werden in dichtbesiedelten Stadtvierteln oder an Verkehrsknotenpunkten (auch Fluß- oder Seeufer) abgehalten. Großmärkte sind in der Regel an den Ausfallstraßen zu den angrenzenden landwirtschaftlich genutzten Flächen lokalisiert. Ablieferung und Verkauf der Agrarerzeugnisse durch die landwirtschaftlichen Kleinstproduzenten erfolgen jedoch wegen der relativ hohen Beförderungskosten und der verbreiteten Subsistenzwirtschaft nur in vereinzelten Fällen. Ein Teil der Agrarerzeugnisse des Nachbarschaftshandels wird auch auf der Straße feilgeboten.

Der größte Teil der Erwerbstätigen des tertiären Sektors ist im öffentlichen Dienst[83] beschäftigt. Eine eigene Flächennutzungszone bilden diese Aktivitäten vor allem in den Hauptstädten (Regierungsviertel), und zwar als Teil des ehemaligen Europäerviertels oder der Altstadt. Die Anordnung der Flächen ist hier großzügiger und geometrisch strenger als in anderen Teilen der Stadt. Oft besteht aus Gründen des Platzmangels die Tendenz, die das Regierungsviertel umgebenden und durchziehenden Grünflächen mit zentralen Infrastruktureinrichtungen, z. B. Krankenhäusern, auszufüllen. Auch die weiterführenden Schulen finden hier ihren Standort. Ansonsten liegen die Schulen insbesondere im Einzugsbereich der höheren Einkommensklassen[84].

Truppenübungsplätze und Kasernen stellen, wie bereits erwähnt, gemischte Nutzungszonen dar. Sie sind streng schematisch angeordnet, wenig differenziert und bilden ein geschlossenes Gebiet.

Typisch für den Standort der tertiären Aktivitäten ist also die relativ zentrale, aber nicht konzentrische Lage in der Altstadt und/oder im ehe-

---

[83] Wegen der geringen Produktivität (annähernd null) auch als quaternäre Aktivität bezeichnet. *Frey*, R. L.: Le développement régional et le secteur quaternaire. European Coordination Centre for Research and Documentation in Social Sciences: Backward Areas in Industrialized Countries. Vervielf. Manuskript, Wien 1970. Ferner sind vor allem ungelernte Arbeitskräfte im Verkehrswesen, im Einzelhandel und als Dienstboten beschäftigt. Der Standort der Kreditinstitute liegt wegen ihrer geringen Bedeutung als Kapitalsammelstelle ausschließlich im Verwaltungszentrum oder im Hauptgeschäftsviertel. Die Freien Berufe fallen zahlenmäßig wenig ins Gewicht. Siehe: *Textor*, R. B. et al.: The Social Implications of Industrialization and Urbanization, Five Studies in Asia, Calcutta 1956.

[84] *Moreira*, J. R.: Education and Development in Latin America, in: *de Vries*, E., *Echevarria*, J. M. (Hrsg.), Social Aspects of Economic Development in Latin America, Bd. I, Paris 1963, 308 - 344, S. 318.

maligen Europäerviertel oder an dessen Rande. Subzentren in Form eigener Nutzungszonen existieren in nur relativ wenigen Fällen.

IV. Flächennutzung für Industrie und Handwerk

Die wenigen[85] Industriebetriebe bilden nicht immer eine einheitliche Nutzungszone. Sofern es sich um größere Produktionsstätten handelt, werden sie am Stadtrand aufgrund der maßgebenden Standortfaktoren[86] angesiedelt, oder sie liegen an der Nahtstelle zwischen ehemaliger Europäerstadt und den Eingeborenenvierteln.

Die Klein- und Kleinstbetriebe des verarbeitenden Gewerbes, oft aus Handwerksbetrieben hervorgegangen[87], liegen wie diese vereinzelt über die Wohngebiete verstreut und massiert im Einkaufsviertel bzw. in der Altstadt. Die geringe Betriebsgröße und die Absatzverhältnisse ermöglichen oft das Zusammenlegen von Produktions- und Verkaufsstätte am gleichen Standort. Die Aktivitäten verlagern sich dabei bis auf die Straße, in den Hinterhof, in die Etagen. Im Falle des Handwerks ist ein fester Standort oft nicht bestimmbar, da manche Tätigkeiten (z. B. Reparaturhandwerk, Friseurhandwerk) einfach an dem Standort ausgeübt werden, an dem sie von den Kommunalbehörden, Ladenbesitzern oder Passanten geduldet werden. Das Baugewerbe als vorherrschende Branche ist standortgebunden und bildet keine zusammenhängende Nutzungszone.

V. Freiflächen

Freiflächen sind entweder systematisch angelegte Grünflächen, die noch aus der Kolonialzeit stammen und deshalb in der Verwaltungszone und in den kolonialen Wohnvierteln liegen, oder es sind Plätze um öffentliche Gebäude, z. B. um Kirchen, Moscheen, Schulen[88]. Ist letzteres der Fall, dann verteilen sich diese kleinsten Nutzungszonen über die einzelnen Wohngebiete. Die Grünanlagen erfüllen jedoch immer weniger ihre ursprüngliche Flächennutzungsfunktion. Entweder werden sie bereits bestehenden Enklaven (z. B. Verwaltungs- und sonstigen öffentlichen Gebäuden) zugeordnet oder von wilden Siedlungen besetzt.

---

[85] Entsprechend dem relativ geringen Anteil der in der Industrie Beschäftigten.
[86] Siehe auch Kapitel 5.
[87] *Trabelsi*, M.: „La dynamique urbaine", a.a.O., S. 148.
[88] *Breese*, G.: „Urbanization in Newly Developing Countries", a.a.O., S. 68. Oft sind auch historische Befestigungsanlagen von Freiflächen umgeben.

VI. Verkehrsnetz

Mit Ausnahme einiger weniger breiter Zufahrtsstraßen, die jedoch nur selten bis in das Stadtzentrum führen, und der nicht funktional angeordneten Prachtstraßen ist das Straßenverkehrsnetz nicht auf größere innerstädtische Entfernungen angelegt. Da größere Lasten in den engen Gassen nicht transportiert werden können, konzentriert sich der Güterverkehr auf einige wenige Hauptstraßen, die nicht für diese Zwecke ausgebaut wurden und deshalb überlastet sind. Die Verkehrsmittel sind vielfältig: Kraftfahrzeuge, Fuhrwerke, Lasttiere, Schubkarren, Fahrräder bestimmen das Straßenbild[89]. Damit werden die tatsächlichen Durchschnittsgeschwindigkeiten aller Fahrzeuge stark herabgesetzt. Aus diesem Grunde auch wird im Personenverkehr oft die Zeit als Tarifbasis gewählt. Ein billiges Massenverkehrsmittel existiert nicht. Omnibuslinien, die an feste Haltestellen, feste Fahrpläne und bestimmte Routen gebunden sind, stehen in Konkurrenz zu Taxen und Pickups, die zu beliebigen Zeiten verkehren.

Die in Stadtkernnähe endenden Eisenbahnlinien wurden im Verlaufe der Stadtexpansion immer mehr von Wohnstätten (insbesondere Slums) und Arbeitsstätten eingeschlossen. Die Verbindung zum Hinterland wird jedoch größtenteils mit dem Lastkraftwagen aufrechterhalten, und zwar sowohl im Personen- als auch im Güterverkehr.

C. Geplante Flächenanordnung der Bandstadtstruktur

Die aktuelle Struktur der Flächennutzung in Entwicklungsländern, wie sie unter B. dargestellt wurde, muß als vorgegebener Datenkranz in die Modellanalyse aufgenommen werden und dient deshalb als Ausgangsbasis für die tatsächliche Ausprägungsform der als Optimallösung anvisierten Bandstadt. Aus den spezifischen Flächenmerkmalen der Entwicklungsländer ergeben sich nunmehr für die Bandstadtstruktur die folgenden Abänderungen.

I. Wohnstätten und Wohnzonen

Die hohe aktuelle Bebauungs- und Belegungsdichte sowie die auch in Zukunft erwarteten hohen Zuwachsraten der Stadtbevölkerung müssen ein ständig sich erweiterndes Wohnraumdefizit zur Folge haben, wenn nicht verstärkt in den Wohnungsbausektor investiert wird. Nun kann die Verbesserung der Wohnungsbaulage jedoch kein Ziel per se darstel-

---

[89] Siehe z. B. *Delhi Development Authority:* „Draft Master Plan for Delhi", a.a.O., S. 125, Tab. 4 und 5. *Harris,* B.: Urbanization Policy in India, in: Reg. Sc. 5, 1959.

len. Zwar löst eine verstärkte Investitionstätigkeit im Bausektor Multiplikator- und Kapazitätseffekte auch bei der Zuliefererindustrie aus. Die lange Ausreifungsdauer und der hohe Kapitalkoeffizient der erforderlichen Komplementärinvestitionen[90] des Wohnungsbaus binden jedoch Ressourcen, die in Entwicklungsländern an anderer Stelle dringender benötigt werden, weil eine bestimmte gesamtwirtschaftliche Entwicklungsschwelle erreicht werden muß. Aufgrund dieser Konkurrenz zu anderen Investitionsobjekten wird der Wohnungsbau in der Regel anderen Investitionsvorhaben untergeordnet (Tabelle 10). Das gilt einerseits für die öffentliche Hand, die an der Schaffung eines Entwicklungspoles unmittelbar interessiert ist. Das gilt im Falle des gemeinnützigen Wohnungsbaus aber auch für den privaten Unternehmer, da die Neigung, in diesen Wohnungsbausektor zu investieren, wegen der durchschnittlich niedrigen und unsicheren Einkommen der Mieter gering ist und nur die höheren Einkommensklassen kreditwürdig sind. Die Eigenheime dieser letzteren Einkommensgruppen fallen bei der Behebung des Wohnraumdefizits zahlenmäßig jedoch nicht ins Gewicht. Schließlich läßt auch das Verbraucherverhalten auf ein geringes Interesse am Wohnungsbau schließen. Die vom Wohnraumdefizit am stärksten betroffene Bevölkerungsgruppe ist nicht in der Lage, bei gegebenem Existenzminimum auch noch höhere Mieten für qualitativ bessere Wohnungen zu entrichten. Sie verausgabt vielmehr jedes Mehreinkommen vornehmlich in nicht dauerhafte Konsumgüter[91]. Erst die Bezieher regelmäßiger Einkommen und der Mittelstand sind mögliche Adressaten einer rentabilitätsorientierten Wohnungsbaupolitik. Aber auch dann treten Hindernisse in dreifacher

---

[90] Nach UN-Schätzungen bedarf es allein für Lateinamerika einer Anzahl von 1,5 Mill. Wohnungen in den Städten pro Jahr, um in 30 Jahren das gegenwärtige (1965) Defizit unter Berücksichtigung des Bevölkerungswachstums zu decken. Die jährlichen Gesamtkosten belaufen sich auf 3 000 Mill. US-Dollar, wenn pro Wohnungseinheit 2 000 Dollar veranschlagt werden. Unter Berücksichtigung der komplementären Infrastruktureinrichtungen ist diese Summe sogar zu verdoppeln. *Powelson*, J. P., *Solow*, A. A.: Urban and Rural Development in Latin America, in: The Annals of the American Academy of Political and Social Science 360, Juli 1965, 52, zit. bei *Beyer*, G. H. (Hrsg.): „Urban Explosion in Latin America", a.a.O., S. 208. Komplementärinvestitionen sind erforderlich, da Wohnungen, die wegen fehlender Kanalisation und Trinkwasserversorgung nicht bezogen werden, Fehlinvestitionen sind.

[91] Das Existenzminimum für einen Haushalt erfordert z. B. in Monrovia ein Monatseinkommen von 60 Lib. Dollar. Davon werden durchschnittlich 15 Dollar für Miete und Transport ausgegeben. Steigt das Einkommen, so vergrößert sich in der Regel auch der Haushalt. Erst ab einer Einkommenshöhe von 180 Dollar setzen sich moderne Auffassungen des Konsumverhaltens durch und verringert sich der Haushalt. *Högg et al., Bundesschatzministerium:* Zusammenfassende Darstellung der Grundlagen und der vordringlichen Planungsvorschläge der Stadt- und Regionalplanung Monrovia/Liberia. Unveröffentl. Manuskript o. O., Nov. 1964, S. 62.
Die privaten Ausgaben für Ernährung und Unterkunft verteilten sich in ausgewählten Ländern im Jahre 1964 wie folgt:

C. Geplante Flächenanordnung der Bandstadtstruktur

Weise auf. Der relativ hohe Stellenwert, der in Entwicklungsländern sozialen Bindungen beigemessen wird, begünstigt nicht die Ausrichtung des persönlichen Demonstrationsbedürfnisses auf den Wohnungsstandard. Erst die verstärkte Anonymität der modernen Konsumgesellschaft benötigt derartige Prestigeobjekte. Andererseits gilt der Grundbesitz als solcher (und nicht die damit verbundene Nutzungsmöglichkeit) als ein äußeres Zeichen des Wohlstandes[92], so daß Grund und Boden höchstens vererbt werden, ein Grundstücksmarkt jedoch trotz spekulativer Nachfrage nicht funktionsfähig ist[93]. Schließlich und drittens fehlen die institutionellen Voraussetzungen für ein breit gestreutes Wohnungsbauprogramm: Bausparkassen (Sparen für den Bau oder Erwerb von Wohnungen, langfristige Kredite, staatliche Garantien), gemeinnützige Wohnungsbauunternehmen und Wohnungsbaugenossenschaften; ebenso sind notwendige technische Voraussetzungen nicht gegeben: mangelndes Angebot an Baumaterialien, keine Förderung und Anleitung bei der baulichen Selbsthilfe, keine Demonstrativprogramme, keine Garantie für öffentliche Folgeinvestitionen. Der Wohnungsbau nimmt demnach in der wirtschaftspolitischen Rangskala einen niedrigen Stellenwert ein.

Der Wohnungsbau kann also in Entwicklungsländern nur durch seine (indirekten) Folgewirkungen beurteilt werden. Gewöhnlich wird er mit

Land	Anteil der Konsumausgaben für (in v. H.)	
	Ernährung[a)]	Unterkunft[b)]
El Salvador	42	8
Ghana	59	9
Jamaica	33	8
Korea	58	9
Nigeria	70	3
Peru	40	20
Frankreich	29	10
USA	20	18
Schweden	26	14

a) Ohne alkohol. Getränke.
b) Ausgaben für Miete (einschl. Eigenmiete), Wasser, Öl und Strom.
Quelle: Burk, M.: Consumption Economics, A Multidisciplinary Approach, New York, London, Sydney 1968, S. 41. Siehe auch: *Beyer*, G. H.: „Urban Explosion in Latin America", a.a.O., S. 149.

[92] In Lateinamerika darüberhinaus mit politischer und wirtschaftlicher Macht verbunden.
[93] Argumente wie: der Eigentümer hätte schon immer hier gelebt, so daß an einem Angebot auch in Zukunft kein Interesse bestünde, sind häufig. *Breese*, G.: „Urbanization in Newly Developing Countries", a.a.O., S. 119 f.
Zudem gab es bisher in Entwicklungsländern oft keine alternativen Möglichkeiten, in andere Objekte zu investieren als in Grund und Boden.

Tabelle 10

Sektorale Verteilung der Ausgaben[a]) der Planbehörde im Haushaltsjahr 1347 (1968/69) in Iran

Bereich	Betrag in Mill. DM	v. H.	der Gesamtausgaben
1. Produktionssektor			62,2
Erdöl und -gas	687,7	20,9	
Industrie und Bergbau	523,1	15,9	
Landwirtschaft	258,7	7,9	
Bewässerung	257,7	7,8	
Energie	318,6	9,7	
2. Infrastruktur			29,7
Verkehrs- und Verbindungswesen	693,9	21	
Wohnungs- und Städtebau	249,2	7,6	
Regionalentwicklung	24,1	0,7	
Dorfsanierung	12,7	0,4	
3. Sozialsektor			8,1
Bildung und Erziehung	175,8	5,3	
Hygiene und Gesundheit	51.6	1,6	
Sozialfürsorge	14,0	0,4	
Fremdenverkehr	12,7	0,4	
Statistik	11,4	0,3	
Sonstige	2,4	0,1	
Insgesamt	3 293,6	100,0	100,0

a) Nur Neuinvestitionen; nicht enthalten sind „recurrent projects" (Ausgaben für Unterhaltung laufender Projekte).

Quelle: Deutsche Orient-Stiftung: Entwicklung und Entwicklungspolitik in Iran. Vervielf. Manuskript, Hamburg 1970, S. 89, Tab. 56.

sozialpolitischen Argumenten begründet. Der niedrige Wohnungsstandard würde die Polarisation zwischen den in der sozialen Rangskala ärmsten Schichten und der restlichen Bevölkerung nur noch verstärken. Die dadurch bei den bereits Unterprivilegierten bewirkte allgemeine Apathie würde zu einer größeren Anfälligkeit gegenüber politischen oder anderen Machtgruppen führen[94]. Wird von diesem konservativ politischen Aspekt der Schaffung einer Mittelschicht abgesehen, so sind zwei wesentliche sozialökonomische Argumente für den Wohnungsbau anzuführen.

(1) Insbesondere in den bevölkerungsreichen Slums und ähnlichen Wohnvierteln ohne Stammesorganisation hat sich zwangsläufig eine ausgeprägte Anonymität in den gesellschaftlichen Beziehungen entwickelt, ohne daß gleichzeitig eine entsprechende Einstellungsänderung der Bevölkerung im Hinblick auf Konsum- und Erwerbsverhalten vor-

---

[94] *Beyer,* G. H. (Hrsg.): „Urban Explosion in Latin America", a.a.O., S. 315.

läge. Die Tatsache, daß aus traditionalen Gründen dem Freizeitwert und dem sozialen Leben innerhalb eines größeren Verbandes immer noch ein relativ hohes Gewicht beigemessen wird, andererseits jedoch die Bevölkerung der Slumgebiete und neueren Wohnviertel minderer Qualität mit der oben genannten asozialen Anonymität konfrontiert wird, verhindert das Entstehen neuer Verhaltensschemata und erschwert die Integration dieser zahlenmäßig bedeutsamen Bevölkerungsgruppe in den Arbeitsprozeß. Ein Mindestmaß an existenzieller Sicherheit könnte dadurch erreicht werden, daß durch eine enge Verbindung von Wohnstätte sowie entsprechenden Gemeinbedarfseinrichtungen und Einkaufsstätten das Entstehen eines neuen sozialen Gefüges begünstigt wird. Die strenge Zuordnung von Wohnen/Arbeiten und Freizeit könnte dann einen Ersatz für die alte Stammesorganisation darstellen. Dieser Ansatz entspricht zwar der Nachbarschaftsidee der New Towns[95], geht jedoch von einem anderen Ziel aus. Der Zweck der oben genannten Politik ist nicht die Erzwingung einer sozialen Einebnung der Klassen, wie es mit den New Towns beabsichtigt wurde, sondern die Bildung sozialer Organisationsstrukturen überhaupt, unabhängig davon, ob die verschiedenen sozialen Gruppen integriert werden oder nicht. Gerade der natürliche Hang zur Sippe bietet einen Ansatzpunkt dafür, die Nachbarschaftsidee in Entwicklungsländern zu realisieren. Zwar gilt, daß bessere Beziehungen *zwischen* sozialen Gruppen sich allein durch bauliche Vorkehrungen nicht erzwingen lassen; jedoch bildet die enge Verknüpfung von Wohnstätte und Sozialeinrichtung, Unterhaltungs- und Einkaufsstätte die Voraussetzung dafür, daß eine innere Organisation *innerhalb* der Slumbevölkerung und affiner Gruppen sich neu entwickeln und die fehlende Stammesorganisation ersetzen kann. Eine solche Gruppenstruktur erleichtert wesentlich die optimale Kombination zwischen Freizeitwert und industrieller Arbeitsdisziplin.

(2) Um auch im wirtschaftlichen Wachstumsprozeß und im Prozeß der Stadterweiterung die strukturnotwendige Zuordnung von Flächen bewahren zu können, ist ein Mindestmaß an Flächentrennung nach Nutzungszonen erforderlich. Wenn z. B. die ursprüngliche räumliche Zuordnung von Wohnstätte und Arbeitsstätte für die Betriebserweiterung oder Produktivitätsverbesserung hinderlich ist, weil bei technisch vorgegebenem Flächenbedarf eine Ausdehnung der Arbeitsstätte nicht mehr oder nur zu hohen Zusatzkosten möglich ist, oder weil qualifi-

---

[95] Zum Konzept der New Towns in England siehe: *Klages*, H.: Der Nachbarschaftsgedanke und die nachbarliche Wirklichkeit in der Großstadt, Köln und Opladen 1958. *Hall*, P.: Weltstädte, München 1966. *Donnison*, D. V.: The Government of Housing, Harmondsworth 1967. *Broady*, M.: Planning for People, Essays on the Social Context of Planning, London 1968.

zierte Arbeitskräfte anderswo leichter verfügbar sind, dann ist ein Standortwechsel sozialpolitisch nur zulässig, wenn das entstehende Beschäftigungsvakuum wieder gefüllt wird. Dies ist desto wahrscheinlicher, je weniger streng die räumliche Zuordnung Arbeitsstätte - Wohnstätte ist, d. h. je größer der Auswahlbereich arbeitsuchender Wirtschaftssubjekte und standortsuchender Unternehmen ist. Die hierfür notwendige Voraussetzung ist ein Mindestmaß an Mobilität der Arbeitskräfte[96]. Unter Berücksichtigung der knappen Ressourcen des Staates und des geringen Pro-Kopf-Einkommens der Bevölkerung ist dies nur dann zu geringsten Kapitalkosten zu verwirklichen, wenn die Flächen entlang einer öffentlichen Massenverkehrslinie angeordnet werden. Eine solche Anordnung impliziert aber aus technischen Gründen der optimalen Auslastung des Verkehrsmittels ein Mindestmaß an Konzentration der Wohnstätten *und* Arbeitsstätten. Das ist ceteris paribus wiederum nur bei einer Flächenspezialisierung nach Nutzungszonen möglich.

Das gleiche Argument einer effizienten Nutzung komplementärer Infrastruktureinrichtungen gilt im Falle der Versorgungsnetze. Würde nämlich keine Flächenspezialisierung nach Nutzungszonen vorgenommen, dann würden auch solche Flächen erschlossen, deren Nutzungsart nicht der Infrastruktureinrichtung entspricht, so daß letztere fehlallokiert wäre (z. B. Industrieabwässerkanal zwischen Betrieb A und B führt durch Wohnzone).

Eine Spezialisierung der Flächen nach Nutzungszonen ist also aus Gründen der gesamtwirtschaftlichen Produktivität erforderlich. Die von der Athener Charta der Architekten geforderte Flächentrennung ist demnach grundsätzlich zu befürworten, in ihrer tatsächlichen Ausgestaltung jedoch dahingehend zu modifizieren, daß sie nicht für alle städtischen Größenordnungen unterschiedslos gilt, sondern nur bis zur Größenordnung einer Bandstadteinheit, und daß sie die Trennung zwischen Wohnstätte und Freizeitstätte sowie Gemeinbedarfseinrichtung weniger rigoros[97] durchführt als die Trennung zwischen Wohnstätte und Arbeitsstätte. Damit ist auch dem Wohnungsbau als Instrument einer systematischen Flächenanordnung ein größeres Gewicht beizu-

---

[96] Deshalb werden in Kapitel 5 unterschiedliche Distanzempfindlichkeiten unterstellt. Da die industrielle Arbeitsweise relativ anonym und unabhängig von sozialen Kontakten ist, kann eine geringere Distanzempfindlichkeit der Bevölkerung gegenüber dem Arbeitsplatz unterstellt werden als gegenüber den Gemeinbedarfseinrichtungen, welche soziale Kontakte und Individualität implizieren und im vorliegenden Entwicklungsmodell (Nachbarschaftseinheiten, Subzentren) auch bezwecken.

[97] d. h., nur unter Berücksichtigung der Distanzempfindlichkeit der zu strukturierenden Bevölkerung und des unterschiedlichen Zentralitätsgrades der Gemeinbedarfseinrichtungen und Freizeitstätten (z. B. „Palaverhütte" pro Wohnblock, jedoch Geschäftsviertel pro Bandstadteinheit).

C. Geplante Flächenanordnung der Bandstadtstruktur

messen als weiter oben zuerst angenommen wurde. Die geringe Spezialisierung der Nutzungszonen in den Großstädten der Entwicklungsländer ist nicht auf eine eigene Gesetzmäßigkeit des Stadtentwicklungsprozesses in diesen Ländern zurückzuführen (z. B. Tagesablauf im Freien), sondern auf ein unkontrolliertes Flächenwachstum[98], das weder durch gesetzliche Bestimmungen und Kontrollen (Flächennutzungspläne, Bauvorschriften, Landschaftsschutz usw.) noch durch eine ergänzende Industrialisierungspolitik (Beschaffung von Arbeitsplätzen, produktivitätsorientierte Standortpolitik usw.) in bestimmte Bahnen gelenkt wurde. Ist also aus entwicklungspolitischen Gründen eine systematische Flächenanordnung notwendig, dann ist es auch erforderlich, sich für ein bestimmtes Stadtentwicklungskonzept zu entscheiden.

Die prinzipielle Vorteilhaftigkeit des Bandstadtkonzeptes wurde bereits unter A. bewiesen. An dieser Stelle ist aufgrund der unter B. dargestellten Zusammenhänge hinzuzufügen, daß die bezweckte soziale Organisation der Bevölkerung mit größerem Erfolg in kleineren Zentren, so z. B. einer Bandstadteinheit[99], durchführbar ist als in größeren (z. B. einer konzentrischen Großstadt). Die Anordnung der Bandstadteinheiten entlang einer Schnellverkehrsachse gewährleistet den räumlichen Kontakt zwischen diesen und ermöglicht dadurch erst die Ausnutzung der Freiheitsgrade für die Auswahl von Standorten und Arbeitsplätzen. Auch sind genügend Freiheitsgrade für die Bandstadterweiterung gegeben (siehe Übergang zu den Bandstadttypen 9 d und 9 e).

Für das Bandstadtmodell spricht ferner, daß eine Stadt*erweiterungs*politik in Entwicklungsländern mit geringeren Kapitalkosten und bei gleichen politischen Verhältnissen[100] leichter durchsetzbar ist als eine Sanierungspolitik. Es ist insbesondere die Bevölkerung der Vororte und Stadtrandgebiete, die am schnellsten wächst, da hier ein Großteil der Slums die Land-Stadt-Wanderung auffängt. Diese entlang der Ausfallstraßen gelegenen Wohngebiete sind vom Stadtzentrum relativ weit entfernt, so daß die Einbeziehung dieser in eine Bandstadt nicht an der Distanzempfindlichkeit der Bevölkerung scheitert. Da es sich

---

[98] *Breese*, G.: „Urbanization in Newly Developing Countries", a.a.O., S. 309.

[99] Als Bandstadteinheit wird hier die organische Einheit der auf ein Zentrum von Gemeinbedarfseinrichtungen und tertiären Aktivitäten gerichteten Wohnstätten und Arbeitsstätten innerhalb des Bandes bezeichnet. Ein Band setzt sich aus einer Vielzahl von perlenförmig aneinandergereihten Zentren unterschiedlicher Größe zusammen.

[100] d. h., ohne daß eine Reaktion der in den Sanierungsgebieten lebenden Bevölkerung zu erwarten wäre. Eine Reaktion ist vielmehr im Falle der Sanierung wahrscheinlich, wie weiter unten zu zeigen sein wird (z. B. Zerstörung von Aktivitäten, gewachsenen Bindungen).

zudem um neuere Zuzugsgebiete handelt, die selten eine gewachsene innere Struktur wie z. B. im Falle der Altstadt aufweisen, ist ihre Ausrichtung auf das Zentrum einer Bandstadteinheit aus den oben genannten sozialökonomischen Gründen empfehlenswert. Ferner wäre beim Radialtyp eine Flächensanierung des Stadtkerngebietes oder zumindest des vom Verkehrsring berührten Gebietes erforderlich, da die Verbindungen zwischen den einzelnen wachsenden Fingern notwendig über den Stadtkern oder den Ring laufen müssen. Wegen des starken Wanderungsgewinns würde jedoch eine Flächensanierung das Wohnraumdefizit erhöhen, indem sie Ressourcen bindet, die nicht für *zusätzlichen* Wohnraum verwendet werden. Wegen der gemischten Flächennutzung in weiten Teilen der Stadt würde eine Flächensanierung zudem gewachsene Aktivitäten und soziale Bindungen zerstören. Schließlich würde es sich ausnahmslos um eine *nachträgliche* Sanierung handeln, die in der Regel die teuerste Alternative der Stadtentwicklungsplanung darstellt. Im Bandstadtmodell wird dagegen weitgehend eine Stadterweiterung durchgeführt und nur das Wachstum der bisherigen Gebiete mit Hilfe administrativer Maßnahmen (z. B. Anzeigepflicht, Prämien) beschränkt. Eine Stadterweiterungspolitik steht darüber hinaus nicht im Gegensatz zu dem staatspolitischen Ziel einer nationalen Integration und dem wirtschaftspolitischen Ziel der Bildung eines Entwicklungspoles. Ein Zurückweisen der Neuankömmlinge in ihre Ursprungsgegend ist aus diesen Gründen nicht nur unerwünscht, sondern wäre auch nur schwer durchführbar und mit unproduktiven Kosten der Umsiedlung verbunden[101]. Die Ausrichtung des Stadtwachstums auf Bandstadteinheiten wird schließlich dadurch unterstützt, daß in Entwicklungsländern ein hoher Prozentsatz der Erwerbstätigen einer Nebenbeschäftigung nachgeht. Für Nebeneinnahmen ist die Zentrumsferne jedoch ungünstig, so daß die relative Nähe von Wohnstätte und Zentrum im Bandstadtmodell dessen Attraktivität erhöht. Da weiterhin ein hoher Anteil der Bezieher regelmäßiger Einkommen im öffentlichen Dienst beschäftigt ist, kann auch von Seiten des Staates ein gewisser Einfluß auf die Bandstadt durch den Bau von regierungseigenen Wohnungen in den Bandstadteinheiten ausgeübt werden.

Bei der Ausgestaltung der Bandstadteinheit im einzelnen ist also grundsätzlich, jedoch unter Berücksichtigung der genannten Restrik-

---

[101] Siehe z. B. die Umsiedlungspolitik der indonesischen Regierung (Javanische Siedler auf Sumatra): *Boeke*, J. H.: Economics and Economic Policy in Dual Societies, Haarlem 1953, S. 180 ff. *Higgins*, B.: Indonesia's Economic Stabilisation and Development. Institute of pacific Relations, New York 1957, S. 63 ff. Siehe auch: *Wriggins*, W. H.: Ceylon, Dilemmas of a New Nation, Princeton 1960, S. 292 f. *Seklani*, M.: La Mortalité — et le coût de la Santé Publique en Tunisie — La promotion et le coût de la santé publique. Série Démographique Nr. 2, Cahiers du C.E.R.E.S., Tunis 1968, S. 55 und 95 f.

tionen, eine Zonentrennung vorzunehmen. Dabei können die folgenden Ausprägungsformen zugrundegelegt werden. Bei gegebenem relativ niedrigen Durchschnittseinkommen pro Haushalt wird auch in den neuen Niedrigpreiswohngebieten der Bandstadteinheiten der gemeinnützige Wohnungsbau von einer hohen Bebauungs- und Belegungsdichte ausgehen müssen. Die in den Industrieländern übliche Überbauung ist aus mehrfachen Gründen nur vereinzelt durchführbar. Sie ist teurer als die Flachbauweise und würde höhere Mieten erfordern. Bei der Flachbauweise ist geordneter Selbsthilfebau möglich (einfacher Siedlungsplan), und es können Baustoffe mit einem hohen Anteil örtlicher Rohstoffe (z. B. Lehmflechtwerk, Ziegel, Zementblöcke, Wellblech-Dacheindeckung) verwendet werden. Im einzelnen sollten die örtlichen Wohngewohnheiten berücksichtigt werden, also der in der Regel im Freien stattfindende Tagesablauf der Bewohner (Schutzdach, Vorplatz mit Brüstung, offener Kochplatz, Jalousie-Läden usw.). Aus klimatischen Gründen ist nicht nur auf eine ausreichende Durchlüftung der Wohnung zu achten, sondern auch auf eine gute Querlüftung des gesamten Baugebietes. Eingebauter Duschraum und Toilette mit Wasserspülung erfordern einen Kanalisationsanschluß für die Fäkalien-, Schmutzwasser- und Abwässerbeseitigung. Der übrige Wasserbedarf muß zumindest durch öffentliche Wasserzapfstellen gedeckt werden können. Auch die Elektrizitätsversorgung ist zu gewährleisten. Zu den wichtigsten Aufgaben einer gemeinnützigen Wohnungsbaupolitik gehören also die Infrastrukturinvestitionen in das Versorgungsnetz sowie die Erfüllung der bereits genannten institutionellen Voraussetzungen für den Wohnungsbau wie Bausparkassen, Prämienfonds für Aufbauwillige usw.

Appartementhäuser werden in der Regel nur für Einzelpersonen und kleinere Familien der mittleren Einkommensklassen geplant[102]. Die lockere Wohnbebauung der höheren Einkommensklassen galt bisher häufig als das einzige Betätigungsfeld des privaten Wohnungsbaus. Ein Kanalisationsanschluß ist hier nicht erforderlich (Faulgruben), falls dem Grundwasser kein Trinkwasser entnommen wird, also eine zentrale Wasserversorgung vorhanden ist.

Die Anordnung der Wohnzonen sollte in der Plananlage bereits erkennen lassen, welches Gewicht der sozialen Integration sowie den Freiheitsgraden der wirtschaftlichen Entwicklung und Stadterweiterung beigemessen wird. Um eine individuelle Wohngestaltung zu ermöglichen, sind die Niedrigpreiswohnungen so anzulegen, daß bei ver-

---

[102] *Crease*, D.: Brasília becomes a capital city, in: The Geogr. Magazine 41, 1969, 419 - 428, S. 427. Als optimale Grundform des Appartementhauses bezeichnet Crease den Typ des Punkthauses: im Erdgeschoß offen (Stützen), innenliegendes Treppenhaus (Kaminwirkung für die Querlüftung der Wohnungen).

ändertem Konsumverhalten ein Anbau von weiteren Räumen durchführbar ist. Aufgrund der relativ hohen Einwohnerdichte und des geringen Pro-Kopf-Einkommens sind diese Viertel in unmittelbarer Nähe der einzigen Schnellverkehrsachse (Schnellbahn und Schnellstraße) zu lokalisieren. Da die Distanzempfindlichkeit in bezug auf den Arbeitsweg geringer ist als in bezug auf das Zentrum, gleichzeitig jedoch die Arbeitsstätten ebenfalls in Nähe der Verkehrsachse liegen sollten, sind Wohnstätte, Gemeinbedarfseinrichtungen und tertiäre Aktivitäten auf der einen Seite der Verkehrsachse, die Industriestätten dagegen auf der anderen Seite anzuordnen (Abb. 10); erfahrungsgemäß wirkt eine Schnellverkehrsachse aus psychologischer Sicht trennend, so daß eine andere Anordnung der Flächen negativ von der Distanzempfindlichkeit betroffen würde. Ein Bahn- und Straßenübergang an der Nahtstelle zu den gewerblich genutzten Flächen und in unmittelbarer Nähe der Haltestellen der Massenverkehrsmittel wirkt als Kristallisationspunkt nicht nur für potentielle Arbeitskräfte anderer Bandstadteinheiten, sondern auch für die Landbevölkerung beiderseits des Bandes sowie für die Bewohner der Niedrigpreiswohnungen, die das Gewerbegebiet zu Fuß oder per Fahrrad erreichen müssen. Kleinere Betriebe der verarbeitenden Leichtindustrie können angrenzend an die dichteren Wohngebiete, jedoch entlang der Schnellverkehrsachse, errichtet werden (Abb. 10). Gemeinbedarfseinrichtungen und Geschäftsviertel sind aus Gründen der Attraktivitätswirkung zentral anzuordnen. Die Gebiete lockerer Wohnbebauung können, da sie von den Beziehern mittlerer und höherer Einkommen bewohnt werden, vom Individualverkehr bedient und somit in größerer Entfernung von der Massenverkehrslinie angelegt werden. Um die Attraktivität des Zentrums zu vergrößern, sollten jedoch auch sie unmittelbar an das Zentrum angrenzen. Bei dieser Anordnung ist eine Bandstadterweiterung sowohl parallel zur bestehenden Hauptverkehrsachse als auch senkrecht zu einer möglichen zweiten Hauptverkehrsachse (wie z. B. in Abb. 9 d) möglich (Abb. 10, gestrichelte Linien), ohne daß die Trennung nach Nutzungszonen aufgehoben werden müßte und im Endeffekt alles vergleichsweise formlos zusammenwuchern würde. Die Entwicklung der Bandstadteinheit ist also relativ offen. Das Zentrum kann sich zu einem regionalen Einkaufszentrum oder regionalem Sozialzentrum (Krankenhäuser, Schulen usw.) entwickeln (senkrechte Erweiterungsmöglichkeit des Zentrums); die Wohnzonen können als regional bevorzugtes Wohngebiet gelten, wobei die Bevölkerung jedoch von den Beschäftigungsmöglichkeiten in anderen Bandstadteinheiten abhängig ist (Anordnung der Wohnzonen in Nähe der Hauptverkehrsachse mit Schnellbahn und Schnellstraße); das Industriegebiet kann sich zu einem regional bevorzugten Standort sekundärer

C. Geplante Flächenanordnung der Bandstadtstruktur

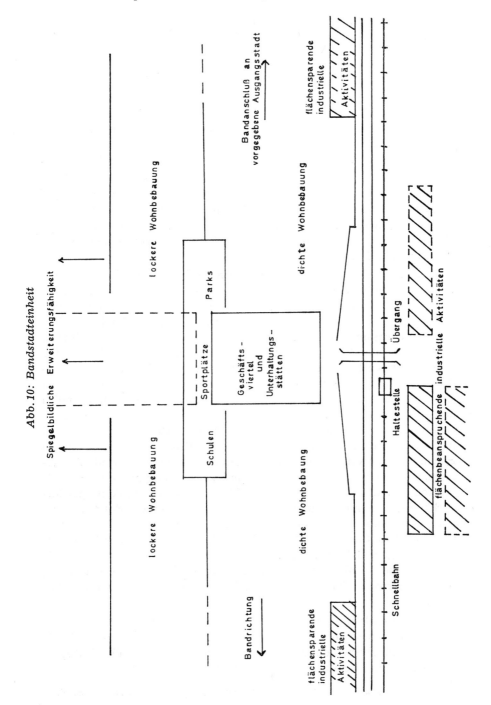

Abb. 10: *Bandstadteinheit*

Aktivitäten entwickeln, ohne daß Wohnflächen und Zentrum zerstört würden (getrennte Anordnung der Industrieflächen auf einer Seite der Hauptverkehrsachse).

II. Arbeitsstätten des tertiären Sektors

Auf die Notwendigkeit eines engen räumlichen Kontaktes zwischen Wohnzone und Gemeinbedarfseinrichtungen, Verkaufsstätten, Unterhaltungsstätten usw. aus Gründen der sozialen Integration und Verbesserung der Arbeitsproduktivität wurde bereits hingewiesen. Die Gruppierung der Wohnzonen um ein Zentrum, die Größenordnung und die regionale Ausrichtung der Bandstadteinheit werden diesem Aspekt gerecht.

Da der Flächenbedarf eines Zentrums relativ zur sonstigen Bebauungsdichte hoch ist, wäre eine Flächensanierung nach der gleichen Plananlage im ursprünglichen Stadtgebiet aufgrund der hier vorgegebenen Flächenüberbelegung mit höheren Kapital- und Zeitkosten verbunden als eine Bandstadterweiterung.

Die Attraktivität der Bandstadtzentren wird nicht nur durch die entwicklungsgerechte Struktur ihrer Umgebung gewährleistet, sondern auch dadurch, daß die Attraktivität des Hauptzentrums im alten Stadtgebiet mit seinen überregionalen zentralen Einrichtungen erst bei höherem Einkommen wirksam wird. Der größere Bevölkerungsteil der Bandstadt wird also auf das Bandstadtzentrum ausgerichtet sein. Andererseits ist eine Entleerung des Hauptzentrums nicht zu erwarten, da die alten Stadtgebiete in ihrer unveränderten Struktur weiterhin auf dieses angewiesen sind. Aus gleichen Gründen sollten die Regierungsgebäude nicht räumlich dezentral angeordnet werden. Eine Dezentralisation würde nämlich die Attraktivität des Hauptzentrums mindern; da es sich andererseits hierbei um eine tertiäre Aktivität von nur geringer Produktivität handelt, die zudem weniger komplementäre Prozesse auslöst als industrielle Aktivitäten, würde eine Dezentralisierung und Verlagerung in die Bandstadtzentren im Widerspruch zum wirtschaftlichen Entwicklungskonzept (Entwicklungspol) der Bandstadteinheit gerade in den ersten Entwicklungsphasen stehen. Auch ohne eine solche Verlagerung von Regierungsstätten wird der Anteil der Beschäftigten im tertiären Sektor in der Bandstadt erfahrungsgemäß hoch sein. Verstärkt wird diese Tendenz durch die relativ große Anzahl der ungelernten Arbeitskräfte und die Bedeutung des Nebenerwerbs der in den Bandstadteinheiten angesiedelten Bevölkerung.

Bei der Anordnung von Flächen für militärische Nutzung ist davon auszugehen, daß diese ähnlich wie die Schnellverkehrsachsen ein Hindernis für die Raumüberwindung darstellen[103]. Sie sollten deshalb nicht quer zur Ausdehnungsrichtung der Bandstadteinheit liegen.

---

[103] *Breese*, G.: „Urbanization in Newly Developing Countries", a.a.O., S. 66.

C. Geplante Flächenanordnung der Bandstadtstruktur

III. Freiflächen

Die spezifische Form der Bandstadt, insbesondere die Größenordnung der Bandstadteinheit, benötigt keine „städtischen Lungen" zur Klimaverbesserung. Die Grünflächengestaltung, die vor allem wegen des Tagesablaufs im Freien bedeutsam ist, kann sich also auf den für das städtische Leben unmittelbar erforderlichen Bedarf beschränken (Spiel- und Sportflächen, überschattete Aufenthaltspunkte usw.).

Bei geringem Motorisierungsgrad in Entwicklungsländern wird der flächenhaften Verkehrsbedienung von Erholungs- und Ausflugsgebieten ein nur geringes Gewicht beizumessen sein. Für spätere Entwicklungsphasen enthält das Bandstadtmodell diesbezüglich jedoch Freiheitsgrade beiderseits des Bandes.

Es wurde darauf hingewiesen, daß der Nachbarschaftshandel mit Agrarerzeugnissen aus Gründen unzureichender Zugänglichkeit gering ist. Durch die Bandstruktur verbessert sich jedoch die Zugänglichkeit wesentlich. Durch die Integration landwirtschaftlicher Aktivitäten in die Wirtschaftsstruktur der Bandstadt wird nicht nur der landwirtschaftliche Sektor entwickelt, sondern werden auch Nebenerwerbsstellen für die städtische Bevölkerung geschaffen (z. B. Gemüseanbau, Kleintierzucht, Anbau von Körnerleguminosen, Baumschulen, Stadtgärtnerei, landwirtschaftliche Demonstrationsgärten, Friedhöfe).

Schließlich erlaubt die Axialentwicklung auch die Einbeziehung von topographischen Gegebenheiten, die oft Anziehungspunkte für Siedlungen darstellen (z. B. See, Fluß, Bergrücken[104]) in die Plananlage der Bandstadt.

IV. Arbeitsstätten des sekundären Sektors

Der für die Bildung eines Entwicklungspoles notwendigen Mobilität der Produktionsfaktoren wird durch die Anordnung der industriellen Arbeitsstätten entlang der Schnellverkehrsachse und gegenüber der räumlich konzentrierten Bandstadteinheit Rechnung getragen. Die relative Nähe zu den dichter bebauten Wohngebieten der unteren Einkommensklassen läßt Arbeitswege zu Fuß oder per Fahrrad zu. Die zentrale Lage der Industriestandorte ist deshalb für die Eingliederung der Bevölkerung in den Arbeitsprozeß besonders wichtig. Die Erweiterungs-

---

[104] z. B. Errichtung des Central Business District von Tuy Medio, der Entlastungsstadt für Caracas, auf einem Hügel, der die beiden Ursprungsorte Santa Lucia und Santa Teresa trennt. Tuy Medio ist für 500 000 Einwohner geplant. *Bor, W., Smulian, J.*: Planning in Venezuela — with special reference to the recent development of three new cities. Regional Studies Association Conference on Urbanisation and Regional Change, Balliol College, Oxford, April 13 - 17, 1970, Oxford 1970, S. 16.

fähigkeit der Industrieflächen wird durch die Trennung nach Nutzungszonen gewährleistet. Industrielle Fertigungsstätten mit geringem Flächenbedarf können auch entlang der Schnellstraße mit unmittelbarem Zugang zu den Wohnzonen angeordnet werden (Abb. 10). Die Handwerksbetriebe, die auf einen unmittelbaren Kundenkontakt angewiesen sind, verteilen sich entweder über die Kristallisationspunkte des öffentlichen Lebens innerhalb der Wohnzonen oder/und sind im Zentrum konzentriert. Welche Industrien (Schwerindustrie oder/und konsumnahe Industrien) und Schlüsselprojekte mit welchem Flächenbedarf im Endeffekt angesiedelt werden, bleibt im Bandstadtmodell offen. Beide Entwicklungsmöglichkeiten sind von der Flächenanordnung her möglich.

V. Verkehrsnetz

Die in unmittelbarer Nähe der Schnellverkehrsachse gelegenen relativ dicht bebauten Wohnzonen der Bandstadteinheit und die zentrale Anordnung der Arbeitsstätten sind die Voraussetzung für den effizienten Betrieb eines Massenverkehrsmittels im Personen- und Güternahverkehr. Das innerstädtische Straßenverkehrsnetz bedient nicht nur die Gebiete lockerer Wohnbebauung und flächenhafter Ausdehnung, sondern ist insbesondere unter Berücksichtigung des hohen Anteils an Fußgängern und Radfahrern anzulegen. Die Hauptverkehrsstraßen sollten auch einen Busverkehr zulassen. Die Bandstruktur impliziert ein annähernd gitterförmiges Straßennetz von Sammel- und Zufahrtsstraßen, das sowohl senkrecht als auch parallel zur Schnellverkehrsachse erweiterungsfähig ist.

Dadurch, daß die Schnellverkehrsachse die Nutzungszonen lediglich tangiert, wird gleichzeitig eine Trennung verschiedener Zonen erreicht, eine Zerstörung homogener Zonen jedoch verhindert. Ein Anschluß des Bandes an das Hauptzentrum der Ausgangsstadt ist notwendig, zerstört hier jedoch vergleichsweise weniger Flächen als im Falle einer Radialentwicklung. Ob dabei bereits bestehende Industriegebiete zwischen ehemaligem Eingeborenenviertel und Europäerviertel oder in städtischer Randlage tangiert oder/und gemischte Nutzungsflächen mit hoher Bebauungsdichte durchquert werden müssen, kann nur im konkreten Falle entschieden werden.

Auf die regionale Bedeutung der Schnellverkehrsachse und ihre im Vergleich zu anderen Verkehrssystemen geringeren Kapital- und Zeitkosten wurde bereits an früherer Stelle[105] hingewiesen.

---

[105] Kap. 4, A. Zur gestaltenden Kraft eines leistungsfähigen Nahverkehrssystems in Ballungsgebieten siehe auch: *Voigt*, F.: Arbeitsstätte — Wohnstätte — Nahverkehr, Die Bedeutung des großstädtischen Nahverkehrssystems für die optimale Zuordnung von Wohnstätte und Arbeitsstätte unter besonderer

Aufgrund der überörtlichen Funktion der Schnellbahn und der Einbeziehung der angrenzenden Agrargebiete in die Bandstadtstruktur sollten die Waggons Steh- und Lastplätze in ausreichender Zahl enthalten, und sollte ein möglichst einfaches Tarifsystem mit überörtlicher Gültigkeit eingeführt werden.

VI. Durchführung der Planung

Da die Stadtentwicklungsplanung sowohl die Allokation der Flächen als auch die der Nutzungsarten umfaßt, darf sie nicht ausschließlich auf ein Wohnungsbauprogramm reduziert werden, wie dies gegenwärtig in den Entwicklungsländern häufig der Fall ist[106]. Die Notwendigkeit, zusammen mit den Nutzungszonen auch die Aktivitäten zu allokieren *und* zu entwickeln (integrierte Entwicklungsplanung), stellt andererseits eine Planungsaufgabe dar, die nur von der öffentlichen Hand als übergeordneter Entscheidungsinstanz gelöst werden kann. Hierdurch ist eine Internalisierung der vor allem in diesem Entwicklungsstadium für die gesamwirtschaftliche Rentabilitätsberechnung wichtigen externen Kosten und Erträge der Stadtentwicklung möglich. Gleichzeitig kann ein umfassendes Instrumentarium wirtschaftspolitischer und städteplanerischer Anreize, Kontrollen und Bestimmungen in koordinierter Weise eingesetzt werden.

Auf die verwaltungstechnischen Implikationen der Planung und den Maßnahmenkatalog ist im Rahmen der vorliegenden Problemstellung nicht einzugehen. Es sollten jedoch einige grundsätzliche Voraussetzungen für eine effiziente Flächennutzungspolitik erwähnt werden.

Berücksichtigung des Hamburger Wirtschaftsraumes. Schriftenreihe der Gesellschaft für Wohnungs- und Siedlungswesen e. V., Hamburg 1968.

[106] Dies fällt um so schwerer ins Gewicht, als die Regierungen aber auch dem sozialen Wohnungsbau im Rahmen ihrer Entwicklungspolitik einen nur niedrigen Rang einräumen; siehe hierzu: *Meyer*, J.-U., *Seul*, D., *Klinger*, K. H.: Das zweite Entwicklungsjahrzehnt der Vereinten Nationen, Zusammenfassung und kritische Würdigung der bisher unterbreiteten Vorschläge. Institut für Entwicklungsforschung und Entwicklungspolitik der Ruhr-Universität Bochum, Bochum 1970, S. 167 ff. Sogar die wenigen Ansätze zur systematischen Analyse der Wohnungsbau- und Stadtentwicklungsproblematik befinden sich lediglich im Stadium von Voruntersuchungen; siehe z. B. *United Nations Economic and Social Council, Economic Commission for Africa:* Report of the ad-hoc expert group on coordination of building research in Africa. E/CN. 14/524, E/CN. 14/HOU/87, 15. 4. 1971. *Derselbe:* Report of the first regional inter-agency coordination meeting on population, E/CN. 14/531, E/CN. 14/POP/37, 30. 6. 1971. Auch die rein sektorale Ausrichtung der Wirtschaftspolitik wird zumindest in Afrika für die kommende Entwicklungsdekade wahrscheinlich beibehalten werden; siehe hierzu den Beschluß der afrikanischen Ministerkonferenz in: *United Nations:* Africa's Strategy for Development in the 1970's, o. O., 13. 2. 1971.

4. Kap.: Entwicklungsoptimale Stadtform

Probleme bei der Planausführung ergeben sich u. a. aus der Tatsache, daß die städtischen Randgebiete nicht innerhalb der Verwaltungsgrenzen der Stadtgemeinden liegen. Politisch-administrative und wirtschaftsräumliche Einheit stimmen hier also, ähnlich wie in vielen Industrieländern, häufig nicht überein. Insbesondere das Bandstadtmodell erfordert jedoch die Einbeziehung des Hinterlandes und regionaler, überörtlicher Gesichtspunkte in die Planung.

Gewohnheitsrechtliches Nutzungsrecht[107], passiver Grundstücksmarkt und fehlende Flächennutzungsplanung bedingen oft einander. Deshalb ist es notwendig, eine gesetzliche Basis zu schaffen, um die Grundbesitzverhältnisse ordnen zu können (Bodenrecht). Ergänzend hierzu sind ein Planungsrecht und ein Baurecht zu finden.

Schließlich sollten Planungsorgane aufgestellt und damit zusammenhängende Fragen der Organisation[108] (z. B. unabhängige Entwicklungsgesellschaft oder Planungsbehörde — Dezernat, Amt oder Stab), Fragen der Aufgabenverteilung (Referent, Arbeitsgruppe, Projektgruppe) und Fragen des Verfahrensweges[109] (Ziel-Information, Grundsatzentscheidung für Gesamtziel- und Teilzielbereiche, Vollzugsverfügung, Strukturatlas[110], mittelfristiges Stadtentwicklungsprogramm, Finanzplan und Maßnahmen-Katalog, Durchführung und Erfolgskontrolle) gelöst werden.

Nur unter diesen Voraussetzungen ist eine Abkehr von der „Negativplanung" als Ausfluß des Prinzips der Eingriffsverwaltung und eine Hinwendung zur „Positivplanung" als Ausfluß des Prinzips der Leistungsverwaltung möglich.

---

[107] Siehe z. B. *Romba*, E.: Brief notes on the system of land tenure in the Republic of Chad. *United Nations Economic and Social Council, Economic Commission for Africa*, E/CN. 14/CART/273, 3. 8. 1971.

[108] Zur Einführung in die Problematik siehe: *Link*, E.: Planungsstäbe in den Gemeinden, in: Die Demokratische Gemeinde, Nr. 5, 1970, 443 - 445; *Kommunale Gemeinschaftsstelle für Verwaltungsvereinfachung* (Hrsg.): Rundschreiben Nr. 8/1969 (Regelungen zur Organisation der Stadtentwicklung), Köln 1969, sowie Rundschreiben Nr. 38/1970 (Organisatorische Regelungen der Stadtentwicklungsplanung), Köln 1970.

[109] Siehe hierzu *Kommunale Gemeinschaftsstelle für Verwaltungsvereinfachung* (Hrsg.): Rundschreiben Nr. 19/69 (Koordination der Planungen der Gebietskörperschaft), Köln 1969; *Bolan*, R. S.: Perspektiven der Planung, in: Stadtbauwelt 25/61, 1970, 14 - 20, S. 15; *Gore*, W. S.: Fragment einer Entscheidungstheorie, in: Stadtbauwelt 25/61, 1970, 33 - 40, S. 33 ff.

[110] Hierunter fällt auch der Aufbau eines statistischen Apparates. Flächennutzungsdaten über Entwicklungsländer sind in der Regel nicht erhältlich. So enthält z. B. das Volkszählungsprogramm 1970 - 1974 der U.N. für die afrikanischen Länder diesbezüglich nur Fragen über den Wohnungsstandard. *United Nations Economic and Social Council, Economic Commission for Africa*: African population and housing censuses and surveys. E/CN. 14/CAS. 7/15, 16. 6. 1971.

Fünftes Kapitel

Simulation der räumlichen Verteilung der Flächennutzungszonen

A. Vorbemerkung

In den vorangegangenen Kapiteln wurde untersucht, wie durch politische und systemimmanente Entscheidungen die Stadtgebiete in Entwicklungsländern zur Selbsterneuerung und Entwicklung veranlaßt werden können. Die in diesem Zusammenhang notwendige Allokation sowohl der Flächen als auch der Aktivitäten verdeutlicht die Komplexität von Stadtentwicklungssystemen. Im einzelnen sind zu berücksichtigen Aspekte der Flächennutzung (z. B. Anordnung der Nutzungszonen) und der Flächenausprägung (z. B. lockere oder dichte Wohnbebauung, Industriestätten mit hohem oder geringem Flächenbedarf, Straße oder Gleiskörper), Aspekte der Wirtschaftsaktivität (Nebenerwerb, Beschäftigung im Dienstleistungssektor usw.) und des Verhaltens von Wirtschaftssubjekten (z. B. Distanzempfindlichkeit der Wohnbevölkerung). Die Gegenüberstellung von Bandstadtmodell und vorgegebener, in der Regel nicht strukturierter Ausgangsstadt zeigte, daß komplexe Systeme der Intuition nicht zugänglich sind und sich vielfach genau umgekehrt zu einfachen Systemen verhalten, an denen jedoch in der Regel die Erfahrungen gesammelt werden. Für die Stadtentwicklungsplanung ist es deshalb erforderlich, die zugrunde liegenden Beziehungen zwischen Struktur, Verhalten und Rückkopplungsmechanismen systemanalytisch konsistent und wirklichkeitsnah in Gleichungen, die mathematischen Operationen zugänglich sind, abzubilden. Dabei sind bestimmte grundsätzliche Merkmale zu definieren und in Subsystemen zu klassifizieren. Sodann ist jedes Subsystem in Verbindung zu anderen Subsystemen und insbesondere zum Systemganzen[1] zu analysieren. In einem Simulationsmodell können dann die das System determinierenden Zustandsvariablen und Parameter verändert werden, ihre Auswirkungen im Gesamtzusammenhang und im einzelnen berechnet und Richtlinien für ein besseres Verhalten des

---

[1] Damit findet eine Abkehr von den bislang angewandten Verfahren der isolierten Betrachtung von Subsystemen, z. B. Bevölkerungsprognosen, Wohnungsbauprogrammen, statt. Siehe: *Chapin*, St. F. jr.: Urban Land Use Planning, 2. Aufl. Urbana/Ill. 1965.

ganzen Systems abgeleitet werden. Ein derartiges Modell enthält demnach nicht nur beschreibende, sondern auch optimierende Elemente. Es kann für prognostische Zwecke verwendet werden, indem es bedingte Aussagen über den zukünftigen Zustand des Systems oder des Subsystems ermöglicht; es kann aber auch ausschließlich der Erklärung des zugrundeliegenden Prozesses dienen, womit es wiederum indirekt den prognostischen Ansatz zu verbessern vermag.

B. Diskussion der simulationstheoretischen Voraussetzungen

I. Räumliche Planungseinheit

Um bestimmte Aktivitäten (Wohnen, Arbeiten, Einkaufen usw.) bestimmten Stadtregionen zuordnen zu können, ist es aus konsistenztheoretischen Gründen notwendig, eine räumliche Bezugsgröße zu definieren.

Da die Vielfalt alternativ möglicher Lösungen und die Komplexität der Zusammenhänge bei Stadtentwicklungssystemen die Anwendung elektronischer Rechenanlagen verlangt, sollte die Raumeinheit nicht nur mathematisch operabel, sondern auch computergerecht formulierbar sein. Deshalb wird vielfach mit Planquadraten gerechnet, die das Stadtgebiet gitterförmig in gleiche quadratische Flächeneinheiten einteilen, wobei die jeweilige geographische Lage durch x, y-Koordinaten angegeben werden kann[2]. Wie groß das Planquadrat definiert werden muß, hängt von der Fragestellung ab (gewünschter Genauigkeits- und Aggregationsgrad der Aussagen) und insbesondere von der Verfügbarkeit der erforderlichen Daten auf kommunaler Ebene. Häufig werden Planquadrate von 1 km $\times$ 1 km zugrundegelegt[3].

Auch aus Gründen der Vergleichbarkeit ist die Verwendung von Planquadraten vorteilhaft. Da alle Planquadrate gleich groß sind, stellen die pro Planquadrat errechneten absoluten Werte zugleich auch relative Werte dar, so daß nicht erst Dichteziffern ermittelt werden müssen. Schließlich können hierdurch Verzerrungen aufgrund unterschiedlich großer Flächen vermieden werden. So würde z. B. eine größere Fläche die extremen Werte des Dichteprofils eines Stadtgebietes abflachen, während kleinere Flächen diese Werte verstärkt hervortreten lassen würden[4].

---

[2] *Keeble*, L.: Principles and Practice of Town and Country Planning, London 1964, S. 34, 71.

[3] Planquadrate von 2 km x 2 km werden z. B. verwendet bei: *McLoughlin*, J. B.: Simulation for Beginners: The Planting of a Sub-Regional Model System, in: Reg. Stud. 3, 1969, 313 - 323, S. 317.

[4] *Hägerstrand*, T.: Innovation Diffusion as a Spatial Process, Chicago 1968, S. 20 f.

Da sämtliche Daten jeweils auf alle Planquadrate bezogen werden müssen, können sich abgrenzungstechnische Schwierigkeiten bei der Aufbereitung des Datenmaterials ergeben.

II. Planungsfläche

Die pro Planquadrat für bestimmte Nutzungsarten verfügbare Planungsfläche (Nettobaulandfläche) wird ermittelt, indem von der Gesamtfläche des Quadrates die in den Nebenbedingungen des Planungsmodells enthaltenen Festflächen abgezogen werden. Graphisch wird dies durch das Übereinanderlegen von Klarsichtfolien je Flächennutzungsart, auf denen auch die für andere Nutzungszwecke als Einkaufen, Arbeiten und Wohnen reservierten Gebiete eingezeichnet sind, verdeutlicht[5].

Festflächen können entweder aus topographischen oder aus Planungsgründen von einer Nutzung ausgeschlossen werden. Häufig wird das Stadtbild wesentlich durch die Topographie geprägt, so z. B. in den Städten Hongkong, Bombay, Lagos, Istanbul, Khartum, Abidjan, Freetown und Kapstadt[6]. Klima und Boden können spezifische Flächennutzungen (Überschwemmungszone während der Regenzeit, Wasserläufe als Abwasservorfluter usw.) und besondere Gründungsmaßnahmen (z. B. Binnengründungen, Pfahlgründungen) vorschreiben[7]. Als nicht verfügbare Planungsflächen für die Nutzungszwecke Arbeiten, Wohnen und Einkaufen gelten ferner öffentliche Plätze, Spielplätze, Parks, Friedhöfe, Kläranlagen, Gleiskörper und Straßenflächen. Auch Leerflächen, die aus Gründen der Stadtplanung bestimmten Entwicklungsmaßnahmen vorbehalten sind, können nicht als Bauland dienen. Dagegen umfaßt die verfügbare Planungsfläche auch landwirtschaftlich genutzten Boden, der für eine städtische Nutzung vorgesehen ist.

---

[5] *Forbes*, J.: A Map Analysis of Potentially Developable Land, in: Reg. Stud. 3, 1969, 179 - 195. *Jessiman*, W., *Brand*, D., *Tummunia*, A., *Brussee*, C. R.: A Rational Decision Making Technique for Transportation Planning. Highway Research Board — National Academy of Sciences and Engineering, Highway Research Record No. 180, Washington D. C. 1967.
Bei Forbes wird die pro Planquadrat ermittelte Festfläche als Prozentsatz der Gesamtfläche des Planquadrats ausgedrückt. Das gleiche gilt für die verfügbaren Nutzungsflächen. Je nach Bedeutung einer Nutzungsart für die Stadtentwicklungsplanung kann jede Fläche zusätzlich gewichtet werden. Insbesondere wird sie mit ihrem Standortwert gewichtet, d. h. mit dem Grad der Zugänglichkeit der Fläche für die jeweilige Nutzungsart. Die Summe aller Prozentsätze pro Planquadrat drückt die Anziehungskraft und Entwicklungsmöglichkeit des Planquadrates aus. Dieses Verfahren wird im folgenden nicht angewandt ,da die Beziehungen der Planquadrate untereinander nicht explizit berücksichtigt werden.
[6] *Breese*, G.: „Urbanization in Newly Developing Countries", a.a.O., S. 107.
[7] Bei größeren Bauvorhaben (Geschäftsviertel, Industrieflächen) ist deshalb ein genauer Bodenaufschluß durchzuführen.

Im Bandstadtmodell gelten die außerhalb des Bandes gelegenen Flächen als Festflächen. Ein besonderes Gewicht ist auch den für spätere Erweiterungszwecke reservierten Flächen (siehe Abb. 10) beizumessen.

III. Zugänglichkeitsmaße

Da die Aktivitäten Wohnen, Arbeiten und Einkaufen einander räumlich zugeordnet werden sollen, wobei die Raumeinheit das Planquadrat ist, muß eine Regel gefunden werden, die die Koordinaten der Planquadrate pro Nutzungsart angibt. Diese Regel kann von dem Konzept der Anziehungskraft einer Region ausgehen, wie es ursprünglich in den regionalen Gravitations- und Potentialmodellen entwickelt wurde.

1. Regionaler Gravitationsansatz

Die Gravitations- oder Potentialmodelle[8], die in der regionalen Verkehrsplanung angewandt werden, sind Analoga zum allgemeinen Gravitationsgesetz, demzufolge die gegenseitige Anziehungskraft (K) zweier Massen (M_i, M_j) direkt proportional zur Größe der Massen und umgekehrt proportional zum Quadrat ihrer Entfernung (D) ist:

$$K_{i,j} = c \; \frac{M_i \cdot M_j}{D_{ij}^2},$$

wobei c die Gravitationskonstante darstellt. Werden die Massegrößen im Rahmen der regionalen Verkehrsplanung als volkswirtschaftliche Größen definiert, dann determinieren diese das Volumen und die regionale Verteilung des Ziel- und des Quellverkehrs zweier Regionen:

$$V_{ij} = c \cdot \frac{P_i^a \cdot P_j^b}{D_{ij}^d},$$

wobei V_{ij} = Verkehrsvolumen, -intensität, -beziehung zwischen den Regionen i und j;
P_i = Einwohnerpotential der Region i;
P_j = Einwohnerpotential der Region j;
D_{ij} = Entfernung zwischen den Regionen i und j;
c = Konstante, die implizit das Gewicht der konkurrierenden Verkehrsziele anderer Regionen berücksichtigt;
a, b, d = regressionsanalytisch zu bestimmende Parameter.

---

[8] Siehe hierzu: *Steiner*, A.: Interregionale Verkehrsprognosen. Beiträge aus dem Institut für Verkehrswissenschaft an der Universität Münster, Heft 41, Göttingen 1966, S. 111 ff. *Isard*, W.: Methods of Regional Analysis: An Introduction to Regional Science. The Regional Science Studies Serie, Bd. 4, Cambridge 1960.

B. Diskussion der simulationstheoretischen Voraussetzungen

Da das Einwohnerpotential nicht die einzige Determinante der Nachfrage nach Verkehrsleistungen ist[9], müssen zusätzliche verkehrstypische Indikatoren für die Massegrößen gefunden werden. Insbesondere bei großräumigen Untersuchungen ist eine Beschränkung auf die Bevölkerungspotentiale nur dann möglich, wenn diese eng mit den Beschäftigtenzahlen innerhalb der einzelnen Regionen verbunden sind. Ist das nicht der Fall, so sind auch die Beschäftigtenzahlen als Massegrößen einzusetzen, vor allem im Hinblick auf die Intensität des Berufsverkehrs.

Der Kraftfahrzeugbestand spielt für das Volumen interregionaler Verkehrsbeziehungen eine nur untergeordnete Rolle[10], obwohl manche Autoren die Motorisierungskennziffer (Verhältnisgröße aus Einwohnerzahl und Kraftfahrzeugbestand) als Prognosefaktor heranziehen[11].

Ein straffer Zusammenhang läßt sich zwischen dem Verkehrsaufkommen der Regionen und dem regionalen Bruttosozialprodukt nachweisen[12]. Dies gilt insbesondere für den Güterverkehr. Häufig werden die Gravitationsmodelle gemeinsam für den Personen- und Güterverkehr erstellt, da wegen fehlender Strukturgrößen eine gesonderte Behandlung des Güterverkehrs nicht möglich ist. Daneben spielt die Überlegung eine Rolle, daß der Güterverkehr zumindest teilweise eng mit dem Personenverkehr verbunden ist. Das Gesamtvolumen interregionaler Verkehrsströme auf der Straße ergibt sich dann wie z. B. im Generalverkehrsplan für Nordrhein-Westfalen aus dem errechneten Wert des Personenverkehrs plus einem Zuschlag für den Güterverkehr von durchschnittlich 16,5 %[13]. In diesen für Güter- und Personenverkehr gemeinsamen Modellen könnte deshalb durch die Verwendung der Einflußgröße Bruttosozialprodukt die zu starke Ausrichtung der Modelle auf das Verhalten

---

[9] *Rousselot*, M., *Gluntz*, Ph.: Etude des Eléments de la Demande dans le Marché des Transports, in: *Conférence Européenne des Ministres des Transports* (Hrsg.), Deuxième Symposium International sur la Théorie et la Pratique dans l'Economie des Transports, Paris 1968, 187 - 217. Einen Katalog möglicher Einflußgrößen nennen: *Ruske*, W.: Stochastische und deterministische Modelle zur Errechnung des Verkehrsaufkommens aus Strukturmerkmalen, Diss. TH-Aachen, Aachen 1968, S. 4; *Schlums*, J.: Generalverkehrsplan Nordrhein-Westfalen, Leitplan Straßenverkehr 1. Stufe, Textband, Düsseldorf 1970.

[10] *Schaechterle*, K. H., *Eckstein*, W., *Braun*, J., *Wermuth*, M.: Beitrag zur Beurteilung von Straßenplanungen im Rahmen von Verkehrsprognosen für den zweiten Ausbauplan, in: Straße und Autobahn 20, 1969, 18 - 23, S. 18.

[11] Diese Kennziffer ist vor allem weniger schwankungsempfindlich als reine Einwohner- oder Kraftfahrzeugbestandszahlen: *Kirsch*, H., *Fock*, D.: Ein Beitrag zur Motorisierungskennziffer und Ausnutzungskennziffer, in: Straßenverkehrstechnik, 13. Jg., Heft 6, Bonn - Bad Godesberg 1969, S. 184 f.

[12] *Wilkenloh*, F.: Ökonomische Kriterien für die Ermittlung des Fernstraßenbedarfs im zweiten Ausbauplan, in: Straße und Autobahn 20, 1969, 24 - 27, S. 25.

[13] *Schlums*, J. et al.: „Generalverkehrsplan Nordrhein-Westfalen", a.a.O., S. 84 ff.

des Personenverkehrs korrigiert werden. Das gilt jedoch nur für großräumige Untersuchungen, da im Rahmen der Stadtverkehrsplanung die feinere Zelleneinteilung nach Planquadraten keine genaue Abschätzung des Bruttosozialprodukts erlaubt.

Preis und Einkommen sind weitere Bestimmungsgründe der Nachfrage nach Personenverkehrsleistungen[14]. Desgleichen ist die regionale Produktionsstruktur eine wichtige Einflußgröße, da Richtung und Ausmaß der Verkehrsströme insbesondere vom Wachstum der einzelnen Branchen und von der Verlagerung der Produktionsstandorte abhängig sind.

Die Kenntnis der Verkehrsgewohnheiten der Verkehrsteilnehmer ist notwendig, um die Fahrtenhäufigkeit, die Verkehrsmittelwahl und die Verkehrsleistungen des Personenverkehrs in das Gravitationsmodell einbauen zu können. Die Verkehrsgewohnheiten sind abhängig von der Sozialstruktur und von psychologischen Momenten (z. B. Erwerbs- oder Nichterwerbspersonen, Arbeiter oder Angestellte, Lebensalter, Snob- und Mitläufereffekte usw.). Da regionale Untersuchungsgebiete häufig keine einheitliche Struktur aufweisen (z. B. Großstädte versus Landkreise), sollten in diesem Zusammenhang keine globalen Kennziffern verwendet werden.

Zum Teil hängt die Struktur der Nachfrage nach Verkehrsleistungen auch von der Angebotsstruktur des Verkehrssystems ab. Die Qualität des Straßennetzes und die Art der Erschließung der Region durch den öffentlichen Personenverkehr können bei hoher Leistungsfähigkeit einen zusätzlichen Verkehr erzeugen[15]. So ist z. B. die Nachfrage im öffentlichen Personenverkehr relativ angebotselastisch, d. h. in Gebieten mit niedrigem Angebot bleibt auch die Nachfrage relativ gering[16]. Da jedoch die Massegrößen eine simultane Betrachtung von Verkehrserzeugung und Verkehrsverteilung nicht ermöglichen, kann die Angebotsstruktur nur über die Einbeziehung von Attraktivitätsfaktoren berücksichtigt werden, sofern diese nicht bereits in Einflußgrößen wie Reisezeit und Distanzempfindlichkeit (siehe unten) enthalten sind.

Schließlich gelangen im Gravitationsansatz sowohl die interregionalen als auch die intraregionalen Verkehrsströme zum Ausdruck. Bei großräumigen Untersuchungen ist also der intraregionale Anteil am Ver-

---

[14] *Voigt*, F.: Determinanten der Nachfrage nach Verkehrsleistungen. Vervielf. Manuskript, Bonn 1971, S. 194 ff.

[15] *Oi*, W. Y., *Shuldiner*, P. W.: An Analysis of Urban Travel Demand. The Metropolitan Transportation Series, The Transportation Center of Northwestern University, Evanston/Ill. 1967, S. 60.

[16] *Wehner*, B.: Generalverkehrsplan Ruhrgebiet, Öffentlicher Personenverkehr — Analyse, Abhängigkeit von Strukturdaten. Schriftenreihe Siedlungsverband Ruhrkohlenbezirk Nr. 23, Essen 1968, S. 15 ff.

B. Diskussion der simulationstheoretischen Voraussetzungen

kehrsaufkommen der Region abzuziehen. Da ferner die Gravitationsformel nur die Verkehrsbeziehungen zwischen zwei Regionen betrachtet, isoliert sie diese von benachbarten Verkehrsquellen und -zielen. Die Nachbarregionen können jedoch ebenfalls einen Einfluß auf die bestehende Struktur der Verkehrsströme zweier Regionen ausüben[17].

Um die genannten psychologischen Momente der Verkehrsmittelwahl und die Angebotsstruktur (Qualität des Verkehrssystems) zu berücksichtigen, wird deshalb das Distanzmaß D_{ij} im Nenner der Gravitationsbeziehung als Widerstandsfunktion $f(w_{ijm})$ definiert. Hierunter ist der Widerstand gegen die Raumüberwindung zu verstehen, den der Verkehrsteilnehmer bei der Aufnahme interregionaler Verkehrsbeziehungen zwischen den Regionen (i) und (j) mit dem Verkehrsmittel (m) empfindet. Die Gravitationsformel heißt nunmehr[18]:

$$V_{ijm} = c \cdot \frac{Q_j \cdot Z_i}{f(w_{ijm})}$$

wobei V_{ijm} = Anzahl interregionaler Verkehrsbeziehungen (Fahrten zwischen den Regionen i und j mit dem Verkehrsmittel m);

Q_j = Quellverkehr (Verkehrserzeugung) der Region j; von den Strukturwerten $X_1 \ldots X_n$ abhängig;

Z_i = Zielverkehr (Verkehrsanziehung) der Region i; von den Strukturwerten $X_1 \ldots X_n$ abhängig;

$f(w_{ijm})$ = Widerstandsfunktion.

Empirische Untersuchungen haben gezeigt[19], daß die Widerstandsfunktion in der Regel nicht linear verläuft, sondern die Form einer fallenden e-Funktion oder die Form $V = aX^{-g}$, d. h. $f(w_{ij}) = w_{ij}^{-g}$, annimmt, wobei X Strukturwerte darstellen und a Koeffizienten, die den Einfluß der Strukturwerte auf den Quellverkehr der Region j und den Zielverkehr der Region i repräsentieren. Der Exponent g ist nicht konstant, sondern nimmt mit zunehmender „Distanz"[20] zwischen den Regionen überproportional zu[21].

In einfachen Verkehrsmodellen wird der Widerstand durch die Wegelänge oder Luftlinienentfernung zwischen den Regionen gemessen:

---

[17] Siehe: *Fairthorne*, D. B.: Description and Shortcomings of some Urban Road Traffic Models, in: Operational Res. Q. 15, 1964, 17 - 28.

[18] Siehe hierzu auch: *Mäcke*, P. A.: Das Prognoseverfahren in der Straßenverkehrsplanung, Wiesbaden, Berlin 1964, S. 20.

[19] *Mäcke*, P. A.: „Prognoseverfahren", a.a.O., S. 20.

[20] Hier noch als allgemeiner, nicht an der Zeit oder Wegelänge dimensionierter Begriff verstanden.

[21] *Fairthorne*, D. B.: „Description and Shortcomings", a.a.O., S. 19. *Wehner*, B.: Zur Bemessung von Verkehrsnetzen, in: Internationales Verkehrswesen 20, 1968, 55 - 60, S. 58.

$w_{ij} = D^g$ [22]. Da die so definierte Entfernung relativ wenig über die Schwierigkeit aussagt, interregionale Verkehrsbeziehungen aufzunehmen, wird häufig die Gesamtreisezeit als Widerstandsgröße gewählt. Sie setzt sich aus reiner Beförderungszeit, Umsteigezeit, Wartezeit und Anreisezeit zusammen. Die über die reine Beförderungszeit hinausgehende Zeitspanne kann nämlich einen zusätzlichen Widerstand bei den Verkehrsteilnehmern erzeugen, den die Wegelänge allein nicht zu erfassen vermag. Insbesondere berücksichtigt diese Größe auch den Straßenzustand, den Netzausbau und mögliche Verkehrsstauungen. Allerdings sollte die Reisezeit nicht als einziger Widerstandsfaktor, sondern in Ergänzung zur Wegelänge verwendet werden, da eine Änderung der Netzstruktur (z. B. Kapazitätserweiterung einer Strecke) automatisch die interregionalen Verkehrsströme verändert und somit wiederum auf die Reisezeit einwirkt[23]. Für prognostische Zwecke ist die Reisezeit also nur bedingt aussagefähig.

Als weiteres Argument der Widerstandsfunktion kommt der Beförderungspreis in Betracht. Ihm ist jedoch nur eine relativ geringe Bedeutung beizumessen, da wegen des Fehlens eines einheitlichen Verkehrsmarktes objektive Preise für alle Verkehrsmittel[24] nur schwer ermittelt werden können. Insbesondere beim Individualverkehr ist der Wert, der dem Verkehrsteilnehmer für Zeitgewinn, Bequemlichkeit usw. entsteht, monetär und interindividuell vergleichbar nur schwer auszudrücken. Inwiefern hier die reinen Betriebskosten in das Entscheidungskalkül des Verkehrsteilnehmers eingehen, kann nur im Einzelfall beantwortet werden. Schließlich sollte auch von unterschiedlichen Preiselastizitäten ausgegangen werden. Häufig ist der Ausflugs- und Erholungsverkehr preiselastischer als der Berufsverkehr[25].

Wesentliche Determinanten der Widerstandsfunktion stellen die Qualitätsmerkmale Schnelligkeit, Bequemlichkeit, Sicherheit, Abfahrtshäufigkeit, Netzbildungsfähigkeit usw.[26] alternativer Verkehrsmittel dar. Sie

---

[22] *Grant*, E.: A traffic model for Aberdeen, Part 2: Trip distribution models, in: Traffic Engineering and Control, Sept. 1969, S. 233.

[23] *Oi*, W. Y., *Shuldiner*, W.: „Urban Travel Demand", a.a.O., S. 59. Zum Teil werden deshalb netzunabhängige Normwiderstände eingeführt: *Schlums*, J.: „Generalverkehrsplan Nordrhein-Westfalen", a.a.O., S. 84 ff.

[24] Die Fahrtkosten im öffentlichen Personenverkehr lassen sich dagegen objektiv feststellen.

[25] *Voigt*, F.: Determinanten der Nachfrage nach Verkehrsleistungen. Vervielf. Manuskript, Bonn 1971, S. 209 ff.

[26] Zur Einordnung dieser Eigenschaften eines Verkehrsmittels unter den Begriff der „Verkehrswertigkeit" siehe: *Voigt*, F.: Verkehr und Industrialisierung, in: Z. f. ges. St. 109, 1953, 193 - 239, S. 199. Teilqualitäten von Verkehrsleistungen werden auch untersucht bei: *Sharp*, C.: The problem of transport, Oxford, London 1965, S. 100; *Milne*, A. M.: The economics of inland transportation, 2. Aufl. London 1963, S. 78 ff.

werden zum Teil im Rahmen der modal split-Modelle quantifiziert und regressionsanalytisch mit anderen Argumenten der Widerstandsfunktion verbunden[27].

2. Sub-regionaler Gravitationsansatz

Während in den regionalen Gravitationsmodellen die Verkehrsbeziehungen zwischen zwei Regionen im Vordergrund von relativ großräumigen Untersuchungen stehen und die Beziehungen zu anderen Regionen höchstens implizit in der Gravitationskonstante zum Ausdruck kommen, muß im Rahmen der engmaschigen Zelleneinteilung der Stadtentwicklungsplanung die Zugänglichkeit oder Widerstandsfunktion auf *alle* Planquadrate bezogen werden. Wenn also a_{ij} die relative Zugänglichkeit des Punktes i gegenüber Punkt j darstellt, dann wird die Zugänglichkeit A_i (nunmehr integrale Zugänglichkeit) des Punktes i als Summe der relativen Zugänglichkeiten definiert[28]:

$$A_i = \sum_{j=1}^{n} a_{ij}.$$

Wird als Indikator der Zugänglichkeit die geographisch kürzeste Entfernung (d) (Wegelänge) gewählt, dann liegt ähnlich wie im regionalen Ausgangsmodell eine lineare Funktion vor:

$$A_i = \frac{\sum_{j=1}^{n} d_{ij}}{n}.$$

Im Falle nicht-linearer Funktionen wird dagegen unterstellt, daß die Distanzempfindlichkeit mit zunehmender Entfernung überproportional wächst[29]. Das gilt insbesondere für das Bandstadtmodell in Entwicklungsländern, wo ein relativ großer Bevölkerungsteil den Arbeits- und Einkaufsweg nur zu Fuß oder per Fahrrad zurücklegt.

---

[27] Siehe z. B.: *Quandt*, R. E., *Baumol*, W. J.: The Demand for Abstract Transport Modes, Theory and Measurement, in: J. of Regional Science 6, 1966, 13 - 26. *Quandt*, R. E.: Estimation of Modal Splits, in: Transp. Res. 2, 1968, 41 - 50. *Kraft*, B., *Wohl*, M.: New Directions for Passenger Demand Analysis and Forecasting, in: Transp. Res. 1, 1967, 205 - 230. *Quarmby*, D. A.: Choice of Travel Mode for the Journey to Work, in: J. of Transp. Ec. and Pol. 1, 1967, 273 - 314. *McGillivray*, R. G.: Demand and Choice Models of Modal Split, in: J. of Transp. Ec. and Pol. 4, 1970, 192 - 207. *Mellet*, F.: Analyse du choix du mode de transport par les usagers en région parisienne, in: Institut d'aménagement et d'urbanisme de la région parisienne (Hrsg.), Les transports urbains, vol. 17 - 18, Paris 1969.

[28] *Haggett*, P., *Chorley*, R. J.: Network Analysis in Geography, London 1969, S. 37 ff. Siehe auch: *Hansen*, W. G.: How accessibility shapes land use, in: JAIP 25, 1959, 73 - 76.

[29] *Morrill*, R. L.: The distribution of migration distances, in: Reg. Sci. 11, 1963, 75 - 84.

Schließlich existieren auch Schwellenwerte der Fühlbarkeit derart, daß innerhalb bestimmter Streckenabschnitte gleiche Zugänglichkeitswerte vorliegen. In diesen Fällen verläuft die Zugänglichkeitskurve teilweise parallel zur Entfernungsachse. Solche Abschnitte eines parallelen Kurvenverlaufs gelten häufig in bezug auf die Arbeitsstätte[30]. Dieser Zusammenhang bestätigt die weiter oben (Kap. 4, C) ermittelte größere Distanzempfindlichkeit der Wohnbevölkerung gegenüber Gemeindbedarfseinrichtungen und Plätzen des öffentlichen Lebens.

Die im Exponenten (g) der Widerstandsfunktion $f(w_{ijm}) = D_{ij}^{-g}$ zum Ausdruck kommende Reisezeit und Qualität des Verkehrsmittels bestimmen Anstieg und Wendepunkt der Zugänglichkeitskurve[31]. Da diese relativ steil abfällt (Abb. 11 a), ist sie vor allem für den Regionalverkehr von Bandstadteinheit zu Bandstadteinheit repräsentativ.

Abb. 11: Ausgewählte Zugänglichkeitsfunktionen

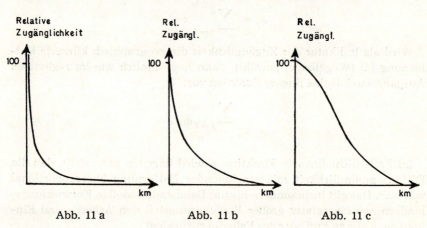

Abb. 11 a   Abb. 11 b   Abb. 11 c

Im Falle des Stadtverkehrs ist jedoch den kürzeren Entfernungen ein größeres Gewicht beizumessen, so daß hier die flacher verlaufende Kurve der Exponentialform $a_{ij} = 100 \cdot e_{ij}^{-d}$ repräsentativ ist (Abb. 11 b).

Die in der Bandstadteinheit vorgenommene innere Strukturierung der Wohngebiete (öffentliche Plätze, „Palaverhütten", usw.) rechtfertigt die Annahme von Schwellenwerten der Distanzempfindlichkeit auch in Nähe

---

[30] *Taaffe*, E. J., *Garner*, B. J., *Yeates*, M. H.: The Peripheral Journey to Work, Evanston/Ill. 1963, S. 42 f.; *Lansing*, J. B., *Hendricks*, G.: Automobile Ownership and Residential Density, Ann Arbor/Michigan 1967, S. 37.

[31] *Getis*, A.: Residential location and the journey from work, in: Proceedings of the Association of American Geographers 1, Washington 1969, 55 - 59, S. 56.

des Zentrums der jeweiligen Planquadrate. Die Zugänglichkeitskurve sollte also in Nähe des Zentrums noch stärker abgeflacht verlaufen und hier einen zusätzlichen Wendepunkt erhalten. Wird ferner unterstellt, daß wegen der Konkurrenz anderer Bandstadteinheiten entlang der Schnellverkehrsachse die Kurve asymptotisch gegen null verlaufen sollte (also die d-Achse nicht schneiden sollte), dann liegt annähernd eine Normalverteilung vor (Abb. 11 c). Es gilt[32]: $a_{ij} = 100 \cdot e\,[-\,(d_{ij}^2 \cdot v^{-1})}$, wobei die Konstante v einen Gewichtungsfaktor darstellt, der die räumliche Streuung der Punkte (Orte), die das Einzugsgebiet repräsentieren, definiert und als Durchmesser des kleinsten diese Punkte umschließenden Kreises interpretiert werden kann. Damit gibt d_{ij}/v [33] die durchschnittliche quadratische Entfernung des Einzugsgebietes von i an. Dieser Ansatz liegt auch der Zugänglichkeitsfunktion des im folgenden Abschnitt dargestellten Flächennutzungsmodells von Echenique zugrunde. Hier gilt[33]:

$$P_i = g_i d_{ij} exp(-d_{ij}^t p),$$

wobei P_i = Wahrscheinlichkeit der Fahrten in das Zielquadrat i;

g_i = Massegröße des Zielquadrates i unter Berücksichtigung insbesondere der Größe und Dichte der Fahrtendpunkte (terminal opportunities);

d_{ij} = Entfernung zwischen den Planquadraten i und j;

t = Parameter, der die Struktur der Fahrtendpunkte erklärt; unterstellt wird, daß der größte Teil der Fahrten nicht in unmittelbarer Nähe des Ausgangspunktes der Fahrt liegt, sondern in einiger Entfernung hiervon (Abb. 12); damit soll explizit berücksichtigt werden, wie im Urteil des Verkehrsteilnehmers die Distanzempfindlichkeit gegen die mit zunehmender Entfernung vom Ausgangspunkt steigende Wahrscheinlichkeit, einen adäquaten Zielstandort zu finden, abgewogen wird. Die Berücksichtigung eines solchen Auswahlbereiches alternativer Standorte ist insbesondere auch dann notwendig, wenn wegen mangelnder Daten die Planquadrate relativ groß bemessen sind;

p = Parameter, der die Argumente der Widerstandsfunktion, insbesondere Fahrtkosten und Qualitätsmerkmale der Verkehrsmittel, enthält;

() = Exponent.

---

[32] *Ingram*, D. R.: The Concept of Accessibility, A Search for an Operational Form, in: Reg. Stud. 5, 1971, 101 - 107, S. 105. Aus schreibtechnischen Gründen bezeichnet der Klammerausdruck einen Exponenten.
[33] *Echenique*, M., *Crowther*, D., *Lindsay*, W.: A Spatial Model of Urban Stock and Activity, in: Reg. Stud. 3, 1969, 281 - 312, S. 295.

Abb. 12: *Verkehrsverteilungsfunktion*

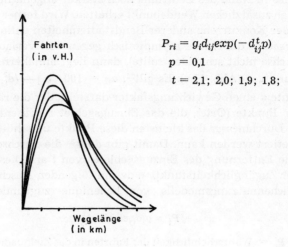

$$P_{ri} = g_i d_{ij} exp(-d_{ij}^t p)$$
$$p = 0,1$$
$$t = 2,1; \ 2,0; \ 1,9; \ 1,8;$$

C. Darstellung des Flächennutzungsmodells von Echenique[34]

Mit Hilfe der unter B. dargestellten Zugänglichkeitsfunktionen kann nunmehr die verfügbare Planungsfläche allokiert werden. Der nutzungsspezifische Flächenwert pro Planquadrat entspricht dabei stets der Attraktivität und Zugänglichkeit des Planquadrates für die entsprechende Nutzung.

Das darzustellende Modell besteht aus zwei verschiedenen Ansätzen. Einerseits ist es eine Weiterentwicklung des Lowry-Garin-Modells[35], d. h. es erklärt die räumliche Verteilung der Aktivitäten „Wohnen", „Arbeiten" und „Einkaufen" über die Stadtregionen aufgrund empirisch gewonnener Verteilungsregeln (z. B. Zugänglichkeitsfunktionen). Kennzeichnend für diesen Ansatz ist, daß der Standort der Originärbeschäftigten[36] vorgegeben ist und daß die Wohnbevölkerung, die allein diesen

---

[34] Zur folgenden Darstellung des Modells siehe: *Echenique*, M., *Crowther*, D., *Lindsay*, W.: A Spatial Model of Urban Stock and Activity, in: Reg. Stud. 3, 1969, 281 - 312.

[35] *Lowry*, I. S.: A Model of Metropolis, The RAND Corporation Memorandum RM. 4035-RC, Santa Monica/Calif. 1964. *Garin*, R. A.: A matrix formulation of the Lowry model for intrametropolitan activity allocation, in: JAIP 32, 1966, 361 - 364.

[36] Als „Originärbeschäftigte" werden die in den standortgebundenen Aktivitäten (basic activities) Beschäftigten bezeichnet (in Anlehnung an G. *Isenberg*; siehe: *Stradal*, O., *Popp*, W.: Das Garin-Lowry-Modell als simultane Be-

C. Darstellung des Flächennutzungsmodells von Echenique

Beschäftigten zugeordnet wird, von den genannten Standorten aus entsprechend den Zugänglichkeitsfunktionen über den Raum verteilt wird. Aus der so allokierten Wohnbevölkerung kann nun ein bestimmter Bedarf an Derivativbeschäftigten[37] abgeleitet werden, deren Standort ebenfalls von spezifischen Zugänglichkeitsfunktionen (z. B. Einkaufsgewohnheiten) abhängig ist.

Dieses sogenannte Aktivitätenmodell ist noch ganz in Anlehnung an die Transportverursachungs- und -verteilungsmodelle konzipiert, die Aspekte der Flächennutzung explizit nur vereinzelt[38] berücksichtigen. Echenique ergänzt deshalb das Aktivitätenmodell durch ein Flächenmodell, das die Flächen entsprechend dem aktuellen und erwarteten Flächenangebot und Flächenbedarf je Nutzungsart durch den Allokationsmechanismus der Zugänglichkeitsfunktion über alle städtischen Planquadrate verteilt.

Gegeben sei der folgende Dateninput:

(1) $i, j = 1 \ldots n$ Planquadrate;
(2) D = Matrix von $n \times n$ Entfernungen d_{ij} (Verkehrsnetz);
(3) l = Vektor der Nettobaulandfläche;
(4) q = Vektor der Originärbeschäftigten.

Wird die verfügbare Planungsfläche als Geschoßfläche[39] ausgedrückt, dann kann diese — entsprechend der im Aktivitätenmodell vorgenommenen Verteilung der Gesamtbevölkerung auf die Originärbeschäftigten — in gleicher Weise auf die Originärbeschäftigten umgelegt werden (Geschoßfläche je Originärbeschäftigten). Die so ermittelten Geschoßflächenanteile sind nun allerdings den einzelnen Planquadraten zuzurechnen, deren Flächenstruktur ermittelt werden soll. Diese Zurechnung erfolgt unter Berücksichtigung der Attraktivität des jeweiligen Planquadrates

---

trachtungsweise bei der Stadtplanung. Schriften des Instituts für Städtebau und Raumordnung, Bd. 6, Stuttgart 1969). Standortgebundene Aktivitäten sind planungsexogen, d. h. allein von den für die jeweilige Aktivität relevanten Standortkriterien abhängig. Als „Derivativbeschäftigte" werden die in den standortunabhängigen Aktivitäten (non basic activities) Beschäftigten bezeichnet. Diese Aktivitäten sind publikumsorientiert und damit direkt abhängig von der Verteilung der Wohnbevölkerung. Siehe auch S. 135, Fußnote 43). Zum „economic-base concept" siehe: *Isard*, W.: Methods of Regional Analysis: An Introduction to Regional Science, Cambridge/Mass. 1960.

[37] Siehe Fußnote 36.

[38] Siehe hierzu: *Center for Real Estate and Urban Economics, University of California:* Bay Area Simulation Study, Jobs, People, and Land, Berkeley/Calif. 1968. *Cripps*, E. L., *Foot*, D. H. S.: Evaluating alternative strategies, in: Off. Archit. Plann. 31, 1968, 928 - 938. *Highway Research Board* (Hrsg.): Land-use forecasting concepts. Record No. 126, Washington D. C. 1966. *Derselbe:* Urban land-use models. Record No. 207, Washington D. C. 1967.

[39] Die Geschoßflächenzahl ist das Verhältnis von Geschoßfläche zu Nettobaulandfläche. Sie gibt die zulässige Bebauungsdichte an. *Albers*, G.: Wohndichte und Geschoßflächenzahl, in: Stadtbauwelt 55, 1964, 44 - 48, S. 44 ff.

5. Kap.: Simulation d. räumlichen Verteilung d. Flächennutzungszonen

für standortgebundene Aktivitäten, wobei die unter B. diskutierte Zugänglichkeitsfunktion zugrundegelegt wird:

$$c_{ij} = \frac{l_i \, exp \, (-d_{ij} \, p''')/d_{ij}}{\sum_k l_k \, exp \, (-d_{kj} \, p''')/d_{kj}} \, ,$$

wobei c = Element der Matrix C, nach der die Geschoßfläche jedes Planquadrates j über alle Planquadrate i derart verteilt wird, daß $\sum_i c_{ij} = 1$ für jedes j;
- l = Nettobaulandfläche;
- d = Entfernung;
- p''' = Parameter (Argumente der Widerstandsfunktion);
- i = empfangende, aufnehmende oder anziehende Zielzone (Planquadrat);
- j = versendende oder verteilende Quellzone (Planquadrat);
- k = Planquadrat, das ebenfalls eine Anziehungskraft ausübt und deshalb in Konkurrenz zu i steht;
- ( ) = Exponent.

Die Schätzwerte für den Parameter p''' werden in einem Untermodell festgelegt. Dabei wird unterstellt, daß die Geschoßfläche vom Stadtzentrum aus in konzentrischen Ringen um dieses verteilt ist, und zwar direkt proportional zur Nettobaulandfläche und umgekehrt proportional zum Radius des jeweiligen Kreises. Da häufig im Zentrum selbst keine Nutzfläche für standortgebundene Aktivitäten verfügbar ist, wird der Parameter so gewählt, daß der größte Prozentsatz der verfügbaren Geschoßfläche nicht im Zentrum selbst, sondern in dessen Nähe lokalisiert ist (Abb. 13).

Abb. 13: Theoretische Verteilung der Geschoßfläche

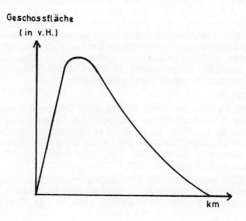

C. Darstellung des Flächennutzungsmodells von Echenique

Der Bestand an Geschoßfläche wird wie folgt verteilt:

$$f = C\hat{w}''''q,$$

wobei f = Vektor[40] der Geschoßfläche;

q = Vektor der Originärbeschäftigten;

$\hat{w}''''$ = Diagonalmatrix der Geschoßfläche je Originärbeschäftigten;

C = Matrix der verteilten Geschoßfläche; es gilt die Nebenbedingung $\sum_i c_{ij} = 1$ für jedes j.

Wird von der Geschoßfläche (f) der Flächenbedarf der Originärbeschäftigten ($q\hat{w}$) abgezogen, dann ist die restliche Fläche (f^*) verfügbar für die Allokation der Wohn- und Dienstleistungsstätten, d. h.

$$f^* = f - \hat{w}q,$$

wobei f^* = Vektor der für Wohnzwecke und Dienstleistungen verfügbaren Geschoßfläche;

$\hat{w}$ = Diagonalmatrix des Flächenbedarfs eines Originärbeschäftigten.

Die Verteilung der Wohnflächen erfolgt in Anlehnung an die Verteilung der Wohnbevölkerung. Letztere wird ähnlich wie bei Lowry ermittelt, indem von der Verhältniszahl Gesamtbevölkerung zu Originärbeschäftigten ausgegangen wird, also unterstellt wird, daß zu Beginn der Iteration die Originärbeschäftigten die einzige Beschäftigtengruppe bilden. Explizit formuliert:

$$h = \hat{u}q,$$

wobei h = Vektor der Gesamtbevölkerung;

$\hat{u}$ = Diagonalmatrix der Einwohnerzahl je Originärbeschäftigten;

g = Vektor der Originärbeschäftigten.

Die Wohnbevölkerung wird nunmehr in Anlehnung an die Verteilung der Originärbeschäftigten entsprechend der Matrix A allen Planquadraten derart zugeordnet, daß $\sum_i a_{ij} = 1$ für jedes j, wobei

$$a_{ij} = \frac{\overset{*}{f_i} d_{ij} \, exp \, (-d_{ij} \, t' \, p')}{\sum_k \overset{*}{f_k} d_{kj} \, exp \, (-d_{kj} \, t' \, p')},$$

mit p' und t' als wohnspezifischen Parametern, wie sie unter Gliederungspunkt B. dargestellt wurden. Die Wohnbevölkerung r_i des Planquadrates i entspricht damit

$$r_i = A_{ij} h_j.$$

---

[40] Sofern nicht anders angegeben, handelt es sich im Falle der Vektoren (kleine Buchstaben ohne Index) um Spaltenvektoren und im Falle der Matrizen um quadratische Matrizen.

5. Kap.: Simulation d. räumlichen Verteilung d. Flächennutzungszonen

Bei dieser Zuordnung ist jedoch die aus dem Flächenbedarf ($\hat{w}'r$) der Wohnbevölkerung resultierende Restriktion zu berücksichtigen. Der Flächenbedarf soll die verfügbare Wohnfläche nicht übersteigen. Die Nebenbedingung, unter der die Allokation der Wohnbevölkerung erfolgt, muß also lauten

$$\hat{w}'r = f_{r(i)} \leq \overset{*}{f_i},$$

wobei $f_{r(i)}$ = der für Wohnzwecke erforderliche Flächenbedarf;
$\hat{w}'$ = Diagonalmatrix des Flächenbedarfs eines Bewohners;
r = Vektor der Wohnbevölkerung.

Ist der Flächenbedarf größer als der Flächenbestand, dann ergibt sich ein Fehlbestand an Geschoßfläche ($f_{rx(i)}$) in Höhe von

$$f_{rx(i)} = f_{r(i)} - \overset{*}{f_i} > 0,$$

der einer nicht allokierten Wohnbevölkerung (Vektor r_x) in Höhe von $r_x = f_{rx}w'^{-1}$ entspricht. Dieser Bevölkerungsteil muß deshalb an späterer Stelle in weiteren Iterationszyklen neu verteilt werden bis $f_{r(i)} = \overset{*}{f_i}$.

Von der Wohnbevölkerung ist die Anzahl der Derivativbeschäftigten abhängig.

$$q'' = \hat{v}\,r,$$

wobei q'' = Vektor der Derivativbeschäftigten;
$\hat{v}$ = Diagonalmatrix der Verhältniszahlen Derivativbeschäftigte zu Einwohner;
r = Vektor der Wohnbevölkerung.

Die räumliche Verteilung dieser Beschäftigten über die einzelnen Planquadrate erfolgt mit Hilfe der Matrix B in der Weise, daß $\sum_i b_{ij} = 1$ für alle j. Die Elemente b_{ij} der Matrix B ergeben sich aus den Einkaufsgewohnheiten und dem Dispositionskalkül der Verkehrsteilnehmer für Fahrten zur Einkaufs- oder tertiären Arbeitsstätte. Angenommen wird, daß der Standort der Derivativbeschäftigten vor allem abhängig ist von Größe und Anzahl der bereits vorhandenen Arbeitsstätten einschließlich der noch verfügbaren Geschoßfläche für potentielle Arbeitsstätten und von der Entfernung zu den Wohnstätten. Im einzelnen gilt:

$$b_{ij} = \frac{g_i{}^a d_{ij}\, exp\,(-d_{ij}t''p'')}{\sum_k g_k{}^a\, d_{kj}\, exp\,(-d_{kj}t''p'')},$$

wobei g_i = Attraktivitätsfaktor (Anzahl der aktuellen und potentiellen Beschäftigten);
$g_i = q_i + w''^{-1}f_i^*$ mit
q_i = Anzahl der bereits allokierten Beschäftigten,

C. Darstellung des Flächennutzungsmodells von Echenique

f^*_i = verfügbare Geschoßfläche nach Abzug der Geschoßfläche für standortgebundene Aktivitäten,

w'' = Flächenbedarf für Dienstleistungszwecke pro Derivativbeschäftigten;

a, t'', p'' = Parameter (an den Verkehrsdaten für Fahrten zwischen Wohnstätte und tertiärer Arbeitsstätte oder Einkaufsstätte gemessen).

Demnach beläuft sich die Anzahl der Derivativbeschäftigten $s_{x(i)}$ in Planquadrat i auf

$$s_{x(i)} = B_{ij} q''_j.$$

Ob jedoch diese Beschäftigten tatsächlich einen Standort in den ihnen zugewiesenen Planquadraten finden, hängt wiederum von der verfügbaren Flächen ab. Wenn der Flächenbedarf $f_s = \hat{w}'' s_x$ beträgt, wobei $\hat{w}''$ die Diagonalmatrix des Flächenbedarfs für Dienstleistungszwecke pro Derivatbeschäftigten darstellt und s_x den Vektor der Derivativbeschäftigten, gilt demnach die Restriktionsgleichung

$$f_{s(i)} + f_{r(i)} \leqslant f^*_i.$$

Ist diese Nebenbedingung nicht erfüllt, dann müssen — plastisch ausgedrückt — die im Vergleich zur vorhandenen Fläche überzähligen Derivativbeschäftigten, sobald sie allokiert werden, einen Teil der Wohnbevölkerung verdrängen. Aufgrund dieser Verdrängung ergibt sich allerdings eine Flächenersparnis von

$$f_{ry} = f_s + f_r - f^*,$$

die einer verdrängten Wohnbevölkerung in Höhe von

$$r_y = f_{ry} \hat{w}'^{-1}$$

entspricht,

wobei f_{ry} = die von der „verdrängten" Wohnbevölkerung beanspruchte Geschoßfläche für Dienstleistungszwecke;

f_s = Geschoßfläche für Dienstleistungszwecke;

f_r = Geschoßfläche für Wohnzwecke;

f^* = insgesamt verfügbare Geschoßfläche nach Abzug der Geschoßfläche für standortgebundene Aktivitäten;

$\hat{w}'$ = Flächenbedarf für Wohnzwecke;

r_y = durch den Flächenanspruch der Derivativbeschäftigten „verdrängte" Wohnbevölkerung.

Der verdrängten Wohnbevölkerung entsprechen jedoch Derivativbeschäftigte (s_y), die ihrerseits von dieser abhängig sind und deshalb von der Zahl der ursprünglich allokierten Derivativbeschäftigten (s_x) abgezogen werden müssen: $s = s_x - s_y$[41]. Diese Subtraktion kann nicht global

---

[41] Die Verringerung der Anzahl der Derivativbeschäftigten vergrößert andererseits die verfügbare Geschoßfläche, so daß eine zusätzliche Wohnbevölkerung allokiert werden könnte. Da dieser Flächengewinn jedoch relativ gering ist und die damit verbundenen zusätzlichen Rechenschritte das Verteilungsergebnis nur unbedeutend verbessern, wird in der Regel hierauf verzichtet.

5. Kap.: Simulation d. räumlichen Verteilung d. Flächennutzungszonen

vorgenommen werden, sondern ist wiederum über alle Planquadrate zu verteilen. Explizit ausgedrückt:

$$s_y = B\,\hat{v} r_y ,$$

wobei s_y = Vektor der in der überschüssigen Wohnbevölkerung enthaltenen Derivativbeschäftigten;

r_y = Vektor der überschüssigen Wohnbevölkerung;

$\hat{v}$ = Diagonalmatrix der Derivativbeschäftigten je Einwohner;

B = Matrix für die Verteilung der Derivativbeschäftigten über alle Planquadrate.

Der durch den Flächenanspruch der Derivativbeschäftigten verdrängte Bevölkerungsteil (r_y) bildet zusammen mit dem wegen Mangel an Wohnfläche nicht allokierten Bevölkerungsteil (r_x) eine Überschußbevölkerung in Höhe von $r_z = r_x + r_y$. Wird diese in Beschäftigtenzahlen (q_y)[42] transformiert und zu den bereits allokierten Derivativbeschäftigten (Vektor s) addiert, dann ist damit auch der die 2. Iteration einleitende Beschäftigtenvektor (q^*) gegeben:

$$q^* = s + q_y .$$

Iterativ verändert werden also nur die sich hinsichtlich der Allokation gegenseitig bedingenden Bewohner und Derivativbeschäftigten. Die Originärbeschäftigten werden bereits in der 1. Iterationsphase allokiert.

Die zu Beginn der 2. Iteration verfügbare Geschoßfläche beträgt nun

$$f^* = f - (f_r + f_s) ,$$

wobei f^* = verfügbare Geschoßfläche zu Beginn der 2. Iteration;

f = verfügbare Geschoßfläche zu Beginn der 1. Iteration;

f_r = Flächenbedarf für Wohnzwecke;

f_s = Flächenbedarf für Dienstleistungszwecke.

Die Iterationen werden so lange fortgesetzt, bis die Überschußbevölkerung verschwindend klein wird. Ihre Anzahl hängt also insbesondere von der Höhe der Überschußbevölkerung und dem Anteil der Derivativbeschäftigten des 1. Iterationszyklus ab.

---

[42] Die Überschußbevölkerung (r_z) ist dann mit der inversen Diagonalmatrix der Beschäftigten (= Originärbeschäftigten) je Einwohner zu multiplizieren ($q_x = r_z \cdot \hat{u}^{-1}$) und entsprechend der Matrix A_1 über die Planquadrate zu verteilen:

$$q_y = A_1\,q_x \; mit \; A_{1(i,j)} = \frac{q_i\,d_{ij}\,exp\,(-d_{ij}\,t'p')}{\sum_k q_k\,d_{kj}\,exp\,(-d_{kj}\,t'p')} ,$$

wobei q_i dem eingangs dargestellten Vektor der Originärbeschäftigten entspricht.

D. Diskussion der Erklärungsrelevanz des Flächennutzungsmodells und Erweiterungsvorschläge

Die Diskussion des vorliegenden Simulationsmodells muß im Hinblick auf seinen Erklärungs- und Prognosewert für die Allokation der Flächen und Aktivitäten im Rahmen der Stadtentwicklungsplanung erfolgen. Eine endgültige Bestätigung kann jedoch nur mit Hilfe empirischer Daten vorgenommen werden. Verbesserungsmöglichkeiten des Modellaufbaus sind in mehrfacher Hinsicht gegeben.

(1) Die Grundkonzeption des Modells beruht auf der vorgegebenen Lokalisierung der Originärbeschäftigten. Die Verteilung der Wohnbevölkerung und indirekt auch die der Derivativbeschäftigten wird von den Standorten der Originärbeschäftigten aus vorgenommen. Von Bedeutung sowohl für die Anzahl der Iterationszyklen als auch vor allem für die Lokalisierung *und* Ermittlung der Anzahl der Derivativbeschäftigten ist deshalb die Erstellung eines ausführlichen Katalogs der Aktivitäten, die standortgebunden (Basisbereich der Wirtschaft, Originärbeschäftigte) sind. Von einer allgemeinen Fixierung dieser Aktivitäten kann jedoch auf keinen Fall ausgegangen werden, da je nach Struktur der Volkswirtschaft unterschiedliche Aktivitäten unter den Begriff der Standortabhängigkeit fallen[43].

---

[43] Die Einteilung in standortgebundene und standortneutrale Aktivitäten ist durchführbar sowohl für den Dienstleistungsbereich als auch für den industriellen Sektor. Wie komplex die Standortbeziehungen sein können, sei am Beispiel der Industrie dargestellt.

Als *standortgebunden* werden jene industriellen Aktivitäten definiert, deren Input- und Outputstruktur wesentlich durch den Standort beeinflußt werden. Typisch für solche Industrien sind, jeweils gemessen am Bruttoproduktionswert:
a) hohe Transportkostenempfindlichkeit für Input- und Outputgüter,
b) hoher spezifischer Energieverbrauch,
c) hoher spezifischer Wasserverbrauch,
d) Rohstoffversorgung aus Übersee,
e) überdurchschnittlich hohe Materialquote (Anteil der Vorprodukte am Bruttoproduktionswert),
f) überdurchschnittlich hohe Kapitalkostenanteile,
g) absolut oder relativ niedriger Lohnkostenanteil.

Die wichtigsten Merkmale der standortgebundenen Industrien sind eine hohe Input-Transportkostenempfindlichkeit und/oder ein optimaler Absatzradius. Dieser ist desto größer, je geringer die Transportkosten, je größer der Anteil der degressiven Produktionskosten, je geringer der Marktanteil und je geringer die Absatzdichte sind. Sollen die Kosten minimiert werden, ist der Absatzradius insbesondere so zu wählen, daß die zusätzlich entstehenden durchschnittlichen Transportkosten nicht die durch den Mehrabsatz zusätzlich entstehenden Produktionskostenvorteile übersteigen. Je höher also bei gegebener Transportkostenempfindlichkeit die Kosten des Transports sind, desto weniger ist ein überlegener Betrieb einer bestimmten Region in der Lage, über diese Region hinaus seinen gegebenen Wettbewerbsvorteil auszunutzen. Je weniger output-

In Entwicklungsländern ist ein relativ großer Teil der Erwerbstätigen im tertiären Sektor beschäftigt. Der Dienstleistungsbereich ist vielfach sogar die einzige Erwerbsquelle. Würde dieser Bereich deshalb vollständig zu den standortneutralen Aktivitäten gezählt, dann wäre für die Simula-

---

transportkostenempfindlich eine Industrie mit überregionalem Absatzradius allerdings ist, desto weniger fällt der Absatzradius bei der Standortwahl ins Gewicht, und desto maßgebender sind die allgemeine Marktentwicklung dieser Industrie (z. B. die Möglichkeit, interne Ersparnisse zu realisieren) sowie die Transportkostenempfindlichkeit gegenüber Inputgütern.

Werden die einzelnen Industriebereiche nach diesen Merkmalen klassifiziert, so zählen im Falle der Bundesrepublik Deutschland zu den standortgebundenen Industrien die Grundstoff- und Produktionsgüterindustrien, der Bergbau, der Schiffbau, die feinkeramische Industrie, die Nahrungs- und Genußmittelindustrie und die Druckereiindustrie. Insbesondere ist die Großchemie abhängig von den Inputtransportkosten für Rohstoffe (anorganische Rohstofflager, Raffineriestandorte), Energie und Wasser. Auch die feinkeramische Industrie und die Glasindustrie sind vorwiegend rohstofforientiert. Hüttenwerke sind abhängig von günstigem Wassertransport und hoher Stromerzeugung. Die Stahlindustrie ist sowohl auf der Input- als auch auf der Outputseite stark transportkostenempfindlich. Die Zulieferer sind räumlich konzentriert, die Abnehmer relativ breit gestreut. Interessant ist die zunehmende Standortverlagerungstendenz der Mineralölwirtschaft (Produktenpipeline) und der Stahlindustrie auf die Abnehmerschwerpunkte hin.

Die NE-Metallindustrie richtet sich nach den Standorten der ESBM-Industrie, der Elektrotechnik, des Maschinen- und Fahrzeugbaus, der Bauwirtschaft. Hauptabnehmer der Eisen-, Stahl- und Tempergießereien sind ebenfalls der Fahrzeug- und Maschinenbau, die eisenschaffende Industrie und das Baugewerbe. Die Ziehereien und Kaltwalzwerke richten sich nach den Standorten der Stahlindustrie. Die Nahrungs- und Genußmittelindustrie konzentriert sich in den Konsumzentren wachstumsintensiver Industrien und ist ansonsten regional wie die Bevölkerung verteilt. (Siehe hierzu *Schröder*, D.: Strukturwandel, Standortwahl und regionales Wachstum. Prognos-studien, Bd. 3, Stuttgart, Berlin, Köln, Mainz 1967, passim.)

Als *standortneutral* werden dagegen solche industriellen Aktivitäten definiert, deren Input- und Output-Struktur nicht wesentlich durch den Standort bestimmt werden. Diese Industrien sind weitgehend transportkostenunempfindlich. Ihr relativ hoher Anteil an der Industriebeschäftigung führt zu einer starken Abhängigkeit von der regionalen Arbeitsmarktsituation. Zu den standortneutralen Industrien zählen deshalb die Investitionsgüterindustrien (ohne Schiffbau), die Verbrauchsgüterindustrien (ohne Feinkeramik und Glas) und die Kautschuk verarbeitende Industrie *(Schröder,* D., a.a.O., S. 75).

Da die Transportkosten und damit der optimale Absatzradius für die regionale Verteilung dieser Industrien eine untergeordnete Rolle spielen, fällt auch den branchenspezifischen Strukturunterschieden (z. B. im Hinblick auf die internen Ersparnisse) ein geringeres Gewicht zu, als bei den standortgebundenen Industrien. Den standortneutralen Industrien steht eine Vielzahl alternativer Standorte zur Verfügung. Die Standortwahl wird hier wesentlich beeinflußt durch den Wert der Standort- und Wohnortfaktoren.

Als Wohnortfaktoren kommen u. a. in Betracht:

Angebot an und Nachfrage nach Wohnungsraum, Wohnungsmiete, Schulversorgung, soziale Infrastruktur, Kulturleben, Naherholung, klimatische Bedingungen.

Unter die Standortfaktoren fallen vor allem: quantitatives und qualitatives Angebot an Arbeit, Lohnsatz, Industriefläche, Bodenpreis, interregionale Infrastruktur, Schnellverkehrsverbindungen, Steuerhebesatz, Energiepreis, zentrale Dienste.

tion keine Ausgangsbasis mehr gegeben und könnten die Werte der n-ten und $(n\text{-}1)$-ten Iteration nie einander angeglichen werden. Deshalb ist eine genaue, auf das konkrete Untersuchungsgebiet bezogene Kenntnis der Standorteigenschaften aller Aktivitäten erforderlich. Auch aus statistischen Gründen ist dies um so notwendiger, je vollständiger die wirtschaftlichen Interaktionen auf einen Entwicklungspol beschränkt sind und ansonsten die Subsistenzwirtschaft vorliegt, so daß Vergleichsziffern anderer Stadtgebiete nicht erhältlich sind[44] und das export-base-Konzept[45] nicht ohne weiteres anwendbar ist.

Da die Bandstadt an die Zentralstadt anschließt und letztere häufig Sitz der Regierung ist, können die mit der Stadtverwaltung verbundenen

---

Eine Rangskala für diese Faktoren läßt sich nur empirisch ermitteln. A priori sind Aussagen über das Gewicht des jeweiligen Faktors nicht möglich. Dieses variiert sowohl mit der gesamtwirtschaftlichen Entwicklung als auch mit der untersuchten Region.

So wird in Zeiten der konjunkturellen Überbeschäftigung dem Wohnortfaktor und dem Arbeitskräftepotential bei der optimalen Standortwahl ein stärkeres Gewicht beizumessen sein als den anderen Standortfaktoren. Das gleiche gilt für Ballungsräume mit relativer Arbeitskräfteknappheit. Umgekehrt werden in Situationen der Unterbeschäftigung die Standortfaktoren in der Weise stärker durchschlagen, daß die Arbeitskräfte den sich bietenden Arbeitsmöglichkeiten bedingungsloser folgen werden.

Einzelne Standortfaktoren fallen bei der Standortwahl desto stärker ins Gewicht, je limitationaler die Produktionsverhältnisse sind. Das gilt insbesondere bei Knappheit an Arbeitskräften und Industrieflächen.

Dem Nahverkehrssystem kommt insofern eine relativ stark standortbildende Funktion zu, als mit zunehmender wirtschaftlicher Entwicklung die Qualität der Verkehrsleistungen (z. B. Schnelligkeit, Häufigkeit der Verbindungen usw.) stärker ins Gewicht fällt als die absolute Höhe der Transportkosten.

Mit zunehmendem, arbeitssparendem technischen Fortschritt wird in vielen Fällen dem Standortfaktor „Industriefläche" ein gleich großes Gewicht beizumessen sein wie dem Faktor „Angebot an Arbeitskräften". Das gilt insbesondere für Kerngebiete (Ballungsgebiete).

Schließlich fallen die Wohnortfaktoren mit zunehmender wirtschaftlicher Entwicklung bei der Standortwahl stärker ins Gewicht, da die entwicklungsbedingte Umschichtung der Verbraucherstruktur insbesondere den Anteil der Kollektivbedürfnisse erhöht und daher die Notwendigkeit standortwirksamer, öffentlicher Grundleistungen vergrößert. Mit zunehmender Möglichkeit, einen größeren Teil des Einkommens für den Konsum von Freizeitwerten zu verwenden, steigt das relative Gewicht der Wohnortfaktoren. Damit sind die Wohnortwünsche der Arbeitskräfte den Standortwünschen der Unternehmen annähernd gleichrangig, und dies desto eher, je höher das Pro-Kopf-Einkommen und je deckungsgleicher die regionale und nationale Verbraucherstruktur sind.

Zur Standorttheorie siehe auch: *Isard*, W.: „Regional Analysis", a.a.O. *v. Böventer*, E.: Theorie des räumlichen Gleichgewichts, Tübingen 1962. *Beckmann*, M.: Location Theory, New York 1968. *Cameron*, G. C., *Clark*, B. D.: Industrial Movement and the Regional Problem. University of Glasgow Social and Economic Studies. Occasional Paper No. 5, Edinburgh 1966.

[44] Anders dagegen in Industrieländern; siehe: *Stewart*, C. T. jr.: The size and spacing of cities, in: Geogr. Rev. 48, 1958, 222 - 245.

[45] Siehe hierzu *Isard*, W.: „Regional Analysis", a.a.O.

supralokalen Tätigkeiten dem Basisbereich des vorliegenden Modells zugerechnet werden. Zudem können die damit verbundenen Arbeitsstätten von einer einzigen Entscheidungseinheit geplant und kann ihr Standort nach entwicklungspolitischen Gesichtspunkten festgelegt werden. Das gleiche gilt z. B. für höhere Lehranstalten, Universitätskliniken, Kasernen und sonstige übergeordnete regionale, nationale und internationale[46] Gemeinbedarfseinrichtungen. Damit ist bereits ein relativ großer Teil der Erwerbstätigen zu Beginn der Simulation allokiert, und zwar allein aufgrund der Zuordnung zum Basisbereich.

(2) Obwohl das vorliegende Simulationsmodell kein Optimierungsmodell im Sinne der mathematischen Optimierung ist, enthält es Restriktionsgleichungen wie z. B. die verfügbare Fläche, so daß im Gegensatz zum Lowrymodell eine *Neu*verteilung von Wohnbevölkerung und Derivativbeschäftigten und damit eine ständige Anpassung im Rahmen der gesetzten Bedingungen möglich ist. Nur unter diesen Voraussetzungen ist ein Modell wirklichkeitsnah. Zugleich ist es operabel, da die *bedingten* Aussagen[47] die Ermittlung alternativer Strategien ermöglichen[48]. Explizite Nutzenfunktionen, z. B. für die Wohn- oder die Arbeitsbevölkerung, enthält es jedoch nicht.

Schließlich könnte das Modell dynamisiert werden, indem die Strukturgrößen und Parameter der Simulation in der laufenden Periode als Ergebnis der vorangegangenen Periode dargestellt werden (z. B. Abhängigkeit der Beschäftigten q_i zum Zeitpunkt t von den Beschäftigten q_i des Zeitpunktes $t-1$), so daß es auch im Zeitablauf lernfähig bleibt. Auf

---

[46] z. B. auf internationalen Verkehrsrouten gelegene Flughäfen und Häfen, sofern vom Entwicklungspol unabhängig (z. B. Dharan auf der Flugroute nach Asien, Anchorage auf der Polroute, Lobito auf der Eisenbahnlinie des afrikanischen Kupfergürtels).

[47] Bedingte Aussagen sind auch im Falle des Linearen Programmierens möglich, wenn bei gegebenen Nebenbedingungen die Schattenpreise berechnet werden. Die Anwendung des Linearen Programmierens ist jedoch besonders problematisch im Falle einer umfassenden Gesamtplanung wie der hier definierten Stadtentwicklungsplanung. Die Ermittlung der Zielfunktion ist häufig unmöglich. Ebenso schwierig ist es, die Nebenbedingungen zu spezifizieren, selbst wenn diese zum Teil in andere meßbare Einheiten transformiert werden können. Da die oben dargestellten Relationen nicht linear sind, können in der Regel auch nur nicht-lineare Programmierungsverfahren angewandt werden. Ferner stößt die Stadtentwicklungsplanung in diesem Zusammenhang an die Grenzen der „large scale mathematics", insbesondere die konsistente Integration von Untermodellen in das aggregierte Gesamtmodell. Zur Anwendung von Optimierungsmethoden bei der Stadt- und Regionalplanung siehe: *Ben-Shahar*, H., *Mazor*, A., *Pines*, D.: Town planning and welfare maximization: A methodological approach, in: Reg. Stud. 3, 1969, 105 - 113; *Lichfield*, N.: Evalution methodology of urban and regional plans: A review, in: Reg. Stud. 4, 1970, 151 - 165.

[48] Der Datenoutput des Simulationsmodells kann als Input für verschiedene Untermodelle verwendet werden.

D. Diskussion des Flächennutzungsmodells

diese Weise wäre es möglich, langfristige und mittelfristige Entwicklungsprogramme miteinander zu koppeln.

(3) Die Funktionsfähigkeit des Modells hängt hauptsächlich von der Konsistenz und Aussagekraft der Zugänglichkeitsmaße und Attraktivitätsfaktoren ab.

Die Verteilung der Derivativbeschäftigten richtet sich im vorliegenden Modell u. a. nach der Anzahl der aktuellen und potentiellen Beschäftigten[49] in Planquadrat i, da $g_i = q_i + \overset{*}{f_i} w''^{-1}$. Im Gegensatz zu vielen Einzelhandelsmodellen[50] wird damit auf die Umsatzhöhe als Indikator verzichtet. Abgesehen davon, daß in Entwicklungsländern Umsatzzahlen schwieriger erhältlich sind als Beschäftigtenzahlen, kommen in der Anzahl der Beschäftigten die für die Attraktivität wichtigen externen Agglomerationsvorteile stärker zum Ausdruck. Dies ist insbesondere deshalb von Bedeutung, da außer dem Einzelhandel noch andere publikumsorientierte Dienstleistungsbereiche und der standortneutrale Produktionsbereich unter den Begriff der Derivativbeschäftigten fallen, so daß die Zahl der Beschäftigten ein relativ homogener Indikator ist. Aber auch wenn der Einzelhandel der einzige non-basic-Sektor wäre, würde vor allem die Beschäftigtenzahl die Attraktivität jener Zentren wiedergeben, die wegen der hier vorliegenden Ansammlung von Läden einen Warenvergleich[51] ermöglichen und deshalb für die betreffende Handelssparte (z. B. Schuhe, Fahrräder, Möbel, Konfektionsware, Schmuck)[52] besonders attraktiv wirken.

Kennzeichnend für die Handelsstruktur in Entwicklungsländern ist schließlich die große Anzahl der Kleinstläden[53]. Neben den Beschäftigten könnte deshalb die Anzahl der Läden[54] als weiterer Indikator für die Verteilung der Derivativbeschäftigten herangezogen und in s_i einbezogen werden.

---

[49] Auch die Untersuchung von Davies kommt zu dem Ergebnis, daß die Beschäftigtenzahl die geeignetste lokale Kennziffer ist. *Davies*, R. L.: Variable Relationships in Central Place and Retail Potential Models, in: Reg. Stud. 4, 1970, 49 - 61, S. 58 f.

[50] Verkaufsziffern und den Diversifikationsgrad des Warenangebots legt zugrunde *Black*, J.: Some retail sales models. Paper for the Urban Studies Conference, Oxford 1966. Neben anderen Indikatoren (z. B. Verkaufsfläche) verwendet Lakshmanan den der Ausgaben für Gebrauchsgüter: *Lakshmanan*, T. R., *Hansen*, W. G.: A retail market potential model, in: JAIP 31, 1965, 134 - 143.

[51] Der Warenvergleich kann die Kaufentscheidung erleichtern, indem er die bei der Alternativwahl auftretende kognitive Dissonanz verringert: *Kaish*, S.: Cognitive dissonance and the classification of consumer goods, in: J. Marketing 31, 1967, 28 - 31.

[52] *Thorpe*, D., *Nader*, G. A.: Customer Movement and Shopping Centre Structure: A Study of a Central Place System in Northern Durham, in: Reg. Stud. 1, 1967, 173 - 191.

[53] Siehe Kapitel 4.

Die Beobachtung, daß in Industrieländern mit zunehmender Verkehrsstauung im Zentrum und Standortverlagerung bestimmter Bevölkerungsschichten in die Außenbezirke eine Verlagerung von Einzelhandelsgeschäften für Luxusgüter mit hoher Einkommenselastizität und wachsendem Marktanteil einhergeht (z. B. Autosalons, Boutiquen, Antiquitätenläden, kleinere Hotels)[55], ist auf das Bandstadtmodell nicht übertragbar. Die spezifische Flächenanordnung läßt hier eine Lokalisierung dieser Geschäfte im Zentrum der Bandstadteinheit zu.

Anders verhält es sich dagegen in der konzentrischen Ausgangsstadt. Da hier das innerstädtische Verkehrssystem relativ minderwertig ist, ist eine Standortverlagerung der genannten Geschäfte in das ehemalige Europäerviertel oder in die wohlhabenden Außenbezirke zu erwarten. Der von dieser räumlichen Differenzierung betroffene Teil der Derivativbeschäftigten ist jedoch im Vergleich zur Gesamtzahl dieser Beschäftigten gering, so daß die Einbeziehung einer hiermit zusammenhängenden zusätzlichen Attraktivitätsvariablen in das Modell vernachlässigt werden kann.

Für das Bandstadtmodell ebenfalls nicht relevant ist die Lokalisierung von Supermärkten an den Ausfallstraßen[56]. Bedenken, daß hierdurch die theoretische Verteilung s_i aufgrund des größeren Einzugsbereichs verzerrt werden könnte, werden damit gegenstandslos.

Wegen der Bedeutung eines zentralen Geschäftsviertels für die Funktionsfähigkeit der Bandstadteinheit wäre dagegen im Modellaufbau die unterschiedliche Distanzempfindlichkeit der Einwohner gegenüber unterschiedlichen Zentralitätsgraden zu berücksichtigen. Obwohl die Parameter p'' und t'' unterschiedliche Zugänglichkeitskurven darzustellen vermögen, wird in der Relation s_i ein für alle publikumsorientierten Aktivitäten einheitlicher Kurvenverlauf unterstellt. Es können jedoch nach Gütergruppen unterschiedliche Distanzempfindlichkeiten festgestellt werden. So ist z. B. Standardware wie Drogerieartikel, Haushaltsware und Lebensmittel ubiquitärer verteilt als andere Güter, insbesondere als solche, deren Kauf von einem Warenvergleich abhängt. Da Rechenverfahren entwickelt wurden, um bestimmte Gütergruppen bestimmten

---

[54] Siehe *Price*, D. G.: An Analysis of Retail Turnover in England and Wales, in: Reg. Stud. 4, 1970, 459 - 472, S. 463. In dieser Untersuchung konnte ein Zusammenhang zwischen Anzahl der Läden und Umsatzhöhe selbst unter Berücksichtigung der Einkommensstruktur unterschiedlicher Käuferschichten nicht nachgewiesen werden.

[55] *Schiller*, R. K.: Location Trends of Specialist Services, in: Reg. Stud. 5, 1971, 1 - 10, S. 6 f. Siehe auch: *Leigh*, R.: Specialty Retailing, A Geographic Analysis, Vancouver 1965; *Thorpe*, D.: The main shopping centres of Great Britain in 1961: their locational and structural characteristics, in: Urban Studies 5, 1968, 165 - 206.

[56] Siehe Kapitel 4.

D. Diskussion des Flächennutzungsmodells

innerstädtischen Handelszonen zuzuordnen[57], wäre es möglich, den Exponenten in b_{ij} getrennt nach zwei Warengruppen unterschiedlichen Zentralitätsgrades zu ermitteln. Ähnliches gilt für andere Dienstleistungsbereiche. So ergibt sich z. B. im Kreditgewerbe eine dahingehende Differenzierung[58], daß die Standortwahl der Sparkassen in hohem Maße bevölkerungsorientiert ist, um eine möglichst ortsnahe Versorgung der Kunden zu gewährleisten, während die Großbanken häufig im Zentrum sowie radial hierauf zulaufend lokalisiert sind. Die Privatbanken sind andererseits fast ausschließlich im Stadtzentrum konzentriert. Obwohl also die Ermittlung einer Verteilungsregel hier möglich wäre, rechtfertigt der relativ geringe Umfang dieses Sektors in Entwicklungsländern nicht den damit verbundenen Rechenaufwand bei der Simulation des Gesamtsystems städtischer Interaktionen.

Andere Werte für die Zugänglichkeitsfunktion ergeben sich auch für die Slumgebiete der konzentrischen Ausgangsstadt. Da diese in der Regel ausschließlich Wohnzwecken dienen, können die Einkaufsstätten nur in Randlagen zum Slumgebiet liegen. Hier wäre es also notwendig, unterschiedliche Parameterwerte für p'' und t'' anzusetzen.

(4) Aufgrund der im Bandstadtmodell vorgenommenen Trennung der Wohnbevölkerung nach zwei Wohnzonen (lockere oder dichte Wohnbebauung) kann der Algorithmus a_{ij} nicht in der dargestellten Form übernommen werden.

Zwar ist die Verteilung der Wohnbevölkerung r_i in i u. a. abhängig von den vorgegebenen Beschäftigungsmöglichkeiten p_j in j[59] und von der verfügbaren Wohnfläche f_i in i. Andererseits ist jedoch auch eine Abhängigkeit von der Qualität und der Lage der Wohnungen gegeben, die in der einheitlichen Kennziffer w' (Flächenbedarf pro Einwohner) nicht ausreichend zum Ausdruck kommt. Insbesondere ist die Verteilung der Wohnbevölkerung nach bestimmten Wohnungskategorien eine Funktion der Struktur und Anzahl der Haushalte (z. B. Haushalte mit oder ohne

---

[57] *Thorpe*, D., *Nader*, G. A.: „The main shopping centres", a.a.O., S. 177, 184. Thorpe unterscheidet sogar zwischen 5 Zonen. Aus der Beobachtung, daß zwar die Anzahl der Käufer exponentiell mit der Entfernung vom jeweiligen Zonenzentrum aus abnimmt, ihr Prozentsatz jedoch nur proportional, wird das Überlappen der einzelnen Zonen erklärt (S. 186). *Applebaum*, W., *Cohen*, S. B.: Dynamics of store trading areas and market equilibrium, in: A. Ass. Amer. Geogr. 51, 1961, 73 - 101.

[58] *Siepmann*, J. D.: Die Standortfrage bei Kreditinstituten. Untersuchungen über das Spar-, Giro und Kreditwesen, hrsg. von F. Voigt, Bd. 40, Berlin 1968, S. 76 ff.

[59] Das wird besonders deutlich im Falle der Standortwahl der Slums, deren Wohnbevölkerung zwar besonders distanzempfindlich ist, aber noch mehr Präferenzen für einen möglichst großen Auswahlbereich an Beschäftigungsmöglichkeiten zeigt, da die Nebenbeschäftigung hier die wichtigste Erwerbsquelle ist (siehe Kapitel 4).

Pkw, Höhe des Einkommens), des Wohnungsbestandes und der Anziehungskraft, den dieser auf die Haushalte ausübt. Im Rahmen des Bandstadtmodells wäre diese Anziehungskraft unter Berücksichtigung der Miete (Niedrigpreiswohnungen vs. Gebiet lockerer Wohnbebauung), der Etagenzahl (Abneigung gegen Appartementhochhäuser), des Freizeitwertes (z. B. öffentlicher Platz, Nachbarschaftsqualitäten) und der Seßhaftigkeit (Wohnsitz oder Straßenlager) zu ermitteln. Die Miete könnte dabei als Prozentsatz jenes Einkommensteiles ausgedrückt werden, der für Wohnzwecke maximal ausgegeben wird. Die Seßhaftigkeit ist als „dummy variable"[60] anzusetzen, die alternativ den Wert 0 oder 1 bildet. Werden die Parameter dieser Attraktivitätsfunktion in einem Partialmodell[61] unabhängig von den in r_i benutzten Massegrößen berechnet, dann können sie konstant gehalten werden und eignen sich damit auch für Prognosezwecke. Im vorliegenden Modell sollte also die Verteilung der Wohnbevölkerung zumindest nach den zwei sozio-ökonomischen[62] Gruppen der Bandstadt vorgenommen werden.

Schließlich sollte eine Prognose der Verteilung der Wohnbevölkerung r_i nicht nur von der Beschäftigtenzahl q_j in j ausgehen, sondern auch von der Struktur der zugrunde liegenden Industrien. Da die Entwicklung des Arbeitskräftepotentials von der Arbeitsproduktivität der jeweiligen Industrie oder Aktivität mitbestimmt wird, ist r_i auch von $\Sigma_j (\Sigma_m z_m q_{j,m})$ abhängig, wobei z die Arbeitsproduktivität der Aktivität m darstellt.

(5) Die Anzahl der Originärbeschäftigten ist modellexogen zu ermitteln, da sie für die Simulation als vorgegeben gilt. Maßgebend für den Standort dieser Aktivitäten in der Bandstadt sind entwicklungspolitische Gesichtspunkte sowie die für die standortgebundenen Aktivitäten geltenden Standortdeterminanten[63].

Die Lokalisierung der nicht publikumsorientierten Dienstleistungen im Zentrum der Bandstadteinheit und die der standortgebundenen Industrien nach Maßgabe des Flächenbedarfs entlang der Schnellverkehrsachse würde eine Unterteilung von q in Dienstleistungsbeschäftigte und

---

[60] Exogene Variable, die als „künstliche" oder „unechte" Variable bezeichnet wird; siehe *Malinvaud*, E.: Statistical Methods of Econometrics, Amsterdam 1966, S. 241 f.

[61] Für Industrieländer liegen bereits hochentwickelte, partialbezogene Planungsmodelle für den Wohnungsbau und die Wohnfunktion vor. Siehe z. B. *Albach*, H.: A planning model for urban housing developments, in: Unternehmensforschung 15, 1971, 73 - 102. *Diedrich*, H.: Mathematische Optimierung: Ihr Rationalisierungsbeitrag für die Stadtentwicklung. Beiträge zur Stadt- und Regionalforschung, Bd. 1, Göttingen 1970, insbes. S. 102 ff.

[62] Die Abhängigkeit der Distanzempfindlichkeit vom sozialen Status der Bevölkerung wird untersucht z. B. bei *Taaffe*, E. J., *Garner*, B. J., *Yeates*, M. H.: The Peripheral Journey to Work, Evanston/Ill. 1963, S. 119 f.

[63] Siehe hierzu Kapitel 3 und Kapitel 5, D. (1).

D. Diskussion des Flächennutzungsmodells

Industriearbeiter und eine Unterteilung von w in Flächenbedarf pro Dienstleistungsbeschäftigten und Flächenbedarf pro Industriearbeiter voraussetzen. Da jedoch in der Bandstadteinheit der Auswahlbereich der Standorte dieser Aktivitäten aus Planungsgründen eng begrenzt ist, kann zumindest auf dieser Entwicklungsebene die Ermittlung der verfügbaren Fläche f^* manuell vorgenommen werden, so daß eine Verteilung der Flächen nach C unter Berücksichtigung der genannten Untergliederung von q und w nur im Falle größerer Entwicklungspole notwendig wird.

Sechstes Kapitel

Zusammenfassung der Untersuchungsergebnisse

Die Entwicklung der Zielhypothese der vorliegenden Arbeit erfolgte durch die Diskussion des Widerspruchs, der zwischen der *sektoralen* Entwicklungsplanung der Entwicklungsländer einerseits und der Ausklammerung der die sektorale Entwicklung bedingenden standort-, siedlungs- und flächenspezifischen *Raumzusammenhänge* anderseits besteht. Nationale Entwicklungspläne, die diese Zusammenhänge nicht explizit berücksichtigen, sind abzulehnen.

Die an dem Prinzip der vollkommenen Konkurrenz als räumlichem Allokationsmechanismus geübte Kritik zeigte, daß die Fehlallokation der Aktivitäten und Flächen im Sinne des Konzepts der allokativen Effizienz nur durch subsidiäre Steuerungsmaßnahmen vermindert werden kann.

Hieraus ergab sich die Notwendigkeit, zusätzliche Entscheidungskriterien für die optimale Anordnung nutzungsspezifischer Flächen zu finden. Die Optimalität kann nur in bezug auf das für Entwicklungsländer relevante Zielsystem beurteilt werden. Aus diesem Grunde wurde das zuvor ermittelte allgemeine entwicklungspolitische Entscheidungssystem sektoral und zugleich räumlich relativiert. Es muß als Ergebnis dieser Konkretisierung bezweifelt werden, daß eine Regionalpolitik in Entwicklungsländern im gegenwärtigen Entwicklungsstadium durchführbar ist. Vielmehr ist in verstärktem Maße eine sub-regionale Entwicklungspolitik zu betreiben. Der nationale Entwicklungsplan ist auf diese Zusammenhänge auszurichten. Damit zeigen sich — auch dies ist eines der Ergebnisse der vorliegenden Untersuchung — erhebliche Abweichungen gegenüber den traditionellen entwicklungspolitischen Konzepten. Der entwickelte graphentheoretische Ansatz zur Erklärung der Eigenschaften eines wachsenden Systems von Polen und Verbindungen (insbesondere die Hypothese der Bildung von Verbindungsersparnissen zwischen *ähnlichen* Polen) vermochte darüber hinaus bestimmte Einsichten prinzipieller Art in die Theorie der Entwicklungspole zu vermitteln, die im Zusammenhang mit dem oben genannten entwicklungspolitischen Zielsystem diskutiert wurde.

In Weiterführung des sub-regionalen Ansatzes und im Hinblick auf die zu ermittelnde optimale Anordnung der Flächen wurden die in der Literatur unterschiedenen Stadtentwicklungstypen diskutiert. Auf der Grundlage eines kombinatorischen Bezugsrahmens wurde von den tatsächlichen auf die überhaupt möglichen Modellkombinationen geschlossen, so daß zusätzliche, in der Literatur nicht berücksichtigte Modellvarianten erfaßt werden konnten. Die Rückkoppelung zu den zuvor ermittelten entwicklungspolitischen Voraussetzungen führte zu der Folgerung, daß die Bandstadt die Ziele der Entwicklungspolitik besser erfüllt als jede andere Stadtform. Dieses Ergebnis erhält besonderes Gewicht dadurch, daß es den grundlegenden Zielvorstellungen und vor allem den realen Entwicklungsmöglichkeiten der Entwicklungsländer gerecht wird und insofern auf eine bisher vernachlässigte Planungsalternative hinweist. Abgelehnt wird damit insbesondere eine Stadterweiterung in konzentrischer oder radialer Form.

Die Analyse der Flächennutzungen und Flächenanordnung in den Stadtgebieten der Entwicklungsländer ließ als weiteres Ergebnis die untergeordnete Bedeutung der Sanierung im Vergleich zur Stadterweiterung für das entwicklungspolitische Zielsystem der Entwicklungsländer erkennen. Zugleich konnte ein realitätsbezogener und zielgerechter Flächenplan für die lokale Ausgestaltung des Bandstadtmodells aufgestellt werden. Die in diesem Zusammenhang herauszustellenden strukturnotwendigen Merkmale der Bandstadteinheit sind eine leistungsfähige, schienengebundene Schnellverkehrsachse, die enge Verknüpfung von Gemeinbedarfsflächen und Wohnflächen im Rahmen der sozialen Integrationsfunktion der Bandstadteinheit, die getrennte und die Distanzempfindlichkeit der Bevölkerung berücksichtigende Anordnung der Industrieflächen und vor allem die aus regionaler und langfristiger Sicht belassenen Freiheitsgrade der Entwicklung.

Die analysierten Zusammenhänge ließen des weiteren erkennen, daß mit dem traditionellen Planungsinstrumentarium die als wichtig anzusehenden Vorgänge der Stadtentwicklung nicht erklärt und prognostiziert werden können. Die geforderte Berücksichtigung nationaler *und* lokaler Entwicklungsindikatoren im Gesamtsystem der wirtschaftlichen und gesellschaftlichen Interdependenzen der Stadtentwicklung kann aufgrund der Komplexität der Wirkungszusammenhänge nur in einem Gleichungssystem, das diese Indikatoren als Argumentvariablen enthält, konsistent formuliert werden. Nur unter dieser Voraussetzung können die Maßnahmen der Stadtentwicklungsplanung auf die Gesamtheit ihrer Auswirkungen hin überprüft werden. Die Konkretisierung eines solchen Gleichungssystems wurde deshalb in Weiterführung eines Flächennutzungsmodells von Echenique[1] vorgenommen. Hierbei ergaben sich für den Modellaufbau *formale* Änderungen, die insbesondere auf die

---

[1] *Echenique*, M., *Crowther*, D., *Lindsay*, W.: A Spatial Model of Urban Stock and Activity, in: Reg. Stud. 3, 1969, 281 - 312.

individuellen Anwendungsbedingungen der Entwicklungsländer zurückzuführen sind. Im übrigen ist abschließend darauf hinzuweisen, daß als Maßstab für den empirischen Gehalt eines hypothetischen Aussagesystems nur seine Falsifizierbarkeit angesehen werden kann[2]. Diese wiederum kann nur im Zuge einer systematischen *materiellen* Nachprüfung erfolgen, für die in den meisten Entwicklungsländern jedoch noch keine ausreichende statistische Ausgangsbasis vorliegt.

---

[2] Siehe hierzu: *Popper*, K. R.: Logik der Forschung, 2. Aufl. Tübingen 1966, S. 198 ff.

Summary

Patterns of urban growth and models of urban land use in developing countries

The hypothesis given in this paper is developed on the one hand by the discussion of the contradictory behaviour between sectoral growth planning in developing countries and on the other by disregarding location, settlement and areal interrelationships which affect sectoral growth. National growth plans that do not explicitly consider these connections are of no use.

The critical analysis of the principle of perfect competition as an areal allocation mechanism has shown that an inefficient allocation of activities and land uses can only be avoided by additional interventions.

It is thus necessary to find additional decision criteria for the optimal allocation of areas for their specific uses. An examination of the optimality can only be made in reference to the target functions of developing countries. The general development policy decision system previously obtained must thus be sectorally and areally relativated. As a result of this treatment it is doubtful whether regional policy is operable in developing countries at the present time. It is far more likely that a sub-regional policy would be possible. National plans should, therefore, be made with this in mind. Major differences to the traditional conception of the development policy can be seen. The attempt at describing the characteristics of a dynamic system of poles and links (particularly the hypothesis of connection saving between similar poles) using graph theory gave insight in the theory of growth poles. These were dicsussed together with the development policy mentioned above.

Continuing the sub-regional discussion in order to allocate land use a number of models of urban form were analysed. Using combinatory methods the models ware increased from the actual model combinations to those that were at all possible. Thus variants of urban forms were taken into consideration that had not previously been used. By combining sectoral and spatial arguments it was discovered a particular form of the linear town accomplished the aims of development policy more efficiently than any other urban form. This result is of importance as it is within the capabilities and aims of the developing countries and shows a planning alternative that has previously been little developed. Town development in concentric or radial form was not acceptable.

The analysis of urban land use in developing countries showed that slum clearance is far less important than town expansion. In addition an areal plan for the local form of the linear town model based on socio-economic capabilities and aims was attempted. The structurally necessary characteristics of the linear town unit were found to be: a dynamic, fast rail connection; the close links between residential areas and areas designated for public use within the social integration function of the linear town unit; the separate localisation of areas for industrial activities taking the propensity of the population to distance into consideration; the regional and long-term degree of freedom for further development.

Summary

The interdependency that were analysed showed further that by using traditional planning methods, it is impossible to explain and prognosticate the important events in urban development. The necessary considerations of national and local, sectoral and spatial development indicators in the general system of the economic and social interdependancy of urban development can only be formulated consistently in an equation system using these indicators because of the complexity of the interconnecting effects. The formulation, therefore, used and discussed a land use model (Echenique, M., Crowther, D., Lindsay, W.: A Spatial Model of Urban Stock and Activity, in: Regional Studies 3, 1969, 281 - 312). Certain formal changes were made, because of the special conditions in the developing countries. It should be noted that only the possibility of its falsehood can be taken as a measure for empirical value of an hypothetical statement system. This can only be proved by a systematic material test for which the available statistical data in developing countries is not yet sufficient.

Résumé

Planification du développement urbain et modèles d'utilisation de la surface urbaine dans les pays en voie de développement

L'objet que le présent ouvrage se propose d'analyser, est développé en exposant la contradiction qui existe entre la planification économique sectorale dans les pays en voie de développement et les phénomènes spatiaux tels par exemple les systèmes fonciers, de localisation et de lotissement, déterminant le développement des secteurs. Toute planification nationale qui ne considère pas de façon explicite ces interdépendences est, au fond, inacceptable.

La critique du principe de la concurrence parfaite en tant que mécanisme d'allocation spatiale montre que seules des interventions subsidiaires sont à même d'éviter une allocation inefficiente des activités et des aires.

Il s'ensuit qu'il est nécessaire de trouver des critères décisionnels qui permettent d'assurer une allocation optimale des aires et des catégories d'utilisation s'y rapportant. L'optimalité trouvée ne peut être jugée qu'en vue des buts propres aux pays en voie de développement. C'est pourquoi le système décisionnel de la politique de développement, conçu d'abord d'un point de vue général, devrait être formulé par rapport aux régions et secteurs des pays sous-développés. Il est à retenir, comme résultat de cette analyse, qu'une politique régionale — au sens traditionnel du mot — dans les pays en voie de développement est d'un effet douteux, du moins dans l'état actuel du développement de ces pays. En revanche, une politique de développement axée plus spécialement sur l'aspect sub-régional est recommandée. Même le plan national devrait être ajusté à ce niveau sub-régional. On peut donc constater que les conceptions traditionnelles du développement économique doivent être modifiées à cet égard. La théorie des pôles de développement, discutée antérieurement, et les éléments constitutifs de ce principe ont pu être clarifiés à l'aide d'un système de graphes expliquant les implications de la croissance d'un système de pôles et de liens (en particulier l'hypothèse des liens épargnés entre pôles semblables).

Afin de poursuivre l'idée du développement sub-régional (urbain) et de l'allocation optimale des surfaces qui en fait parti, il a été nécessaire de discuter les différents types de développement urbain. A partir d'un schéma de combinaisons, certains modèles du développement urbain insuffisamment considérés dans la litérature ont pu être analysés. En confrontant les arguments spatiaux aux conditions du développement économique discutées plus haut, on en arrive à la conclusion qu'une sous-forme particulière de la ville linéaire convient mieux au développement que toute autre forme urbaine. La solution d'une croissance urbaine en forme radiale ou concentrique est donc rejetée. Il est important de noter que la réalisation d'une telle forme linéaire concorde avec les buts et les possibilités réels du développement économique des pays sous-développés. On se demande pourquoi cette stratégie de développement n'a pas encore été adoptée.

Résumé

L'analyse de l'utilisation des surfaces et de l'allocation des aires urbaines dans les pays en voie de développement a montré, par ailleurs, qu'une politique d'assainissement est moins importante qu'une stratégie d'extension urbaine, à en juger par les buts et les moyens de développement économique de ces pays. Compte-tenu des interdépendances sectorales et spatiales un plan d'aménagement, réalisant la configuration en détail du concept linéaire, a été développé. Les caractéristiques principales constituent un axe pour traffic rapide sur rail, une connexion étroite entre aires d'utilité publique et aires résidentielles dans le cadre de la force intégrative d'une unité urbaine linéaire, des aires industrielles localisées en des places distinctes et conformément à la sensibilité-distance des agents économiques, enfin, des degrés de liberté suffisants quant au développement régional et à long terme.

On a pu reconnaître au cours de l'analyse que les instruments traditionnels de la planification des aires ne sont pas à même d'expliquer et de pronostiquer les phénomènes importants du développement urbain. La nécessité de considérer aussi bien des relations nationales que locales, sectorales que spatiales, constitutives des interdépendances économiques et sociales, donc relations assez complexes, exige un système d'équations qui seul peut formuler de façon consistente ces relations complexes. Seul un tel procédé permet de connaître toutes les conséquences des mesures prises dans le cadre de la planification urbaine. Un modèle de simulation (Echenique, M., Crowther, D., Lindsay, W.: A Spatial Model of Urban Stock and Activity, in: Reg. Stud. 3, 1969, 282 - 312) a donc été discuté et concrétisé par rapport aux pays en voie de développement. Les propositions formelles faites en ce contexte devraient être complétées, il est vrai, par des propositions matérielles qui falsifieraient ou non les hypothèses énoncées. Cependant, dans la plupart des pays en voie de développement il manque une base statistique suffisamment détaillée pour une telle confirmation empirique.

Resumen

La planificación del desarrollo urbano y modelos de utilización de áreas urbanas para países en vías de desarrollo

El desarrollo del fin de este trabajo está determinado por la discusión existente entre la planificación sectorial y la abstracción hecha de las relaciones específicas de tipo espacial, residencial y de área que influyen en la planificación sectorial. Planes de desarrollo económico nacional que no toman en cuenta explicitamente estas relaciones tienen que ser rechazados.

La crítica al principio de la libre competencia como mecanismo de alocación de las áreas ha enseñado que un ineficiente alocación de las actividades y las superficies solo se puede reducir con la ayuda de medidas subsidiarias.

De esto resulta la necesidad de encontrar criterios adicionales que conduzcan a una disposición óptima de las áreas de utilidad específica. La optimalidad solo se puede juzgar en relación con los fines relevantes para los países en vías de desarrollo. Por esta razón no se ha calculado el sistema general de decisiones en el campo de la política del desarrollo de manera absoluta, sino que en relación con aspectos de tipo sectorial y de superficie (de terrenos). Resultado de lo anterior es la duda de que el actual grado de desarrollo en los países subdesarrollados posibilite una política regional. Antes que nada hay que practicar una política sub-regional de desarrollo más intensiva. El plan de desarrollo nacional tiene que tomar en cuenta estos nexos causales. Con eso se muestran grandes divergencias en comparacion con los conceptos de desarrollo tradicionales.

El concepto grafo-teórico desarrollado explica no solo las características de un creciente sistema de polos y comunicaciones (en especial la hipótesis del ahorro de comunicaciones entre polos similares), sino también introdujo determinadas ideas con carácter de principio en la teoría de los polos de desarrollo que fueron discutidas en relación con el arriba citado sistema de finalidades en el campo de la política de desarrollo.

En la continuación del concepto subregional y en atención a la disposición óptima de las áreas se discutieron los diferentes formas de desarrollo de las ciudades que se encuentran en la literatura. Basandose en una serie de datos combinables y las combinaciones reales se dedujeron las combinaciones posibles, de tal manera, que fué posible incluir variantes del modelo que no se mencionaban en la literatura. Confrontando los argumentos de carácter sectorial y espacial se llega a la conclusión de que una variante de la ciudad lineal satisface mejor que cualquier otro tipo de ciudad a los fines de la política de desarrollo. Este resultado es de importancia ya que satisface los fines básicos y sobre todo porque toma en cuenta las posibilidades reales de los países en vías de desarrollo, mostrando así uni alternativa hasta ahora descuidada. De este modo se rechaza de manera especial el concepto de una extensión concéntrica o radial de las ciudades.

El análisis del aprovechamiento y de la disposición de las áreas urbanas de los países desarrollados dió como resultado la poca importancia relativa del saneamiento en comparación con la extensión de las ciudades para los fines de la política de desarrollo de los países subdesarrollados. Al mismo tiempo se pudo elaborar un plan areal más realista y más conforme con los fines de la amplicación del modelo de la ciudad lineal.

Las características necesarias de la ciudad lineal son: un sistema de transportes rápido, eficaz y sobre rieles; una estrecha vinculación entre las áreas de utilidad pública y las áreas residenciales de acuerdo con la función de integración de la ciudad lineal; separación del área industrial de las demas áreas de manera tal, que se considere la sensibilidad de la población con respecto a las distancias y sobre todo que garantice desde el punto de vista regional y a largo plazo un cierto grado de libertad de desarrollo.

Las relaciones estudiadas dejan reconocer además de lo anterior que los procesos importantes para el desarrollo urbano no se pueden explicar ni pronosticar con la ayuda de los instrumentos de planificación tradicionales. El postulado de la consideración de indicadores del desarrollo de tipo nacional y local, sectorial y espacial, solo se puede cumplir, debido a lo complejo de las relaciones, en un sistema de ecuaciones que contenga de manera consistente estos indicadores como variables. Solo bajo esta condición se pueden examinar en su totalidad los efectos de la planificación urbana. Por lo cual se aplicó un modelo de aprovechamiento areal (Echenique, M., Crowther, D., Lindsay, W.: A Spatial Model of Urban Stock and Activity, in: Reg. Stud. 3, 1969, 281 - 312). En la estructura de este modelo se registran cambios de tipo formal que se deben principalmente a las diferentes condiciones existentes en los países en vías de desarrollo. Finalmente cabe señalar que solo el poder demostrar la falsedad de una teoría puede ser criterio para juzgar sobre su contenido empirico. Esta falsedad solo se puede demostrar por medio de un examen material, para el cual los países en vías de desarrollo todavía no cuentan con la base estadistica necesaria.

Literaturverzeichnis

Abercrombie, P.: Greater London Plan 1944, London 1945.

Adam, A.: Casablanca. Essai sur la transformation de la société marocaine au contact de l'Occident, 2 Bde. Paris 1968.

Adams, J.: A population map of West Africa. London School of Economics, Graduate School of Geography, Discussion Papers, No. 26, July-October 1968.

— Urbanization in Ghana and Nigeria: some problems of definitions and measurement. London School of Economics, Graduate School of Geography, Discussion Papers, No. 27, July-October 1968.

Agarwala, A. N. and *Singh*, S. P. (Hrsg.): The Economics of Underdevelopment, New York 1963.

Ahmad, Q.: Indian Cities: Characteristics and Correlates. University of Chicago, Department of Geography Research Paper, No. 102, Chicago 1965.

Albach, H.: A planning model for urban housing developments, in: Unternehmensforschung 15, 1971, 73 - 102.

Albers, G.: Wohndichte und Geschoßflächenzahl, in: Stadtbauwelt 55, 1964, 44 - 48.

— Stadtentwicklungsplanung, in: Handwörterbuch der Raumforschung und Raumordnung, Bd. 3, 2. Aufl. Hannover 1970, S. 3202.

— Städtebauliche Konzeptionen und Infrastrukturbereitstellung, in: Jochimsen, R., Simonis, U. E. (Hrsg.), Theorie und Praxis der Infrastrukturpolitik. Sch. d. V. f. Socpol., N.F., Bd. 54, Berlin 1970, 255 - 274.

Allen, K.: Growth Centres and Growth Centre Policy in: EFTA (Hrsg.), Regional Policy in EFTA, Genf 1968.

Alonso, W.: The Form of Cities in Developing Countries, in: Reg. Sci. 13, 1964, 165 - 173.

Amos, F. J. C.: Alternative Plans for Sub-Regional Problems, in: Reg. Stud. 1, 1967, 135 - 146.

Applebaum, W. and *Cohen*, S. B.: Dynamics of store trading areas and market equilibrium, in: A. Ass. Amer. Geogr. 51, 1961, 73 - 101.

Arrow, K. J.: An Extension of the Basic Theorems of Classical Welfare Economics, in: Neymann, J. (Hrsg.), Proceedings of the Second Berkeley Symposium on Mathematical Statistics and Probability, Berkeley 1951, S. 507 ff.

Astengo, G.: Hamburg Plan 60, in: Urbanistica 36/7, 1962.

Attia, H.: Croissance et migrations des populations saheliennes, in: Revue Tunisienne de Sciences Sociales, 7. Jg., Nr. 23, 1970, 91 - 118.

Austin, A. G. and *Lewis*, S.: Urban Government for Metropolitan Lima, London, New York 1970.

Autorenkollektiv der staatlichen Hochschule für bildende Künste, Berlin: Modelle zur Veranschaulichung von Stadtwachstumsprozessen, in: *Jochimsen, R., Simonis,* U. E. (Hrsg.), Theorie und Praxis der Infrastrukturpolitik. Sch. d. V. f. Socpol., N.F., Bd. 54, Berlin 1970, 107 - 124.

Awad, H.: Marocco's expanding towns, in: Geographical Journal 130, 1964, 49 - 64.

Baade, F. und *Kartsaklis,* R.: Die Bevölkerungsexplosion in den Entwicklungsländern. Forschungsinstitut für Wirtschaftsfragen der Entwicklungsländer e. V., Bonn 1969.

Baer, W. and *Herve,* M. E. A.: Employment and Industrialisation in Developing Countries, in: QJE 80, 1966, 88 - 107.

Balandier, G.: Les Brazzavilles noires, Paris 1955.

— Sociologie actuelle de l'Afrique noire, Paris 1955.

Balandier, G. (Hrsg.): Social Implications of Technological Change, Paris 1962.

Banerji, S.: The role of metropolitan planning in Indian urbanization, in: Ekistics 28, 1969, 430 - 434.

Barrenechea, R. P.: Cartas del Perú, Lima 1959.

Bchir, M.: La fécondité légitime à Tunis, in: La fécondité des ménages à Tunis. Cahiers du C.E.R.E.S. Série démographique, Nr. 3, Tunis 1969, 67 - 83.

— Croissance démographique du gouvernorat de Tunis 1956 - 1966, in: Revue Tunisienne de Sciences Sociales, 7. Jg., Nr. 23, 1970, 15 - 38.

Beckmann, M., *McGuire,* C. B. and *Winsten,* C. B.: Studies in the Economics of Transportation, New Haven 1956.

Beckmann, M.: Location Theory, New York 1968.

Behrens, W. E.: Die Bedeutung staatlicher Entwicklungsplanung für die wirtschaftliche Entwicklung unterentwickelter Länder. Volkswirtschaftliche Schriften, Heft 94, Berlin 1966.

Ben-Shahar, H., *Mazor,* A. and *Pines,* D.: Town Planning and Welfare Maximisation: A Methodological Approach, in: Reg. Stud. 3, 1969, 105 - 113.

Berry, B. J. L.: City Size Distribution and Economic Development, in: Econ. Develop. and cult. Change 9, 1961, 573 - 588.

Beyer, G. H. (Hrsg.): The Urban Explosion in Latin America, A Continent in Process of Modernization, Ithaca/N.Y. 1967.

Bhagwati, J.: The economics of Underdeveloped Countries, London 1966.

Black, J.: Some Retail Sales Models. Paper for the Urban Studies Conference, Oxford 1966.

Blake, G. H.: Urbanisation in North Africa: its nature and consequences. Regional Studies Association, Conference on Urbanisation and Regional Change, Balliol College, Oxford, April 13 - 17, 1970, Oxford 1970.

Boeke, J. H.: Economics and Economic Policy in Dual Societies, Haarlem 1953.

v. Böventer, E.: Theorie des räumlichen Gleichgewichts, Tübingen 1962.

Bolan, R. S.: Perspektiven der Planung, in: Stadtbauwelt 25/61, 1970, 14 - 20.

Bonus von Schweinitz, H.: Untersuchungen zur Dynamik des Konsumgüterbesitzes, Berlin 1972.

Bor, W. and *Smulian*, J.: Planning in Venezuela — with special reference to the recent development of three new cities. Regional Studies Association Conference on Urbanisation and Regional Change, Balliol College, Oxford, April 13 - 17, 1970, Oxford 1970.

Boudeville, J.-R.: Problems of Regional Economic Planning, Edinburgh 1966.

— L'espace et les pôles de croissance, Paris 1968.

Bowen-Jones, H.: Urbanization and economic development. Paper given at Fourth Annual International Seminar in the Social Sciences, University of Edinburgh, Edinburgh 1968.

Brandt, J.: Planungsfibel, München 1966.

Breese, G.: Urbanization in Newly Developing Countries, Englewood Cliffs/ N.J. 1966.

Broady, M.: Planning for people, Essays on the Social Context of Planning, London 1968.

Brown, R.: Transport and Economic Integration of South America, Washington 1966.

Browning, H. L.: Recent Trends in Latin American Urbanization, in: A. Amer. Acad. polit. soc. Sci. 316, 1958, 111 - 120.

— Urbanization and Modernization in Latin America, The Demographic Perspective, in: Beyer, G. H. (Hrsg.), The Urban Explosion in Latin America, A Continent in Process of Modernization, Ithaca/N.Y. 1967, 71 - 116.

Bruton, H. J.: Growth Models and the Underdeveloped Economies, in: JPE 68, 1955, 322 - 336.

Buchanan, J. M. and *Stubblebine*, W. C.: Externality, in: Economica 29, 1962, 371 - 384.

Bull, D. A.: New Town and Town Expansion Schemes, Part II: Urban form and structure, in: Tn. Plann. Rev. 38, 1967, 165 - 186.

Bundesamt für gewerbliche Wirtschaft: Bericht über das Ergebnis einer Untersuchung der Konzentration in der Wirtschaft, Anlagenband, Frankfurt/M. 1964.

Burgess, E. W.: The Growth of a City, in: Proceedings of the American Sociological Society 18, 1923, 85 - 89.

Burk, M.: Consumption Economics, A Multidisciplinary Approach, New York, London, Sydney 1968.

Buy, J.: Bidonville et ensemble moderne, in: Bull. Economique Maroc, Sept. 1966, 71 - 122.

Bylund, E.: Regional Development and Urban Structure. European Coordination Centre for Research and Documentation in Social Sciences: Backward Areas in Industrialized Countries. Vervielf. Manuskript, Wien 1970.

Calcutta Metropolitan Planning Organisation: Basic Development Plan for Metropolitan Calcutta, Calcutta 1966.

Cameron, G. C. and *Clark*, B. D.: Industrial Movement and the Regional Problem. University of Glasgow Social and Economic Studies. Occasional Paper No. 5, Edinburgh 1966.

Center for Real Estate and Urban Economics, University of California: Bay Area Simulation Study, Jobs, People, and Land, Berkeley/Calif. 1968.

Chambers, R.: The Volta Resettlement Experience, London 1969.

Chandrasekhar, S.: India's Population, Fact and Policy. Indian Institute for Population Studies, Annamalai University, Chidambaram 1950.

Chapin, St. F. jr.: Urban Land Use Planning, 2. Aufl. Urbana/Ill. 1965.

Chawla, I. N.: Urbanization of the Punjab Plains, in: Indian Geographer, Dec. 1958, 30 - 38.

Chesneaux, J.: Notes sur l'évolution récente de l'habitat urbain en Asie, in: L'Information Géographique 13, 1949, 169 - 175, und 14, 1950, 1 - 8.

Christaller, W.: Die zentralen Orte in Süddeutschland, Jena 1933.

Clark, C.: The Economic Functions of a City in Relation to its Size, in: Econometrica 13, 1945, 97 - 113.

Clarke, J. I.: Urban Population growth in the Middle East and North Africa. Institute of British Geographers. Population Study Group Symposium, Keele Sept. 1969 (unveröffentl. Manuskript).

— Population Geography and Developing Countries, Oxford 1970.

Collins, G. R.: The Linear City, in: Lewis, D. (Hrsg.), The Pedestrian in the City, London 1965.

Comhaire, J. L.: Urban Conditions in Africa: Select Reading List on Urban Problems in Africa, London 1950.

Coombs, C. H., *Raiffa,* H. and *Thrall,* R. M.: Some views on mathematical models and measurement theory, in: Psychol. Rev. 61, 1954, 132 - 144.

Commission on International Development: Partners in Development. Report of the Commission of International Development (Pearson Report), New York, Washington, London 1969.

Copenhagen Regional Planning Office, Egnsplansekretariatet for Storkøbernhavn: Preliminary Outline Plan for the Copenhagen Metropolitan Region, Kopenhagen 1960.

Cowan, F. and *Fine,* D.: On the Number of Links in a System, in: Reg. Stud. 3, 1969, 235 - 242.

Crease, D.: Brasilia Becomes a capital city, in: Geogr. Magazine 41, 1969, 419 - 428.

— Dynamic city that nobody loves, in: Geogr. Magazine 41, 1969, 615 - 623.

Cripps, E. L. and *Foot,* D. H. S.: Evaluating alternative strategies, in: Off. Archit. Plann. 31, 1968, 928 - 938.

Dahir, J.: The Neighborhood Unit Plan, New York 1947.

Damette, Groupe 8: Les migrations dans la région minière du sud, in: Revue Tunisienne de Sciences Sociales, 7. Jg., Nr. 23, 1970, 175 - 207.

Darwent, D. F.: Growth poles and growth centres in regional planning — A Review, in: Environment and Planning, 1, 1969, 5 - 32.

Davie, M. R.: The Pattern of Urban Growth, in: Murdock, G .P. (Hrsg.), Studies in the Science of Society, New Haven 1937, 137 - 161.

Davies et al.: Cities: A Scientific American Book, London 1967.

Davies, R. L.: Variable Relationships in Central Place and Retail Potential Models, in: Reg. Stud. 4, 1970, 49 - 61.

Davin, L.: Economie régionale et croissance, Paris 1964.

Davis, K.: The Origin and Growth of Urbanization in the World, in: Amer. J. Sociol. 60, 1955, S. 431.

— Colonial Expansion and Urban Diffusion in the Americas, in: Int. J. comp. Sociol. 1, 1960, 43 - 66.

— World Urbanization 1950 - 1970, Vol. 1, Basic Data for Cities, Countries, and Regions. Population Monograph Series No. 4, University of California, Berkeley/Calif. 1969.

Debreu, G.: Valuation Equilibrium and Pareto-Optimum, in: Proceedings of the National Academy of Sciences, Vol. 40, 1954, No. 7, S. 588 ff.

Delhi Development Authority: Draft Master Plan for Delhi, Vol. I, o. O. 1960.

Department of the Environment: Strategic Plan for the South-East Studies, Vol. 1, Population and Employment, London 1971.

Deshmukh, M. B.: A Study of Floating Migration, in: Forde, D. (Hrsg.), Social Implications of Industrialization and Urbanization in Africa South of the Sahara, Paris 1956, S. 143 ff.

Despois, J. et *Raynal,* R.: Géographie de l'Afrique du Nord-Ouest, Paris 1967.

Deutsche Orientstiftung: Entwicklung und Entwicklungspolitik in Iran. Vervielf. Manuskript, Hamburg 1970.

de Vries, E. and *Echevarria,* J. M. (Hrsg.): Social Aspects of Economic Development in Latin America, 2 Bände, Paris 1963.

Diedrich, H.: Mathematische Optimierung: Ihr Rationalisierungsbeitrag für die Stadtentwicklung. Beiträge zur Stadt- und Regionalforschung. Bd. 1, Göttingen 1970.

Dietz, A. G. H., *Koth,* M. N. and *Silvo,* J. A.: Housing in Latin America, Cambridge/Mass. 1965.

Döhnhoff, M.: Droht ein Krieg in Asien?, in: Die Zeit, 26. Jg., 1971, Nr. 46 vom 12. 11. 1971, S. 1.

Dollfus, O.: Remarques sur quelques aspects de l'urbanisation péruvienne, in: Civilisations 16, 1966, 338 - 353.

Donnison, D. V.: The Government of Housing, Harmondsworth 1967.

Downs, A.: A Theory of Bureaucracy, in: AER (P & P) 55, 1965, 441 - 443.

Doxiadis, C. A.: On linear Cities, in: Tn. Plann. Rev. 38, 1967, 35 - 42.

Ducoff, L. J.: The Role of Migration in the Demographic Development of Latin America, in: The Milbank Memorial Fund 43, 1965, Heft 4, Teil 2.

Duncan, O. D.: Optimum Size of Cities in Cities and Society, in: Hall, P. K., Reiss, A. J. (Hrsg.): The revised reader in Urban Sociology, Glencoe/Ill. 1957.

Echenique, M., *Crowther,* D. and *Lindsay,* W.: A Spatial Model of Urban Stock and Activity, in: Reg. Stud. 3, 1969, 281 - 312.

Eckaus, R. S.: The factor proportions problem in underdeveloped areas, in: AER 45, 1955, 539 - 565.

Egli, E.: Geschichte des Städtebaues, Zürich, Stuttgart 1962.

El Aouani, M.: Les populations rurales de la région de Tunis, in: Revue Tunisienne de Sciences Sociales, 7. Jg., Nr. 23, 1970, 39 - 90.

Fairthorne, D. B.: Description and Shortcomings of some Urban Road Traffic Models, in: Operational Res. Q. 15, 1964, 17 - 28.

Faludi, A.: Zur amerikanischen Vorgeschichte der Nachbarschaftsidee, in: Raumforschung und Raumordnung 3, 1969, 110 - 122.

Field, D.: New Town and Town Expansion Schemes, Part III, Five new towns planned for populations of 80,000 to 100,000, in: Tn. Plann. Rev. 39, 1968, 196 - 216.

Forbes, J.: A Map Analysis of Potentially Developable Land, in: Reg. Stud. 3, 1969, 179 - 195.

Forde, D.: Social Aspects of Urbanization and Industrialization in Africa: A General Review, in: Forde, D. (Hrsg.), Social Implications of Industrialization and Urbanization in Africa South of the Sahara, Paris 1956.

— Social Implications of Industrialization and Urbanization in Africa South of the Sahara, Paris 1956.

Frey, R. L.: Infrastruktur, Grundlagen der Planung öffentlicher Investitionen, Tübingen, Zürich 1970.

— Le développement régional et le secteur quaternaire. European Coordination Centre for Research and Documentation in Social Sciences: Backward Areas in Industrialized Countries. Vervielf. Manuskript, Wien 1970.

Friedman, J.: A General Theory of Polarized Development. Ford Foundation Urban and Regional Advisory Program in Chile. Vervielf. Manuskript, Santiago 1967.

— An information model of urbanization, in: Urban Affairs Quart. 4, 1968, 235 - 244.

— The strategy of deliberate urbanisation, in: JAIP 34, 1968, 364 - 373.

— The changing pattern of urbanization in Venezuela, in: Joint Center for Urban Studies (Hrsg.), Planning urban growth and regional development: the experience of the guayana program of Venezuela, Cambridge/Mass., London 1969, S. 40 - 59.

Fritsch, B. (Hrsg.): Entwicklungsländer, Köln, Berlin 1968.

Galenson, W. and *Leibenstein*, H.: Investment Criteria, Productivity and Economic Development, in: QJE 69, 1955, 343 - 370.

Garin, R. A.: A matrix formulation of the Lowry model for intrametropolitan activity allocation, in: JAIP 32, 1966, 361 - 364.

Gaudard, G. et *Valarché*, J.: Propositions d'un projet de recherche, Le coût de la croissance urbaine. Septième session du Comité Directeur du Conseil International des Sciences Sociales, Vienne 23 - 24 avril 1971, Document de travail n° 4, Wien 1971.

Gerster, G.: Die Stadt, die eigentlich keine ist, in: Neue Zürcher Zeitung, Nr. 37 vom 24. 1. 71, 55 - 57.

Getis, A.: Residential Location and the journey from work, in: Proc. Assoc. Am. Geogr. 1, 1969, 55 - 59.

Gibbs, J. P.: Measures of urbanization, in: Social Forces 45, 1966, 170 - 177.

Goldman, T. A. (Hrsg.): Cost-Effectiveness Analysis, Approaches in Decision-Making, New York, Washington, London 1967.

Gore, W. S.: Fragment einer Entscheidungstheorie, in: Stadtbauwelt 25/61, 1970, 33 - 40.

Grant, E.: A traffic model for Aberdeen, II, Trip distribution models, in: Traffic Engineering and Control, Sept. 1969, S. 233 ff.

Guetzkow, H. (Hrsg.): Simulation in social science: Readings, Englewood Cliffs/N. J. 1963.

Gugler, J.: Verstädterung in Ostafrika, in: Wirtschafts- und Sozialgeographisches Institut der Friedrich-Alexander-Universität Nürnberg (Hrsg.), Ostafrikanische Studien, Nürnberg 1968, 20 - 40.

Gullicksen, H. and *Messik*, S. (Hrsg.): Psychological Scaling, Theory and Applications, New York, London 1960.

Guzman, L. E.: An Annotated Bibliography of Publications on Urban Latin America, Chicago 1952.

Hägerstrand, T.: Innovation Diffusion as a Spatial Process (engl. Übersetzung von A. Pred), Chicago 1968.

Haggett, P.: New Regions for old, in: Geogr. Magazine 42, 1969, 210 - 217.

Haggett, P. and *Chorley*, R. J.: Network Analysis in Geography, London 1969.

Hall, P.: Weltstädte, München 1966.

Hall, P. K. and *Reiss*, A. J. (Hrsg.): The revised reader in Urban Sociology, Glencoe/Ill. 1957.

Hamdan, G.: The pattern of medieval urbanism in the Arab world, in: Geography, April 1962, 121 - 134.

Hance, W.: Population Migration and Urbanization in Africa, London 1970.

Hanke, L.: The Imperial City of Potosi, Den Haag 1956.

Hansen, W. G.: How accessibility shaps land use, in: JAIP 25, 1959, 73 - 76.

Harris, B.: Urbanization Policy in India, in: Reg. Sci. 5, 1959, 181 - 203.

Harrison Church, R. J.: Le développement économique et les problèmes de l'urbanisation massive en Afrique Tropicale, in: Mélanges de Géographie offerts à M. Omer Tulippe, II ,Gembloux 1968, 332 - 337.

Hauser, P. M. (Hrsg.): Urbanization in Asia and the Far East. Proceedings of the Joint UN/UNESCO Seminar Bangkok, 8 - 18 August 1956, Calcutta 1956.

— Urbanization in Latin America, Paris 1961.

Higgins, B.: Indonesia's Economic Stabilisation and Development. Institute of Pacific Relations, New York 1957.

— Economic Development — Principles, Problems, and Policies, New York 1959.

Highway Research Board (Hrsg.): Land-use forecasting concepts. Record No. 126, Washington D. C. 1966.

— Urban land-use models. Record No. 207, Washington D. C. 1967.

Hilberseimer, L.: The New City, Chicago 1944.

Hilhorst, J. G. M.: Regional Planning in North West Argentina. Regional Studies Association Conference on Urbanisation and Regional Change, Balliol College Oxford, April 13 - 17, 1970. Vervielf. Manuskript, Oxford 1970.

Hillebrecht, R.: Städtebau und Stadtentwicklung, in: Arch. f. Kommunalwiss. 1, 1962, 41 - 64.

Hirschman, A. O.: The Strategy of Economic Development, New Haven 1958.

Högg et al., Bundesschatzministerium: Zusammenfassende Darstellung der Grundlagen und der vordringlichen Planungsvorschläge der Stadt- und Regionalplanung. Monrovia/Liberia. Unveröffentl. Manuskript, o. O., Nov. 1964.

Hofstätter, P. R. und *Lübbert*, H.: Bericht über eine neue Methode der Eindrucksanalyse in der Marktforschung, in: Psychol. u. Praxis 2, 1958, 71 - 76.

Holland, E. P. and *Gillespie*, R. W.: Experiments on a Simulated Underdeveloped Economy: Development Plans and Balance-of-Payments Policies, Cambridge/Mass. 1963.

Horowitz, I. L.: Electoral Politics, Urbanization, and Social Development in Latin America, in: Beyer, G. H. (Hrsg.), The Urban Explosion in Latin America. A Continent in Process of Modernization, Ithaca/N. Y. 1967, 215 - 254.

Hoselitz, B. F. (Hrsg.): The Progress of Underdeveloped Areas, Chicago 1952.

Hoselitz, B. F. and *Moors*, W. E. (Hrsg.): Industrialization and Society, Paris, Den Haag 1963.

Howard, E.: Tomorrow, 1. Aufl. London 1898; 2. Aufl. unter dem Titel „Garden Cities of Tomorrow", London 1900.

Hoyt, H.: City Growth and Mortgage Risk, in: Insured Mortgage Portfolio 1, 1936/37, 6 - 10.

— World Urbanization. Expanding Population in a Shrinking World. Urban Land Institute, Technical Bulletin No. 43, Washington 1962.

— The Residential and Retail Patterns of Leading Latin American Cities, in: Land Economics 39, 1963, 449 - 454.

Ingram, D. R.: The Concept of Accessibility, A Search for an Operational Form, in: Reg. Stud. 5, 1971, 101 - 107.

Iranian Statistical Centre: National Census of Population and Housing, Nov. 1966, Vol. No. CLXVIII, Teheran 1968.

Isard, W.: Methods of Regional Analysis: An Introduction to Regional Science. The Regional Science Studies Serie, Bd. 4, Cambridge 1960.

Isenberg, G.: Existenzgrundlagen in der Stadt- und Landesplanung, Tübingen 1965.

Jakobson, L. and *Prakash*, V.: Urbanization and regional planning in India, in: Urban Affairs Quart. 2, 1967, 36 - 65.

Jamieson, G. B., *Mackay*, W. K. and *Latchford*, J. C. R.: Transportation and Land Use Structures, in: Urban Studies 4, 1967, 201 - 217.

Jessiman, W., *Brand*, D., *Tummunia*, A. and *Brussee*, C. R.: A Rational Decision Making Technique for Transportation Planning. Highway Research Board, National Academy of Sciences and Engineering, Highway Research Record No. 180, Washington D. C. 1967.

Jochimsen, R.: Grundlagen, Grenzen und Entwicklungsmöglichkeiten der Welfare Economics, in: von Beckerath, E., Giersch, H. (Hrsg.), Probleme der normativen Ökonomik und der Wirtschaftspolitischen Beratung. Sch. d. V. f. Socpol., N. F., Bd. 29, Berlin 1963, 129 - 153.

Jochimsen, R. und *Treuner*, P.: Zentrale Orte in ländlichen Räumen. Bad Godesberg 1967.

Jones, E.: Aspects of urbanization in Venezuela, in: Ekistics 18, 1964, 420 - 425.

Jones, F. L.: A note on „Measures of Urbanization" with further proposal, in: Social Forces 46, 1967, 275 - 279.

Kaish, S.: Cognitive Dissonance and the Classification of Consumer Goods, in: J. Marketing 31, 1967, 28 - 31.

Kassab, A.: Trois types de quartiers populaires à Béjà, in: Revue Tunisienne de Sciences Sociales, 8. Jg., Nr. 24, 1971, 99 - 120.

Keeble, D.: The proper place for industry, in: Geogr. Magazine 41, 1969, 844 - 855.

Keeble, L.: Principles and Practice of Town and Country Planning, London 1964.

Kirsch, H. und *Fock*, D.: Ein Beitrag zur Motorisierungskennziffer und Ausnutzungskennziffer, in: Straßenverkehrstechnik 13, 1969, 184 - 190.

Klaassen, L. H.: Die Rolle des Verkehrs bei der baulichen Planung städtischer Gebiete. Europäische Konferenz der Verkehrsminister (Hrsg.), Drittes Internationales Symposium über Theorie und Praxis in der Verkehrswirtschaft. Vervielf. Manuskript CEMT/SYMP (69) 1, Rotterdam 1969.

— Growth Poles, An Economic View. Vervielf. Manuskript, Rotterdam 1969.

Klaassen, L. H.: Growth poles in economic theory and policy, in: United Nations Research Institute for Social Development (Hrsg.), Concept and Theories of Growth Poles and Growth Centres, Genf 1970.

Klages, H.: Der Nachbarschaftsgedanke und die nachbarliche Wirklichkeit in der Großstadt, Köln und Opladen 1958.

Klatt, S.: Zur Theorie der Industrialisierung, Köln - Opladen 1959.

Körner, H.: Industrielle Entwicklungspole als Instrumente der Regionalpolitik in Entwicklungsländern, in: Kyklos 20, 1967, 684 - 708.

Kommunale Gemeinschaftsstelle für Verwaltungsvereinfachung (Hrsg.): Rundschreiben Nr. 8/1969 (Regelung zur Organisation der Stadtentwicklung), Köln 1969.

— Rundschreiben 19/69 (Koordination der Planungen der Gebietskörperschaft), Köln 1969.

— Rundschreiben Nr. 38/1970 (Organisatorische Regelungen der Stadtentwicklungsplanung), Köln 1970.

Kraft, B. and *Wohl*, M.: New Directions for Passenger Demand Analysis and Forecasting, in: Transportation Research 1, 1967, 205 - 230.

Krapf-Askari, E.: Yoruba Towns and Cities: An Enquiry into the Nature of Urban Social Phenomena, Oxford 1969.

Krech, D. and *Crutchfield*, R. S.: Theory and Problems of Social Psychology, New York, London 1948.

Kristensson, F.: The Impact of changing economic and organizational structure on urban core development, in: Sociographical Department, University of Amsterdam (Hrsg.), Proceedings of the Study Week Inner City and Urban Core, Leiden 1967, 8 - 10.

Kropotkin, P.: Landwirtschaft, Industrie und Handwerk, Berlin 1904.

Kruse-Rodenacker, A. (Hrsg.): Grundfragen der Entwicklungsplanung. Schriften der Deutschen Stiftung für Entwicklungsländer, Band 1, Berlin 1964.

Krutilla, J. V. and *Eckstein*, O.: Multiple Purpose River Development. Studies in Applied Economic Analysis, 3. Aufl. Baltimore 1964.

Kubler, G. A.: Cities and Culture in the Colonial Period in Latin America, in: Diogène 47, 1964, 53 - 62.

Kuklinski, A. R.: Regional Development, Regional Policies and Regional Planning, Problems and Issues, in: Reg. Stud. 4, 1970, 269 - 278.

Kuper, H. (Hrsg.): Urbanization and Migration in West Africa, Berkeley/Calif. 1965.

Lakshmanan, T. R. and *Hansen*, W. G.: A retail market potential model, in: JAIP 31, 1965, 134 - 143.

Lancaster, K. and *Lipsey*, R. G.: The general theory of second best, in: Review of Economic Studies 24, 1956/57, S. 11 ff.

Lansing, J. B. and *Hendricks*, G.: Automobile Ownership and Residential Density, Ann Arbor/Michigan 1967.

Lasuen, J. R.: On growth poles, in: Urban Studies 2, 1969, 137 - 161.

Le Corbusier: An die Studenten — Die ‚Charte d'Athènes', Hamburg 1962.

Lefeber, L. and *Datta-Chaudhuri*, M.: Regional Development: Experiences and Prospects, Vol. 1, South and Southeast Asia, Part One and Part Two. United Nations Research Institute for Social Development, Report Nos. 70. 2/1 - 70. 2/2, Genf 1970.

Leibenstein, H.: Economic Backwardness and Economic Growth, New York 1957, 2. Aufl. 1960.

Leigh, R.: Specialty Retailing — A Geographic Analysis, Vancouver 1965.

Lenel, H. O.: Die Bedeutung der großen Unternehmen für den technischen Fortschritt, Tübingen 1968.

— Die Ursachen der Konzentration, 2. Aufl. Tübingen 1968.

Lenort, N. J.: Entwicklungsplanung in Stadtregionen. Die Industrielle Entwicklung, Bd. 15, Köln, Opladen 1961.

Lerner, D.: Comparative Analysis of Processes of Modernisation, in: Miner, H. (Hrsg.), The City in Modern Africa, London 1967, 21 - 38.

Lewis, W. A.: The Theory of Economic Growth, Homewood/Ill. 1955.

Lichfield, N.: Evaluation Methodology of Urban and Regional Plans: A Review, in: Regional Studies 4, 1970, 151 - 165.

Link, E.: Planungsstäbe in den Gemeinden, in: Die Demokratische Gemeinde, Nr. 5, 1970, 443 - 445.

Linnemann, H.: Regiones económicas del Ecuador, su integración y desarrollo, Quito 1965.

Little, K. L.: (Hrsg.): On Urbanism in West Africa, in: Sociological Review 7, 1959, 3 - 122.

Llewelyn-Davies, R.: Some further thoughts on linear cities, in: Tn. Plann. Rev. 38, 1967, 202 - 203.

Lorenz, D.: Zur Typologie der Entwicklungsländer, in: Jb. f. Sozwiss. 12, 1961, 354 - 380.

Lowry, I. S.: A Model of Metropolis, The Rand Corporation Memorandum RM. 4035-RC, Santa Monica/Calif. 1964.

Maass, A.: Benefit-Cost-Analysis: Its Relevance to Public Investment Decisions, in: QJE 80, 1966, 208 - 226.

Mäcke, P. A.: Das Prognoseverfahren in der Straßenverkehrsplanung, Wiesbaden, Berlin 1964.

Malinvaud, E.: Statistical Methods of Econometrics, Amsterdam 1966.

McGillivray, R. G.: Demand and Choice Models of Modal Split, in: J. of Transp. Ec. and Pol. 4, 1970, 192 - 207.

McKean, R. N.: Suboptimization Criteria and Operations Research, Santa Monica 1953.

— Efficiency in Government through System Analysis, with Emphasis on Water Resource Development, New York, London 1958.

McLoughlin, J. B.: A Systems Approach to Planning, in: Proceedings of the Belfast Summer School, Town Planning Institute, 1967, 38 - 53.

— Simulation for Beginners: The Planting of a Sub-Regional Model System, in: Reg. Stud. 3, 1969, 313 - 323.

Medvedkov, Yu. V.: Concept of Entropy in Settlement Pattern Analysis, in: Reg. Sc. 18, 1967, 165 - 168.

— An Application of Topology in Central Place Analysis, in: Reg. Sc. 20, 1968, 77 - 84.

Mellet, F.: Analyse du choix du mode de transport par les usagers en région parisienne, in: Institut d'aménagement et d'urbanisme de la région parisienne (Hrsg.), Les transports urbains, vol. 17 - 18, Paris 1969.

Meyer, J., *Kain*, J. F. and *Wohl*, M.: The Urban Transportation Problem, Cambridge/Mass. 1965.

Meyer, J. U., *Seul*, D. und *Klinger*, K. H.: Das zweite Entwicklungsjahrzehnt der Vereinten Nationen, Zusammenfassung und kritische Würdigung der bisher unterbreiteten Vorschläge. Institut für Entwicklungsforschung und Entwicklungspolitik der Ruhr-Universität Bochum, Bochum 1970.

Milne, A. M.: The economics of inland transportation, 2. Aufl. London 1963.

Miner, H.: The City in modern Africa, New York, Washington, London 1967.

Ministry of Housing and Local Government: The South-East Study, London 1964.

Miró, C. A.: The Population of Latin America, in: Demography 1, 1964, 21 - 24.

Mitchell, J. C.: Urbanization, Detribalization, and Stabilization in Southern Africa: A Problem of Definition and Measurement, in: Forde, D. (Hrsg.), Social Implications of Industrialization and Urbanization in Africa South of the Sahara, Paris 1956, 693 - 711.

Moreira, J. R.: Education and Development in Latin America, in: De Vries, E., Echevarria, J. M. (Hrsg.), Social Aspects of Economic Development in Latin America, Bd. 1, Paris 1963, 308 - 344.

Morrill, R. L.: The distribution of migration distances, in: Reg. Sci. 11, 1963, 75 - 84.

Morse, R. M.: Some Characteristics of Latin American Urban History, in: American Historical Review 67, 1962, Heft 2.

— Recent Research on Latin American Urbanization: A Selective Survey with Commentary, in: Latin American Research Review 1, 1965, 35 - 74.

Murphey, Rhoads: Urbanization in Asia, in: Ekistics 21, 1966 (122), 8 - 17.

Myint, H.: The Economics of the Developing Countries, London 1964.

Myrdal, G.: Economic Theory and Underdeveloped Regions, London 1956.

— Asian Drama, An Inquiry into the Poverty of Nations, 3 Bände, Harmondsworth/Middlesex 1968.

Nath, S. K.: Are Formal Welfare Criteria Required, in: EJ 74, 1964, 548 - 577.

National Statistical Office: Statistical Yearbook Thailand 1966, Bangkok 1968.

Nelson, R. R.: A Theory of the Low-Level-Equilibrium Trap, in: AER 46, 1956, 894 - 908.

Netherlands Government Physical Planning Service: Second Report on Physical Planning in the Netherlands, Part 1, Main outline of national physical planning policy, Part 2, Future pattern of development, Den Haag 1966.

Newcomb, T. M. (unter Mitarbeit von W. W. *Charters* jr.): Sozialpsychologie, Meisenheim/Glan 1959.

Niemeier, H. G.: Landesentwicklung an der Wende. Kleine Schriften des Deutschen Verbandes für Wohnungswesen, Städtebau und Raumplanung, Heft 33, Bonn 1970.

Niesing, H.: Zum Begriff der Infrastruktur, in: Stadtbauwelt 19, 1968, 1407 - 1408.

Noin, D.: L'urbanisation du Maroc, in: L'Information Géographique 32, 1968, 69 - 81.

Nurkse, R.: Problems of Capital Formation in Underdeveloped Countries, Oxford 1953.

Nystuen, I. D. and *Dacey,* M. F.: A Graph Theory Interpretation of Nodal Regions, in: Reg. Sc. 7, 1961, 29 - 42.

Oi, W. Y. and *Shuldiner,* P. W.: An Analysis of Urban Travel Demand. The Metropolitan Transportation Series, The Transportation Center of Northwestern University, Evanston/Ill. 1967.

Osgood, C. E.: The nature and the measurement of meaning, in: Psychol. Bull. 49, 1952, 197 - 237.

Osgood, C. E. and *Suci,* G. J.: A measure of relation determined by both mean differences and profile information, in: Psychol. Bull. 49, 1952, 251 - 262.

Osgood, C. E., *Suci,* G. J. and *Tannenbaum,* O. H.: The Measurement of Meaning, Urbana/Ill. 1958.

o. V.: Sonderforschungsbereich Lateinamerika der Universitäten Bonn und Köln, Wirtschafts- und Sozialstrukturen Lateinamerikas unter besonderer Berücksichtigung der Stadt-Land-Beziehungen. Vervielf. Manuskript, Bonn 1971.

Paelinck, J.: La théorie du développment régional polarisé, in: Cahiers de l'I.S.E.A., Série L (économies régionales), mars 1965, 5 - 47.

Penfold, A.: Ciudad Guayana, Planning a New City in Venezuela, in: Tn. Plann. Rev. 36, 1966, 225 - 248.

Perroux, F.: Esquisse d'une théorie de l'économie dominante, in: Economie Appliquée, April - September 1948.

— Les espaces économiques, in: Economie Appliquée 7, 1950, 225 - 244.

— Note sur la notion de pôle de croissance, in: Economie Appliquée 8, 1951, 307 - 320.

— Note sur la ville considérée comme pôle de développement et comme foyer de progrès, in: Tiers-Monde 8, 1967, 1147 - 1156.

— Les investissements multinationaux et l'analyse des pôles de développement et des pôles d'intégration, in: Tiers-Monde 9, 1968, 239 - 265.

Peters, G. H.: Cost-Benefit-Analyse, Hamburg 1968.

Ponsard, C., *Claval,* P., *Daloz,* J., *Fayette,* J. et *Moran,* P.: Travaux sur l'espace économique, Paris 1966.

Popper, K. R.: Logik der Forschung, 2. Aufl. Tübingen 1966.

Powelson, J. P. and *Solow,* A. A.: Urban and Rural Development in Latin America, in: The annals of the American Academy of Political and Social Science, Vol. 360, Juli 1965, 52.

Premier Ministre, Délegation au District de la Region de Paris: Schéma Directeur d'Aménagement et d'Urbanisme de la Région de Paris, 2 Bde., Paris 1965.

— Projet de Livre Blanc du Bassin Parisien, Paris 1969.

Prest, A. R. and *Turvey,* R.: Cost-Benefit-Analysis: A Survey, in: EJ 75, 1965, 683 - 735.

Preston, D. A.: Life without landlords on the Altiplano, in: Geogr. Magazine 41, 1969, 819 - 827.

Price, D. G.: An Analysis of Retail Turnover in England and Wales, in: Reg. Stud. 4, 1970, 459 - 472.

Quandt, R. E.: Estimation of Modal Splits, in: Transportation Research 2, 1968, 41 - 50.

Quandt, R. E. and *Baumol,* W. J.: The demand for abstract transport modes: theory and measurement, in: J. of Reg. Sc. 6, 1966, 13 - 26.

Quarmby, D. A.: Choice of Travel Mode for the Journey to Work, in: Journal of Transport Economics and Policy 1, 1967, 273 - 314.

Richardson, H. W.: Regional Economics, London 1969.

Rist, Ch.: Die Theorie der Bodenrente und ihre Anwendungen, in: Gide, Ch., Rist, Ch., Geschichte der volkswirtschaftlichen Lehrmeinungen, 3. deutsche Auflage, Jena 1923, 598 - 643.

Ritter, U. P.: Siedlungsstruktur in Peru. Arbeitsberichte des Ibero-Amerika-Instituts für Wirtschaftsforschung, Regionalanalyse und Regionalpolitik im Ibero-Amerikanischen Raum, Heft 9, Göttingen 1970.

— Die siedlungsstrukturellen Grundlagen der Entwicklungsplanung, Drei Thesen, in: Meimberg, R .(Hrsg.), Voraussetzungen einer globalen Entwicklungspolitik und Beiträge zur Kosten- und Nutzenanalyse. Sch. d. V. f. Soc.Pol., N. F., Bd. 59, Berlin 1971, 163 - 173.

Robinson, E. A. G. (Hrsg.): Backward Areas in Advanced Countries, London, Melbourne, Toronto 1969.

Rodwin, L.: Ciudad Guayana: A new City, in: Scient. Am. 231, 1965, 122 ff.

Romba, E.: Brief notes on the system of land tenure in the Republic of Chad. United Nations Economic and Social Council, Economic Commission for Africa, E/CN. 14/CART/273, 3. 8. 1971.

Rosenstein-Rodan, P. N. (Hrsg.): Capital Formation and Economic Development. Studies in the Economic Development of India, Nr. 2, London 1964.

Rosser, C.: Urbanization in Eastern India: The Planning Response. Regional Studies Association Conference on Urbanization and Regional Change, Balliol College Oxford, April 13 - 17, 1970. Vervielf. Manuskript, Oxford 1970.

Rothenberg, J.: Urban renewal programs, in: Dorfman, R. (Hrsg.), Measuring benefits of government investments, Washington D. C. 1965, 292 - 341.

Rothstein, F.: Schöne Plätze, Formenreichtum und Formenwandel einer städtebaulichen Aufgabe, Leipzig 1967.

Rousselot, M. et *Gluntz,* Ph.: Etude des éléments de la demande dans le marché des transports, in: Conférence Européenne des Ministres des Transports (Hrsg.), Deuxième Symposium International sur la Théorie et la Pratique dans l'Economie des Transports, Paris 1968, 187 - 217.

Ruske, W.: Stochastische und deterministische Modelle zur Errechnung des Verkehrsaufkommens aus Strukturmerkmalen. Diss. TH-Aachen, Aachen 1968.

Russel, J. C.: Late Ancient and Medieval Population, Philadelphia 1958.

Rycroft, S.: A study of urbanization in Latin America, New York 1964.

Salin, E.: Unterentwickelte Länder: Begriff und Wirklichkeit, in: Kyklos 12, 1959, 402 - 427.

— Von der Urbanität zur „Urbanistik", in: Kyklos 23, 1970, 869 - 881.

Sánchez, L. A.: Urban Growth and the Latin American Heritage, in: Beyer, G. H. (Hrsg.), The Urban Explosion in Latin America, A Continent in Process of Modernization, Ithaca/N. Y. 1967, 1 - 16.

Schaechterle, K. H., *Eckstein*, W., *Braun*, J. und *Wermuth*, M.: Beitrag zur Beurteilung von Straßenplanungen im Rahmen von Verkehrsprognosen für den zweiten Ausbauplan, in: Straße und Autobahn 20, 1969, 18 - 23.

Schafer, R.: Slum Formation, Race and an Income Strategy, in: JAIP 37, Mai 1971.

Scherer, F. M.: Marktstruktur, know how für das Marketing und die technologische Lücke, in: ORDO 19, 1968, 167 - 169.

Schiller, R. K.: Location Trends of Specialist Services, in: Reg. Stud. 5, 1971, 1 - 10.

Schirmer, P. und *Teismann*, R.: Aspekte des Verstädterungsprozesses in Entwicklungsländern. Arbeitsberichte des Ibero-Amerika-Instituts für Wirtschaftsforschung an der Universität Göttingen, Heft 3, Göttingen 1968.

Schlums, J.: Generalverkehrsplan Nordrhein-Westfalen, Leitplan Straßenverkehr 1. Stufe, Textband, Düsseldorf 1970.

Schnore, L. F.: The Statistical Measurement of Urbanization and Economic Development, in: Land Economics 37, 1961, 229 - 245.

Schröder, D.: Strukturwandel, Standortwahl und regionales Wachstum. Prognos-studien Bd. 3, Stuttgart, Berlin, Köln, Mainz 1967.

Seklani, M.: La mortalité et le coût de la Santé Publique en Tunisie — La promotion et le coût de la santé publique. Série Démographique Nr. 2, Cahiers du C.E.R.E.S., Tunis 1968.

Shannon, L. W.: Demographic Characteristics of Non-Self-governing Areas, in: Planning Outlook 5, 1961, 44.

Sharp, C.: The problem of transport, Oxford, London 1965.

Siepmann, J. D.: Die Standortfrage bei Kreditinstituten. Untersuchungen über das Spar-, Giro- und Kreditwesen, hrsg. von F. Voigt, Bd. 40, Berlin 1968.

Silvers, A. L. and *Sloan*, A. K.: A model framework for comprehensive planning in New York City, in: JAIP 31, 1965, 246 - 251.

Simms, R. P.: Urbanization in West Africa: A Review of Current Literature, Evanston/Ill. 1965.

Singer, H. W.: Probleme der Industrialisierung in unterentwickelten Ländern, in: ZfN 15, 1956, 90 - 102.

Singh Gosal, G.: Urbanization in Punjab (India) 1921 - 1961, in: Tijdschr. v. Econ. en Soc. Geogr. 57, 1966, 104 - 112.

Sinha, B. N.: Some aspects of urbanization in the Damodar Valley Region, in: Ekistics 21, 1966, 342 - 349.

Sjoberg, G.: The Preindustrial City, Past and Present, Glencoe/Ill. 1960.

South-East Regional Economic Planning Council: A Strategy for the South-East, London 1967.

Spencer, J. E.: Changing Asiatic Cities, in: Geogr. Rev. 41, 1951, 336 - 337.

Spiethoff, A.: Boden und Wohnung. Bonner Staatswissenschaftliche Untersuchungen, Bd. 20, Jena 1934.

Stagner, R. and *Osgood*, C. E.: Impact of war on a nationalistic frame of reference: Changes in general approval and qualitative patterning of certain stereotypes, in: J. of Soc.Psychol. 24, 1946, 187 - 215.

Stambouli, F.: Urbanisme et développement en Tunisie, in: Revue Tunisienne de Sciences Sociales 9, 1967, 78 - 107.

Steiner, A.: Interregionale Verkehrsprognosen. Beiträge aus dem Institut für Verkehrswissenschaft an der Universität Münster, Heft 41, Göttingen 1966.

Stewart, C. T. Jr.: The Size and Spacing of Cities, in: Geogr. Rev. 48, 1958, 222 - 245.

Stohler, J.: Zur rationalen Planung der Infrastruktur, in: Konjunkturpolitik 11, 1965, 279 - 308.

— Zur Methode und Technik der Cost-Benefit-Analyse, in: Kyklos 20, 1967, 218 - 245.

Stradal, O. und *Popp*, W.: Das Garin-Lowry-Modell als simultane Betrachtungsweise bei der Stadtplanung. Schriften des Instituts für Städtebau und Raumordnung, Bd. 6, Stuttgart 1969.

Stren, R. E.: Urbanization and Development in East Africa: A Case Study of Mombasa. Diss. University of California, Berkeley/Calif. 1967.

Taaffe, E. J., *Garner*, B. J. and *Yeates*, M. H.: The Peripheral Journey to Work, Evanston/Ill. 1963.

Tabah, L.: Plan de recherche de 7 enquêtes comparatives sur la fécondité en Amérique Latine, in: Revue Population 1, 1964, 95 - 126.

— La Contraception dans le tiers monde, in: Revue Population, Nr. 6, 1967.

Textor, R. B. et al.: The Social Implications of Industrialization and Urbanization, Five Studies in Asia, Calcutta 1956.

Thomas, D.: London's Green Belt, London 1970.

Thorpe, D. and *Nader*, G. A.: Customer Movement and Shopping Centre Structure: A Study of a Central Place System in Northern Durham, in: Reg. Stud. 1, 1967, 173 - 191.

Thorpe, D.: The main shopping Centres of Great Britain in 1961: their locational and structural characteristics, in: Urban Studies 5, 1968, 165 - 206.

Tinbergen, J.: Modelle zur Wirtschaftsplanung, München 1967.

Trabelsi, M.: La dynamique urbaine: exemple de la ville de Maharès, in: Revue Tunisienne de Sciences Sociales, 8. Jg., Nr. 24, 1971, 121 - 161.

Tullock, S. H.: The General Irrelevancy of the General Impossibility Theorem, in: QJE 81, 1967, 256 - 270.

Turner, J. C.: A New View of the Housing Deficit, in: Frankenhoff, Ch. A. (Hrsg.), Housing Policy for a Developing Latin Economy, Rio Piedras/Puerto Rico 1966.

United Nations, Bureau of Social Affairs: Report on the World Social Situation, including Studies of Urbanization in Underdeveloped Areas. Prepared in cooperation with International Labor Office, Food and Agriculture Organization, World Health Organization, and the United Nations Educational, Scientific, and Cultural Organization New York 1957.

United Nations: Methods of Estimating Basic Demographic Measures from Incomplete Data. Manual IV, ST/SOA/Series A/42 (Sales No. 67, XIII, 2), New York 1967.

— Africa's Strategy for Development in the 1970's, o. O., 13. 2. 1971.

United Nations Centre for Housing, Building and Planning (Hrsg.): Interregional Seminar on Development Policies and Planning in Relation to Urbanization, Uncontrolled Urban Settlement: Problems and Policies, Working Paper No. 11, University of Pittsburgh, Oct. 24 to Nov. 7, 1966.

United Nations Department of Economic and Social Affairs: 1963 Report on the World Social Situation, New York 1963.

United Nations Economic and Social Council (Hrsg.): Social Implications of Industrialization and Urbanization in Africa South of the Sahara, Paris 1956.

United Nations Economic and Social Council, Economic Commission for Africa: Notes sur la situation démographique en Afrique. E/CN. 14/POP. 6, 17. 4. 64, Addis Abeba 1967.

— Report of the ad-hoc expert group on coordination of building research in Africa. E/CN. 14/524, E/CN. 14/HOU/87, 15. 4. 1971.

— African population and housing censuses and surveys. E/CN. 14/CAS. 7/15, 16. 6. 1971.

— Report of the first regional interagency co-ordination meeting on population. E/CN. 14/531, E/CN. 14/POP/37, 30. 6. 1971.

— The demographic situation in Africa, Session I & II. E/CN. 14/POP. 44, 10. 11. 1971.

United Nations Economic and Social Council, Economic Commission for Latin America: Preliminary Study of the Demographic Situation in Latin America. E/CN. 12/604, New York 1961.

United Nations, Economic Commission for Asia and the Far East: Multiple-Purpose River Basin Development, Part 1, Manual of River Basin Planning, Flood Control Series Nr. 7, New York 1955.

— A Case Study of the Damodar-Valley-Corporation and its Projects, Bangkok 1960.

United Nations, Statistical Office, in Collaboration with the Department of Social Affairs: Demographic Yearbook 1963, Lake Success, N. Y. 1964.

— Demographic Yearbook 1964, Lake Success, N. Y. 1964.

United Nations, Statistical Office, Department of Economic and Social Affairs: Statistical Yearbook 1970, New York 1971.

Varallamos, J.: Historia de Huánuco: estudio de vida social, Buenos Aires 1959.

Voigt, F.: Der volkswirtschaftliche Sparprozeß, Berlin 1950.

— Verkehr und Industrialisierung, in: Z. f. ges. St. 109, 1953, 193 - 239.

— Die gestaltende Kraft der Verkehrsmittel in wirtschaftlichen Wachstumsprozessen. Untersuchungen der langfristigen Auswirkungen von Eisenbahn und Kraftwagen in einem Wirtschaftsraum ohne besondere Standortvorteile, Bielefeld 1959.

— Die volkswirtschaftliche Bedeutung des Verkehrssystems. Verkehrswissenschaftliche Forschungen, Bd. 1, Berlin 1960.

— Die Formung der staatlichen Wirtschaftspolitik, in: Specht, K. G., Rasch, H. G., Hofbauer, H., studium sociale, Ergebnisse sozialwissenschaftlicher Forschung der Gegenwart, Köln, Opladen 1963, 607 - 632.

— Verkehr, Die Entwicklung des Verkehrssystems, 2. Bd., 1. Hälfte, Berlin 1965.

— Verkehr, Die Entwicklung des Verkehrssystems, 2. Bd., 2. Hälfte, Berlin 1965.

— Arbeitsstätte — Wohnstätte — Nahverkehr, Die Bedeutung des großstädtischen Nahverkehrssystems für die optimale Zuordnung von Wohnstätte und Arbeitsstätte unter besonderer Berücksichtigung des Hamburger Wirtschaftsraumes. Schriftenreihe der Gesellschaft für Wohnungs- und Siedlungswesen e. V., Hamburg 1968.

— Determinanten der Nachfrage nach Verkehrsleistungen. Vervielf. Manuskript, Bonn 1971.

Volta River Authority, Faculty of Architecture/University of Kusami: Volta River Resettlement Symposium Papers, Accra 1965.

Wagener, F.: Von der Raumplanung zur Entwicklungsplanung, in: Deutsches Verwaltungsblatt 85. Jg., Heft 3, 1970, S. 93 ff.

Ward, B.: Majority Voting and Alternative Forms of Public Enterprise, in: Margolis, J. (Hrsg.), The Public Economy of Urban Communities, Washington 1965, S. 112 ff.

Washington National Capital Region Planning Commission: 1965 - 1985, Proposed Physical Development Policies for Washington D. C., Washington 1965.

Weber, K. E. und *Storz*, H.-U.: Entwicklung und Entwicklungspolitik in Thailand, Teil 1. Südasien-Institut der Universität Heidelberg, Heidelberg 1969.

Wehner, B.: Generalverkehrsplan Ruhrgebiet, Öffentlicher Personenverkehr-Analyse, Abhängigkeit von Strukturdaten. Schriftenreihe Siedlungsverband Ruhrkohlenbezirk Nr. 23, Essen 1968.

— Zur Bemessung von Verkehrswegnetzen, in: Internationales Verkehrswesen 20, 1968, 55 - 60.

Wendt, P. F.: Theory of urban land values, in: Land Economics 33, 1957, 228 - 240.

Wheatley, P.: The pivot of the four quarters, A preliminary enquiry into the origins of the Chinese city, Edinburgh, Chicago 1970.

— The Significance of Traditional Yoruba Urbanism. Comparative Studies in Society and History, Vol. 12, 1970.

Whebell, C. F. J.: Corridors: A Theory of Urban Systems, in: Annals of the American Geographers 59, 1969, 1 - 26.

Whyte, W. F. and *Holmberg*, A. R.: Human Problems of U.S. Enterprise in Latin America, Ithaca/N. Y. 1957.

van *Wickeren*, A. and *Smit*, H.: The Dynamic Attraction Model. Vervielf. Manuskript, Rotterdam 1970.

Wilkenloh, F.: Ökonomische Kriterien für die Ermittlung des Fernstraßenbedarfs im zweiten Ausbauplan, in: Straße und Autobahn 20, 1969, 24 - 27.

Witte, E.: Forschung, Werbung und Ausbildung als Investitionen, in: Hambg. Jb. 7, 1962, 210 - 213.

Wriggins, W. H.: Ceylon, Dilemmas of a new Nation, Princeton 1960.

Wullkopf, U.: Wohnungssanierung als wirtschaftspolitisches Problem. Die industrielle Entwicklung, Bd. 17, Opladen 1967.

Zimmerman, L. J.: Arme en rijke landen, Den Haag 1960.

Sachwortverzeichnis

Ähnlichkeit 46, 49
Altstadt 96, 99, 100
Argentinien 19
Athener Charta der Architekten 55, 106
Auswanderung 87

Bandbreite 64, 68, 107, 110
Bevölkerungswachstum 70, 74, 76 - 80, 84, 88
Bevölkerungswanderung 15, 16, 84 - 87, 107
Boden 23 - 29, 86, 103, 116, 119

Derivativbeschäftigte 129 - 135, 139, 140
Distanzempfindlichkeit 67, 106, 107, 110, 122, 125 - 127, 140, 142, 145

Einkommenselastizität 34, 35, 37
Einzelhandel 98, 139, 140
Entwicklungsachse 21, 48, 49, 54, 70
Entwicklungspläne, wirtschaftliche 17, 19, 20, 144
Entwicklungspol 21, 22, 39 - 42, 44 - 46, 48 - 51, 54, 69 - 71, 112, 113, 144
Entwicklungsprozesse, wirtschaftliche 14, 33 - 39, 42, 47, 54
Ersparnisse, interne 33 - 35, 37, 38, 40, 42
Erwartungen 29
externe Effekte 24 - 27, 29

Faktorallokation 21, 23, 28, 40
Fehlallokation 24
Fertilitätsrate 16, 88
Fläche —
  Arbeitsstätte (-fläche) 23, 25, 51 - 70, 106, 110, 114, 126, 132
  Einkaufsstätte 23, 67, 98, 99, 105 (siehe auch tertiär)
  Festfläche 119
  Flächenallokation 23 - 32, 129 - 134, 144
  Flächennutzungskategorien 22, 23, 55 - 70, 119, 128

Flächentrennung 55, 68, 105, 109, 114
Flächenwert 23 - 25
Freiflächen 23, 56 - 70, 100, 106, 113
Geschoßfläche 129 - 134
Industriefläche 55 - 70, 100, 110, 113, 145
Planungsfläche 119, 128
Wohnfläche (-stätte) 23, 38, 51 - 70, 88 - 98, 101 - 112, 114, 131, 141, 142, 145
Flüchtlingsbewegung 87

Gebiete, zurückgebliebene in Industrieländern 39, 40, 42
Gemeinbedarfseinrichtungen 23, 51 - 70, 105, 110, 126, 138, 145
Gravitationsansatz 120 - 128
Guayana 18

Hinterland 16, 83, 116

Indien 97
Industrieländer 13, 14, 21, 40, 41, 49, 87, 98, 109, 116, 139, 140, 142
Infrastruktur 16, 40, 41, 51 - 70, 106, 109

kollektiv 26
kolonial 81, 83, 94, 100
Kosten und Erträge 24, 25 - 31, 33
Kosten-Nutzen-Analyse 30, 31

ländlich 16, 17, 51, 81, 84, 86, 87, 90, 113
Lagerente 25, 26, 29
Landflucht (siehe Bevölkerungswanderung)
Lateinamerika 17 - 19, 81, 94
Lowry-Garin-Echenique 22, 128, 138

Marktpreis 23, 25, 27

Nachbarschaft 23, 25, 58, 61, 105
Nachfrage, kaufkräftige 33, 34, 37, 38, 42, 54

Nebenbeschäftigung 108, 112, 113
Nettoinvestition 33, 37
Netzzusammenhang 42 - 49
New Towns 105

Optimalitätsbedingungen 24
Originärbeschäftigte 128 - 134, 135, 142
Orte —
    dezentrale 51
    zentrale 52

Pareto-Optimum 26, 29
Planquadrat 118 - 120, 122, 125, 127 - 134
Planung 115, 116
Planungseinheit 118
Produktionsstufe 34
Programmieren, lineares 138

Regierungsviertel 99, 112
Routine-Produktion 46, 49

Schwellenwert 44, 68, 69, 71, 126
sektoral 13, 14, 18, 20, 40, 115, 144
Siedlungssystem 14, 17, 20, 22, 43
Simulation 22, 31, 117, 128 - 143
Slum 16, 25, 89, 90, 91, 101, 104, 105, 107, 141
sozial 16, 25, 30, 40, 50, 97, 103, 104, 107, 109, 112, 145
soziologisch 15, 20, 50, 97
Speicherkapazität 42 - 44, 46, 48
Staat 28, 29, 115
Stadt —
    Stadt (allgemein) 15 - 17, 81 - 85
    Bandstadt 22, 59, 64 - 70, 101 - 116, 120, 125 - 127, 138, 140, 141, 143, 145
    dezentralisierte Stadt 59, 63
    gestreute Flächenstadt 56
    konzentrische Stadt 56
    Linearstadt 57, 61
    Radialstadt 59, 61, 114
    Randstad - Holland 61, 63
    Stadtbevölkerung 16, 70, 72 - 80, 82, 85, 101

Stadterweiterung 61, 67, 69, 105, 107 - 110, 112, 145
    Stadtsanierung 69, 107, 108, 112, 145
    Zentralstadt 50, 51, 138
Standort 28, 37, 67, 69, 100, 110, 122, 128, 129, 135 - 143
Steuern 26, 28, 41

technischer Fortschritt 33, 36, 41
tertiär 16, 55 - 70, 98 - 100, 110, 112, 132, 137
traditional 16, 50, 84

Ungleichgewichte, räumliche 37
Unteilbarkeiten 27
Unternehmenskonzentration 35 - 37
Urbanisierungsprozeß (siehe Verstädterungsprozeß)
Urbanisierungsquote 72 - 74, 82

Verbindungsersparnisse 46, 48
Verbindungslinien 21, 42 - 45, 144
Verkehr 22, 25, 38, 51 - 70, 101, 106, 107, 110, 114, 121 - 124, 140
    Schnellverkehrsachse 61, 64 - 67, 110, 112 - 114, 145
Verstädterungsprozeß 15, 17, 83, 84
Verteilungseffekte 27
vollkommene Konkurrenz 23 - 29, 144

Wachstumsprozeß 33, 34, 36, 39, 40
Wasserentwicklungsprojekt 17
Widerstandsfunktion 123, 124 - 126, 130
Wohnraumdefizit 88, 101, 102, 108
Wohnungsbau 102 - 107, 109, 115, 116

Zentrum —
    Hauptzentrum 61, 62, 64, 66, 112, 114
    Subzentrum 61, 62, 67 - 69, 96, 101, 107, 108, 110, 112, 114, 141
Zielfunktion 28
Zugänglichkeit 23, 62, 68, 113, 128 - 134, 141
Zugänglichkeitsmaß 120 - 128, 139